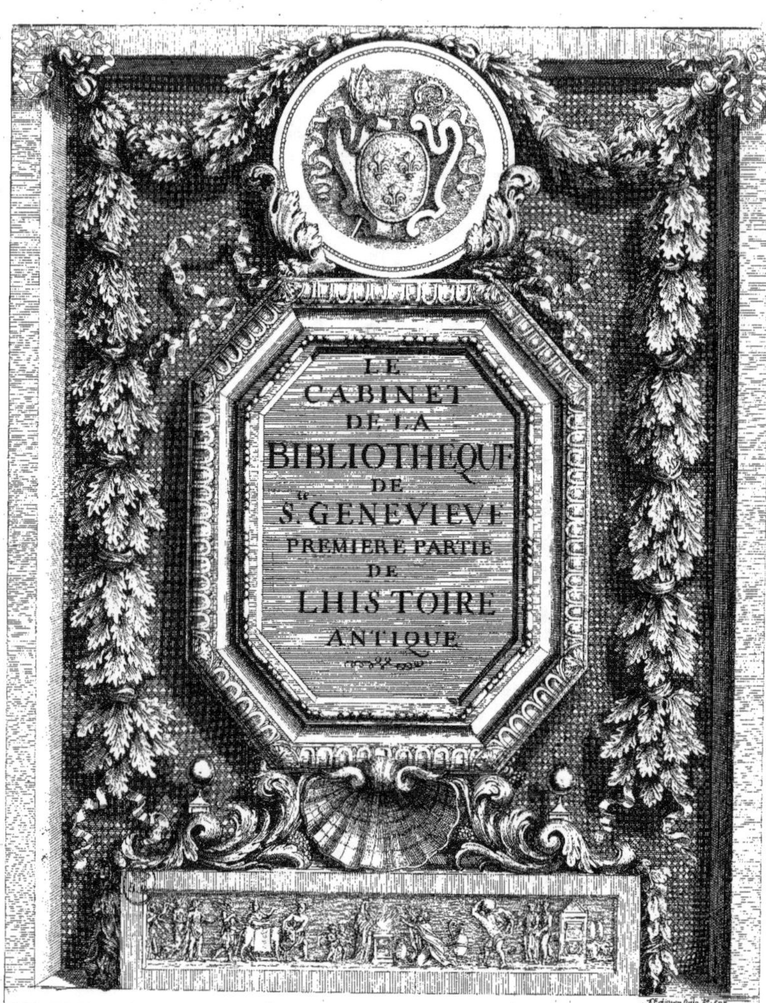
LE
CABINET
DE LA
BIBLIOTHEQUE
DE
S.te GENEVIEVE
PREMIERE PARTIE
DE
L'HISTOIRE
ANTIQUE

LE CABINET

DE LA
BIBLIOTHEQUE
DE
SAINTE GENEVIEVE.

DIVISÉ EN DEUX PARTIES.

Contenant les Antiquitez de la Réligion des Chrétiens, des Egyptiens, & des Romains; des Tombeaux, des Poids & des Médailles; des Monnoyes, des Pierres antiques gravées, & des Mineraux; des Talismans, des Lampes antiques, des Animaux les plus rares & les plus singuliers, des Coquilles les plus considérables, des Fruits étrangers, & quelques Plantes exquises.

Par le R. P. CLAUDE DU MOLINET,
Chanoine Régulier de la Congrégation de France.

A PARIS,
Chez ANTOINE DEZALLIER, ruë Saint Jacques,
à la Couronne d'or.

M. DC. XCII.
AVEC PRIVILEGE DU ROY.

LE R. P. CLAVDE DV MOLINET CHANOINE REGULIER DE L'ORDRE DE S.T AVGVSTIN ET BIBLIOTEQVE DE S.TE GENEVIEVE DE PARIS
gravé par Trouvain ruë S.t Jacque au grand Monarque 1689
Vous qui de cet Autheur contemplés le visage,
Portés sur ses vertus vos regards curieux.
Il fut humble, sçavant, officieux et sage,
Et ce que son portrait n'offre point à vos yeux,
Vous le découvrirés en lisant cet ouvrage.

ELOGE
DU PERE DU MOLINET

Chanoine Régulier de Sainte Geneviéve.

Tiré du Journal des Sçavans, du vingt-quatriéme Novembre
de l'année 1687.

IL seroit à propos de dire quel a été le feu Pere du Molinet, en don-
nant au public les mémoires qu'il a laissez dans le Cabinet de la Bi-
bliotheque de Sainte Geneviéve, s'il ne s'étoit pas assez fait connoître par
ses bonnes qualitez, & par ses ouvrages. Quelque interest que nous de-
vions prendre aux loüanges qu'il mérite, on ne nous accuseroit pas de
luy en donner trop, aprés celles que tous les Sçavans luy ont données pen-
dant sa vie, & depuis sa mort. Nous nous contenterons de rapporter icy
pour tout Eloge, celuy que les Auteurs du Journal des Sçavans publié-
rent quelques mois aprés son décés. La peinture qu'en firent ces habiles
gens, le représente mieux, que le portrait que nous en avons fait graver.
Nous assurons le public, que nous y reconnoissons parfaitement le feu Pere
du Molinet.

A douleur que les Gens de Lettres ont soufferte à la
mort du P. du Molinet, Chanoine Régulier de Sainte Geneviéve, leur a été trop sensible pour le passer
sous silence. Il étoit de Châlons en Champagne, d'u-
ne Famille ancienne & illustre, & par sa noblesse,
& par les alliances qu'elle avoit avec celles d'Arcis,
de Mœurs, de Boucherat & de Lhopital. La mére du
P. du Molinet étoit de cette derniére Famille, de laquelle elle portoit le nom: son pére fut Pierre du Molinet, Ecuyer, Prevôt de Châlons. Il l'envoya à Paris avec son frere aîné, pour y faire ses études
de Philosophie, laquelle il n'eut pas plûtôt achevée, qu'il prit la résolution d'entrer dans l'Ordre des Chanoines Réguliers; il s'y fit distinguer autant par son érudition & sa suffisance, que par sa piété:
il fut Procureur Général de sa Congrégation, & son humilité seule
servit d'obstacle à son élévation aux autres Charges qui luy furent
souvent offertes. Ceux qui l'ont connu, sçavent combien il eut de
soin de s'en éloigner. Il étoit d'un caractére d'esprit heureux, doux,

ELOGE DU P. DU MOLINET.

affable, charitable, si bien-faisant, que jamais personne ne l'a approché, qu'il n'ait été trés-content de luy : il est vray aussi qu'il loüoit
volontiers tout le monde, qu'il se faisoit un singulier plaisir de rendre service. Il ne pouvoit être un moment oisif ; & la postérité aura de la peine à croire qu'il soit l'Auteur d'un aussi grand nombre
d'ouvrages, que ceux que l'on a de luy, & que l'on pourra donner
un jour au public. Il en a paru déja plusieurs qui ont mérité une
approbation générale : il a réduit en un tres-bel ordre les Epîtres
d'Etienne Evêque de Tournay, & en a expliqué les endroits difficiles par des Notes tres-sçavantes. On luy a l'obligation de l'Histoire des Papes par les Médailles, depuis Martin V. jusques à présent. Les Chanoines Séculiers luy doivent douze Réfléxions sur leur
origine, aussi-bien que les Réguliers douze sur leur antiquité. Son
Livre des différens Habits des Chanoines & des Chanoinesses Réguliéres a été trouvé fort curieux. Il a fait encore imprimer plusieurs Dissertations, comme de la Mître des Anciens, d'une teste d'Isis
trouvée à Paris, & d'autres petites piéces. La Bibliotéque de Sainte
Geneviéve n'est devenuë célébre que par ses soins. Il s'est plû dés
sa plus tendre jeunesse, à découvrir tout ce qu'il y avoit de plus
caché dans l'antiquité ; & le Cabinet de Curiositez, qu'il y avoit
amassées, est une preuve que rien n'échapoit à ses recherches. L'honneur qu'on luy fit de le choisir pour veiller à l'Ouvrage du P. Co-
ronelli, touchant le Globe céleste, n'est pas une petite marque de
l'étenduë de sa science ; mais ce qui reléve extrémement son mérite,
c'est que le Roy a voulu se servir de luy pour aider à ranger ses Médailles, & pour luy en chercher de nouvelles, aussi-bien que des
Agathes, & d'autres Pierres de prix, dont il avoit une grande connoissance. Il eut l'honneur de fournir à Sa Majesté plus de huit cent
Médailles tirées du Cabinet de Sainte Geneviéve. Les gratifications
qu'Elle luy a faites, & qui sont en cette Bibliotheque, seront des
marques éternelles de la libéralité de ce grand Prince, & une preuve éclatante que les services de ce sçavant Religieux ne luy étoient
pas desagréables. Il mourut à Sainte Geneviéve le deuxiéme jour de
Septembre 1687. aprés six jours de maladie, en la 67. année de son
âge.

PREFACE

PREFACE.

'ABBAYE DE SAINTE GENEVIEVE de Paris, ayant été réformée en mil six cent vingt-quatre, par le zéle de M. le Cardinal de la Rochefoucault, qui en étoit Abbé. les Chanoines Réguliers de S. Vincent de la Ville de Senlis, qu'il y fit venir pour ce sujet, y ayant rétabli le Culte divin, & l'exercice d'une solide piété , jugérent qu'il étoit nécessaire, pour l'entretenir , d'y joindre l'étude des bonnes Lettres, autrefois si florissantes en cette célébre Maison.

Les Livres qui en sont l'aliment & la nourriture, leur manquoient ; ils n'avoient pas trouvé un seul Manuscrit, ni un seul Livre imprimé, quand ils y vinrent ; ils s'appliquérent pendant plusieurs années , à en amasser : les Peres Fronteau & Lallemant Chancéliers de l'Université de Paris , ont travaillé avec assiduité & succez à cette acquisition , & ils ont vû de leur temps , jusqu'à sept ou huit mille Volumes dans la Bibliothéque de Sainte Geneviéve.

L'an 1675. on fit bâtir un lieu fort propre pour servir de Bibliothéque , il a trente toises de longueur ; on m'en donna la direction , & je me trouvay engagé à faire de temps en temps de nouvelles acquisitions de Livres, pour remplir un si grand Vaisseau: & le succez répondit bientôt à mes desirs.

Je crûs en même temps faire une chose , qui ne contribueroit pas peu à son ornement & à son avantage , si je l'accompagnois d'un Cabinet de Piéces rares & curieuses, qui regardassent l'Etude , & qui pûssent servir aux belles Lettres. C'est ce que je me suis proposé dans le choix de ces curiositez ; & j'ay tâché de n'en point chercher , & de n'en point avoir , qui ne pûssent être utiles aux Sciences, aux Mathématiques , à l'Astronomie , à l'Optique, à la Géométrie , & sur tout , à l'Histoire, soit naturelle , soit antique , soit moderne ; & c'est à quoy je me suis principalement appliqué.

PREFACE.

Le lieu de ce Cabinet eſt contigu à la Bibliothéque ; on y voit en face une eſpéce d'Alcove d'Architecture entre les deux fenêtres qui l'éclairent ; il s'y voit pluſieurs ſortes d'habits & d'armes des Païs étrangers, des Perſes, des Indiens, & des Américains. Au deſſus ſont trois Gradins garnis de Vaſes, d'Urnes, de Figures antiques, d'Inſtrumens de Sacrifices, de Lampes, & de pluſieurs autres ſortes d'Antiquitez.

Cette Alcove eſt accompagnée de deux Buffets garnis de tablettes ſur leſquelles ſont des Pétrifications, des Oyſeaux des Indes, & des Animaux, des Ornemens & chauſſures de pluſieurs Païs. Ces Buffets portent auſſi deux Gradins, ſur leſquels ſont des figures & des vaſes de la Chine avec des branches de corail rouge, blanc, & noir ; & diverſes ſortes de croiſſances de Mer.

Les trois autres côtez ſont ornez de douze Cabinets de bois de noyer poſez ſur des colomnes, il y en a quatre grands accompagnez chacun de deux petits. Dans le prémier des grands, ſont les Médailles de grand bronze, dont la ſuite eſt entiére, & qui ont même les Têtes les plus rares des Empereurs & des Princeſſes leurs femmes, avec un Livre, où elles ſont toutes deſſinées & expliquées au nombre de plus de quatre cens. La ſuite de moyen bronze qui eſt auſſi dans ce Cabinet, eſt beaucoup plus ample, ayant juſques à quatorze cens Médailles, dont il y en a bien trois cens Gréques ; elle deſcend bien avant dans le bas Empire.

Le ſecond grand Cabinet, a auſſi deux ſuites de Médailles antiques, l'une de petit bronze, & l'autre d'argent ; celle de petit bronze, qui eſt ſi ſinguliére, qu'il n'y en a peut-être pas une ſemblable dans l'Europe, contient environ douze cens Médailles, tant du haut que du bas Empire, entre leſquelles il y en a bien auſſi trois cens Gréques. La ſuite d'argent qui a en tête les Deïtez, comprend plus de ſept cens Médailles.

Le troiſiéme grand Cabinet, a les meſures, les poids, & les monnoyes antiques des Romains ; il contient auſſi les monnoyes Gréques, & celles d'argent des Hebreux ; il s'y voit des tablettes de Taliſmans, tant en pierre qu'en métaux, anciens & modernes, de toutes ſortes de Langues.

Enfin le quatriéme grand Cabinet renferme les Inſtrumens des Sacrifices, des Deïtez, des Armes des Romains, & d'autres uſtenciles & antiquitez Romaines, Greques, Egyptiennes, & beaucoup d'autres choſes antiques.

Dans les huit petits Cabinets, il y a au premier les Médailles de cuivre des Papes depuis Martin V. juſques à Innocent XI. au nombre d'environ 400. & une centaine de pluſieurs Cardinaux. Le ſecond contient cent quarrez d'acier gravez en creux des Médailles antiques &

PREFACE.

modernes, entre lesquelles sont celles des Empereurs depuis Jules Cesar jusques à Eliogabale, de la main du Padoüan, ainsi surnommé, à
cause qu'il étoit de Padoüe; c'est de ces Médailles qu'ont été tirées celles
qu'on appelle les Padoüans en tous les métaux.

Le troisiéme petit cabinet renferme les Médailles des Rois de France,
depuis Charles VII. jusques à Loüis XIV. celles des Reines, des Princes, des Chancéliers, & des Illustres de tous les Etats de ce Royaume.

Le quatriéme contient celles des Empereurs, des Rois d'Espagne,
d'Angleterre, de Dannemarc, de Suéde, & autres du Nord, des Princes d'Italie, de Savoye, des Electeurs & Princes d'Allemagne, & de
plusieurs autres Princes de l'Europe.

Le cinquiéme est celuy des Monnoyes, on y voit celles de France,
de nos Rois, depuis le commencement de la Monarchie jusques à ce
jour, & de toutes nos Villes, Bourgs, Chapitres, & Abbayes qui en
ont fait frapper, celles du Royaume de la Chine, du Japon, Calicut,
Siam, Mogol, Turquie, & autres du Levant; enfin celles de tous les
Rois & Princes de l'Europe.

Le sixiéme est pour les Jettons des Rois de France; on y en voit une
suite de plus de six cens depuis François I. jusques à Loüis XIV. à présent regnant; leurs devises y marquent leurs plus belles actions; il y en
a encore des Reines, des Princes, des Familles, des Magistrats, des
Compagnies, & plusieurs autres qui ont rapport à l'Histoire de ce
siécle, jusques au nombre de mille.

Le septiéme renferme les Instrumens de Mathématique, les Horlo-
ges, les Lunettes d'approche, les pierres d'aimant, & autres choses
semblables.

Le huitiéme est pour les pierres gravées, cornalines, lapis, agathes,
onyx, jades, camayeux, & pour les mineraux & les coquilles. On voit
dessous & dessus ces Cabinets des animaux & des poissons rares, avec
des piéces qui regardent l'Optique. Les murailles du Cabinet, outre
cela, sont ornées de Portraits & de Tableaux curieux; la Corniche
qui regne tout à l'entour, porte les Portraits en pastel de vingt-deux
Rois de France depuis S. Loüis, tirez au naturel des originaux les plus
fidéles de leur temps.

Au reste j'avoüe de bonne foy, que nous sommes plus redevables
des raretez qui sont en ce Cabinet, & qui y ont été ramassées pendant
dix années, au bonheur & aux bienfaits de mes amis, qu'à mon indus-
trie, & à la dépense que j'y aye faite. J'attribuë, en effet, à un bonheur
singulier, que les raretez du fameux Cabinet de M. de Pereisc Conseil-
ler au Parlement d'Aix, ayent été transportées en celui-cy. Cet excellent homme les avoit ramassées avec de grands soins & de grands frais
en Italie & en Orient : M. Gassendi & plusieurs autres Auteurs en par-

PREFACE.

lent avec eftime. M. de Harlay Procureur Général du Parlement de Paris, m'a gratifié de tant de Livres curieux, de Médailles, d'Antiquitez, & d'autres piéces rares, & d'une maniére fi généreufe & fi obligeante, que je ne puis jamais affez, ni le publier, ni le reconnoître.

J'ay donc fait deffiner ici ce qui eft de plus rare & de plus fingulier dans ce Cabinet; j'en ferai l'explication, afin d'en conferver la memoire, & en rendre plus facile la connoiffance. Comme on ne peut entrer dans ce Cabinet fans paffer par la Bibliothéque, j'ay commencé par trois planches, qui la repréfentent. La première l'a fait voir en perfpective; la feconde repréfente un des bouts de ce grand Vaiffeau; dans la troifiéme font gravées deux des tablettes qui renferment les Livres, & qui font partie des onze de pareille grandeur, qui font de chaque côté. Je ne dirai rien ici des Livres finguliers que nous y avons, parce que je pouray quelque jour en donner au Public un Catalogue exact.

Extrait du Privilege du Roy.

PAr grace & Privilége du Roy, donné à Verfailles le onziéme jour de Juin mil fix cens quatre-vingts onze. Signé, Par le Roy en fon Confeil, BOUCHER: Et fcellé du grand fceau de cire jaune. Il permis à nôtre bien aimé le Pere SARREBOURSE Chanoine Régulier de la Congrégation de France, de faire imprimer un Livre, intitulé *le Cabinet de la Bibliothéque de Sainte Généviéve*, & ce durant le têms & efpace de vingt années, à commencer du jour que ledit Livre fera achevé d'imprimer pour la première fois: Et défenfes font faites à toutes fortes de perfonnes de quelle qualité & condition qu'elles foient, d'imprimer, faire imprimer, vendre ni debiter ledit Livre en aucune maniére que ce foit, fans l'exprés confentement de l'Expofant: A peine de deux mil livres d'amende, confifcation des Exemplaires, & autres peines portées par ledit Privilége.

Regiftré fur le Livre de la Communauté des Imprimeurs & Libraires de Paris, le vingtiéme Octobre 1691.

Signé, P. AUBOUIN, *Syndic.*

ET ledit P. SARREBOURSE a cedé & tranfporté fon droit du prefent Privilége au Sieur ANTOINE DEZALLIER Marchand Libraire à Paris, pour en joüir fuivant l'accord fait entr'eux.

Achevé d'imprimer pour la première fois, le 12. *Février.* 1692.

ANTIQUITEZ

HISTORIA ROMANA VEL SACRA
HISTORIA GALLICA.

PHILIPPE LE BEL.
PHILIPPE LE HARDI.
St LOUIS.
LOUIS. XIV.
LOUIS XIII.
HENRI IV.

PHILIPPE.DE.VALOIS.
CHARLES.LE.BEL.
PHILIPPE.LE.LONG.
LOUIS.HUTIN.
LE.CARD.CHIG.
INNOCENT.XI.
LE CHATEAU.GIRARD.PRES.DE.ST.GERM.
F. Ertinger Sculp.
5.

F. Ertinger sculp.

FRANCOIS I.
LOVIS XII.
CHARLES VIII.
LOVIS XI.
CHARLES VII.
CHARLES VI.
CHARLES V.
IEAN.
S. THOMAS

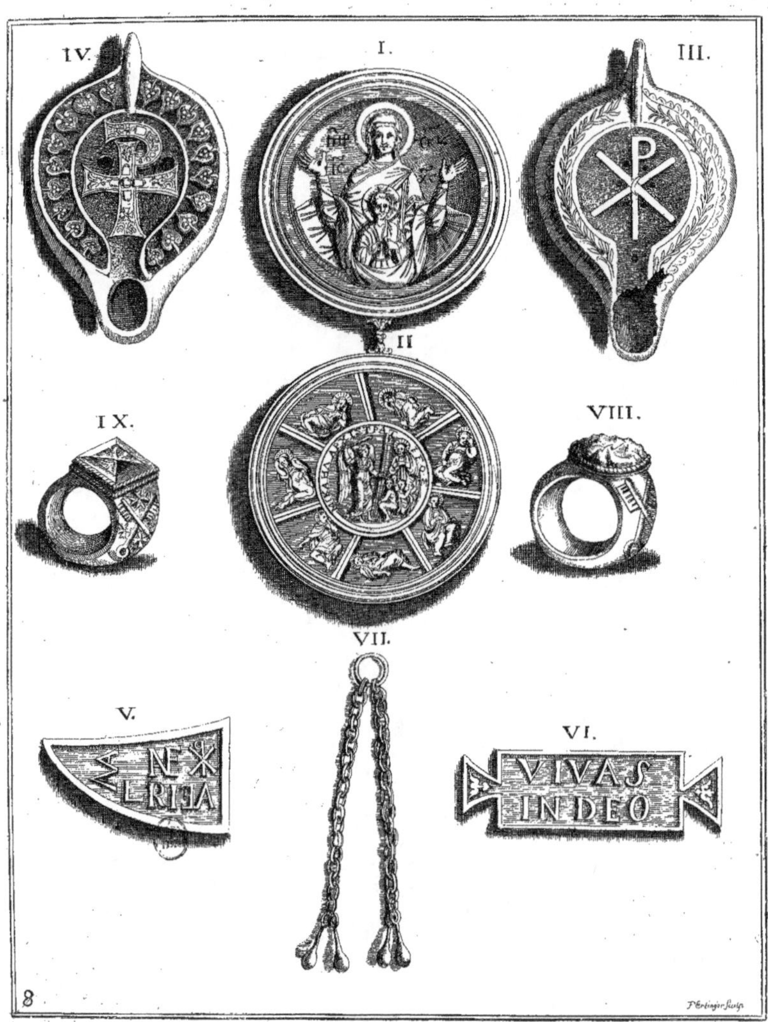

8

ANTIQUITEZ
DE LA RELIGION
DES CHRÉTIENS.

I.

Une Image Grecque.

C'EST une Image Grecque de la Sainte Vierge, d'un marbre brun, qui est fort ancienne, comme il paroît en ce qu'Elle porte son Enfant, non sur les bras, mais devant Elle, à la maniere des figures de Nôtre-Dame de Chartres, de Nôtre-Dame de Paris, & de beaucoup d'autres, qui sont d'une antiquité incontestable : comme aussi en ce qu'Elle a les bras élevez pour prier, & non les mains jointes, ce qui est plus moderne. Les lettres Grecques, qu'on y voit, signifient MATER DEI JESU CHRISTI : le Rouleau, que tient le petit Jesus en sa main, represente son Evangile.

I I.

AU milieu du revers est un Saint Michel tenant une massuë élevée, prest à décharger un coup sur la teste d'une personne qu'il presente au Jugement de Dieu ; derriere cette personne est le Demon son accusateur. On lit à l'entour ces deux mots écrits en Grec. ΜΙΧΑΗΛ ΑΡΧΙΣΤΡΑΤΗΓΟΣ *Michaël princeps militiæ.* Les sept figures, qui environnent le milieu de cette Medaille, sont les sept Dormans, qui sont en grande veneration en l'Eglise Grecque.

A

REMARQUES.

CE feroit icy le lieu de faire graver une efpece de petit Oratoire de bois, qui a deux petits volets peints des deux côtez & dorez : fur la planche du fond, en dedans, on voit trois figures Grecques ; la premiere de Nôtre Seigneur ; la feconde de la Sainte Vierge & la troifiéme de Saint Jean avec leurs noms en Grec. Sur le volet à droite, en dedans, font les figures de S. Eftienne, Sainte Tecle, & Sainte Catherine : fur le volet à gauche en dedans, les Images de Saint Jean Chryfoftome, de Saint Nicolas, & de Saint Bafile : leurs habits Pontificaux font differents, au moins quant à celuy de l'Archevêque qui eft au milieu de ces deux grands Saints. Sur le volet, qui eft à droite, & fur la face exterieure on voit les portraits de Sainte Barbe, Sainte Parafceve & Sainte Marine : fur le couvercle eft une croix d'or croifettée avec plufieurs lettres Grecques ; toutes ces figures font fort bien peintes & affez antiques. M. du Cange, & le P. Henfchenius ont donné ce tableau copié fur l'original que nous en avons ; le premier au troifiéme volume de fon *Gloffarium ad Scriptores mediæ & infimæ latinitatis* ; le fecond au 1. Tome du mois de May dans ce grand ouvrage *Acta Sanctorum*, que Bollandus a commencé ; nous y renvoyons les Curieux.

III.

Une Lampe ancienne de cuivre.

C'Eft une Lampe de cuivre, fur laquelle eft la figure du Labare, ou Monogramme ancien de Jefus-Chrift en cette forte ☧. C'eft ce figne que Conftantin vit au ciel, & qu'il fit depuis imprimer fur fon cafque, fur fes monnoyes, & fur la porte de fon Palais, comme le fymbole du Chriftianifme, qu'il avoit embraffé. Auffi, depuis ce temps-là, quand un Chrétien mouroit, & que, felon la coûtume, on mettoit une lampe allumée dans fon tombeau, on y marquoit ordinairement ce chiffre, qui le diftinguoit du corps d'un Payen : on peut donc affurément croire, que celle-cy a efté tirée du fepulchre d'un Chrétien depuis l'Empereur Conftantin.

IV.

Une autre Lampe de terre cuitte.

C'Eft une autre lampe de terre cuitte, qui a auffi efté trouvée dans le tombeau d'un Chrétien ; le Labare, qui eft deffus, le témoigne affez, mais elle n'eft pas fi ancienne que la premiere, puis qu'on y voyoit ce monogramme du nom de Jefus-Chrift fait en croix de la forte ☧ ; ce qui eft arrivé depuis Julien l'Apoftat : car cet Empereur, ayant renoncé au Chriftianifme, fit effacer de deffus les Enfeignes des armées Romaines le nom de Chrift & y remit, en la place, ces quatre anciennes lettres S. P. Q. R. que mettoient, avant Conftantin, les Empereurs Payens. Cela fe verifie par une de fes Medailles : fes fucceffeurs ayant rétabli la Religion Chrétienne firent auffi rétablir ce facré fymbole, ils le firent neanmoins figurer, tant en leurs medailles qu'ailleurs, en forme de croix de la maniere que je viens d'exprimer. Nous avons en nôtre cabinet plus d'une vingtaine d'autres lampes antiques de bronze & de terre, entre lesquelles il y en a de si singulieres, quant à la forme, que je n'ay pû me dispenser d'en faire dessiner quelques-unes à la fin de la premiere partie de cet ouvrage : elles ont échappé à la connoissance de Fortunius Licetus qui en a composé un livre in folio intitulé. *De Lucernis antiquorum reconditis ;* il est imprimé à Padouë en l'année 1662.

V.

Un Cachet des premiers Chrétiens.

C'Est un Cachet qui a servi à une Dame Chrétienne nommée Ælia Valria ; le Monogramme de Christ, qui est devant son nom, marque assez sa religion ; il justifie ce que dit Saint Jean Chrysostome des Chrétiens de son temps ; Qu'ils mettoient ce signe salutaire à la teste de toutes choses. Nous prenons plaisir, dit-il, à peindre & graver la Croix en nos maisons, sur nos murailles, à nos portes ; nous la faisons sur nôtre front, & sur nôtre cœur *Serm. de l'Adoration de la Croix.* Il ajoûte sur l'Epître de Saint Paul aux Colossiens, une chose qui est fort remarquable ; que les Chrétiens n'écrivoient jamais sans mettre au commencement de leurs lettres le Monogramme ; la raison qu'il en donne est, qu'il n'y a que bonheur par tout où le nom de Dieu se trouve.

VI.

Un autre Cachet, nommé Tessera.

C'Est un autre symbole des premiers Chrétiens, qui porte cette belle devise IN DEO VIVAS. C'étoit avec ce sceau, & autres semblables, qu'ils marquoient ces Lettres canoniques, qu'ils appelloient *Litteras formatas*, par le moyen desquelles la communion & la communication des Fidelles s'entretenoient, & à la vûë desquelles ils étoient reçus charitablement, & recevoient par tout le droit d'hospitalité. Cette piece, sans contredit, doit estre mise au nombre de ces *Tesseræ hospitalitatis*, dont Jacques Tomassin sçavant Antiquaire a fait un livre in quarto si rempli d'érudition, imprimé à Udine en Italie l'an 1647. J. Baptiste Pacichellius au Chapitre IV. de son premier livre *de jure hospitalitatis universo* imprimé à Cologne en 1675. en traitte aussi fort au long. Il est in octavo.

REMARQUES.

IL n'y a rien de plus connu dans la primitive Eglise que ces *Tesseræ hospitalitatis.* Tertullien s'en sert au 20. Chapitre de son livre de *Præscriptione adversùs hæreticos. Communicatio*, dit-il, *pacis, & appellatio fraternitatis, & contesseratio hospitalitatis, quæ jura non alia ratio regit, quàm ejusdem sacramenti una traditio.* Sur quoy Baronius en l'année soixante & quinze de Jesus-Christ, dit, qu'il faut entendre par ce passage, qu'on donnoit une certaine marque aux Chrétiens qui les faisoit reconnoître, aussitôt qu'ils la montroient, pour de veritables enfans de l'Eglise Catholique & dignes du droit d'hospitalité .Mais il ne faut pas oublier qu'on changea ces marques, dautant que les Payens les contrefaisoient, & que l'on se servit de ces lettres que les Peres du Concile de Nicée nomment *Litteras formatas*. Lucien ajoûte que dés qu'on refuſoit le *Teſſera*, c'étoit une marque qu'on ne reconnoiſſoit pas celuy, qui le preſentoit, pour enfant de l'Egliſe. On diſoit de celuy qui violoit le droit d'hoſpitalité, *Teſſeram confregit*. Les Payens ſe ſervoient auſſi du mot de *Teſſeram confringere*, pour dire rompre l'amitié ; Plaute le témoigne.

Hic apud nos jam, Alceſimarche, confregiſti Teſſeram.

Saint Epiphane en parle *hæreſ.* 26. chap. 4. Nous en avons pluſieurs en nôtre cabinet. Il y en a une ſur laquelle on lit ces paroles, SPES IN DEO.

VII.

Des Plombeaux.

LEs Anciens uſoient de cet inſtrument pour châtier les eſclaves. On les nommoit Plombeaux, dautant que les extrémitez, ou boules, en étoient de plomb : ils ſervoient auſſi, au temps de la perſecution, à tourmenter & à foüetter les Chrétiens. Il en eſt ſouvent parlé dans les Actes des Martyrs, *Plumbatis cæſus eſt*, ce qui a donné lieu de croire que c'étoit un ſupplice fort ordinaire.

REMARQUES.

CEs Plombeaux, dans leur inſtitution, n'étoient que pour ſupplicier les perſonnes de baſſe condition, comme on le voit au Code Theodoſien, qui en exemtoit les perſonnes de qualité, & ceux qui étoient d'une complexion foible & délicate ; dautant que par une autre ordonnance il étoit deffendu d'en frapper les coupables juſques à la mort. *Plumbatarum verò ictus, quos in ingenuis corporibus non probamus, non ab omni ordine ſubmovemus, ſed decem primos tantùm Ordinis Curialis ab immunitate hujuſmodi verberum ſegregamus. Et* l. 80. *de Decur. Cod. Theod. Omnis Ordo Curialis à tormentis his quæ reis debita ſunt, & ab ictibus, Plumbatarum habeantur immunes :* & plus bas l. 85. *Omnes Judices, provinciarumque Rectores à conſuetudine temerariæ uſurpationis abſtineant, ſciantque neminem omnino Principalium ac Decurionum ſub quâlibet culpæ aut erroris offenſâ, plumbatarum cruciatibus eſſe ſubdendum, &c.* Prudence toutefois dans l'Hymne qu'il a compoſé en l'honneur du Martyr S. Romain, montre qu'on ne gardoit aucune regle à l'égard des Chrétiens, & qu'on ne faiſoit aucune attention à leur qualité & à la tendreſſe de leur âge. Ammien Marcelin & Saint Ambroiſe rapportent les noms d'un grand nombre de Martyrs qui étoient morts dans ce genre de ſupplice ; il étoit encore en vigueur du temps de l'Empereur Honorius, qui en fit premierement châtier l'impie hereſiarque Jovinien avant de l'envoyer en exil avec tous ſes ſectateurs. C'étoit la coûtume d'en châtier ceux qui ne pouvoient pas payer leurs dettes.

La maniere de ſupplicier avec les plombeaux étoit differente. On dépoüilloit toûjours les perſonnes qu'on en vouloit châtier, on les lioit enſuite à des pieux de bois, ou à des colomnes pour les battre ; quelquefois on les étendoit ſur la terre ; aſſez ſouvent on les ſuſpendoit tout de bout, ou bien on les couchoit de leur long ſur des pierres aiguës : enfin la plus rude de toutes ces manieres étoit d'étendre un corps en l'air, luy attacher les pieds & les mains à des morceaux de bois, &, aprés les avoir frappez par tout le corps de ces plombeaux, y allumer du feu par
deſſous.

deſſous. Antoine Gallonius a fait un livre intitulé *De ſanctorum Martyrum cruciatibus,* dans lequel il traite des Plombeaux ; ce qui m'empêche d'en dire davantage : ce livre ſe trouve *in quarto* en Italien de l'impreſſion de Rome 1597. *in octavo* en Latin à Cologne 1612. & à Paris *in quarto* 1659. ils ſont tous trois enrichis de figures par Antoine Tempeſte.

VIII.

L'Anneau du Peſcheur.

C'Eſt l'Anneau d'un Pape qui vivoit il y a deux ou trois cens ans : les clefs, qu'on y voit d'un côté poſées en ſautoir, en ſont une preuve : on voit à l'autre côté une Croix patée au pied fiché cantonnée de quatre larmes. Je n'ay pû encore trouver de quel Pape il eſt ; il pourroit bien être de quelque anti-Pape.

IX.

Autre Anneau d'un Pape.

CEluy-cy a pareillement des clefs en ſautoir d'un côté, & de l'autre trois couronnes, qui font connoître qu'il eſt depuis Boniface V I I I. Ce Pape ayant été le premier qui orna la Thiare de trois couronnes qu'elle porte encore à preſent. Ils ſont tous deux de cuivre doré & fort larges, ce qui donne lieu de croire qu'ils les portoient au poulce. Il y en avoit auſſi dans nôtre Cabinet un troiſiéme, que je croyois être celuy du Pape Innocent VIII. de la famille de Cybo, dautant qu'on y voyoit ſon nom & ſes armes ; mais l'Illuſtriſſime Cardinal Alderand Cybo, à qui je l'envoyay il y a quelques années, croit qu'il eſt du Cardinal Laurent Cybo Archevêque de Benevent & neveu de ce Pape. La lettre de remerciment qu'il m'en écrivit eſt ſi obligeante, que j'ay crû la devoir icy inſerer dans les mêmes termes que je l'ay dans l'original ; elle nous apprend que les Cardinaux ſe ſervoient d'Anneaux, & que les ſouverains Pontifes leur en donnoient à leur création.

ADMODUM REVERENDE PATER.

NOvo me vinculo obſtrinxit humanitas tua altero annulo mihi dono miſſo Laurentii Cardinalis Cybo Gentilis mei, & ſanè mira res eſt ad manus tuas fortunam detuliſſe tam rara & recondita meæ familiæ monumenta ; æquum jam eſſet, ut ea ad me deferret occaſionem aliquam declarandi tibi devinctique animi mei ſenſus ob munus egregium pari cùm amoris in me tui teſtificatione conjunctum.

Opuſculum tuum de numiſmatibus Pontificiis impatienter expecto, fateorque in eo me mihi aliquomodo blandiri, quaſi in aliquam gloriæ tuæ partem venire debeam, quòd author tibi fuerim illud concinnandi, & publici juris faciendi. Præclaro beneficio litterarum tuarum antiquitatem auxeris, & eruditorum plauſus in urbe præſentium excitabis. Gratias interim habeo tibi maximas, libentiſſimè, ubi facultas aderit, relaturus, ac læta tibi fauſtaque omnia à Deo auguror. Romæ 24. Auguſti 1678.

Ad officia paratiſſimus
A. Card. Cybo.

B

REMARQUES.

IL nous faudra dans la suite parler de quelques Anneaux ; nous nous contenterons icy de dire quelque chose de ceux qu'on nomme Anneaux du Pescheur. On trouve fort peu d'anciens Auteurs Ecclesiastiques qui fassent mention de ce sceau ; il est neanmoins constant qu'il n'a pas été inconnu à Saint Clement Alexandrin, puis qu'en son troisiéme livre du Pedagogue, chap. onziéme, parlant des figures, que les Chrétiens pouvoient faire graver sur leurs Anneaux, il leur dit : *Et si sit aliquis qui piscetur, meminerit Apostoli, & puerorum, qui ex aqua extrahuntur.* Sur quoy Monsieur André du Saussay Official & grand Vicaire de Paris en son livre *De sacro Episcoporum ornatu*, imprimé à Paris en 1646. dit que cet Apôtre est Simon Pierre, à qui Jesus-Christ, étant entré dans l'une des barques qui luy appartenoient, dit. *Ne soyez point surpris de la pesche des poissons que vous venez de faire ; vôtre employ desormais sera de prendre des hommes, non pour les tuer, mais pour leur donner la vie.* Il croit que c'est de là que les Papes se sont servis de cet Anneau du Pescheur jusques à present, parce qu'en effet on y voyoit cette histoire de la pesche de Saint Pierre gravée. Les Souverains Pontifes s'en servent seulement pour cacheter leurs Brefs : ils font toûjours porter ce sceau avec eux en quelque lieu qu'ils aillent, & on ne s'en sert jamais qu'en leur presence. Aussi-tôt qu'ils sont morts, on leur tire cet Anneau du doigt, & on en brise le sceau. Mr du Saussay fait mention des Anneaux de plusieurs Papes anciens, dont les uns y mettoient le Monogramme de Christ, & d'autres quelques versets des Pseaumes de David ; d'autres enfin un Saint Pierre, à qui le Sauveur du monde donnoit une clef, &c.

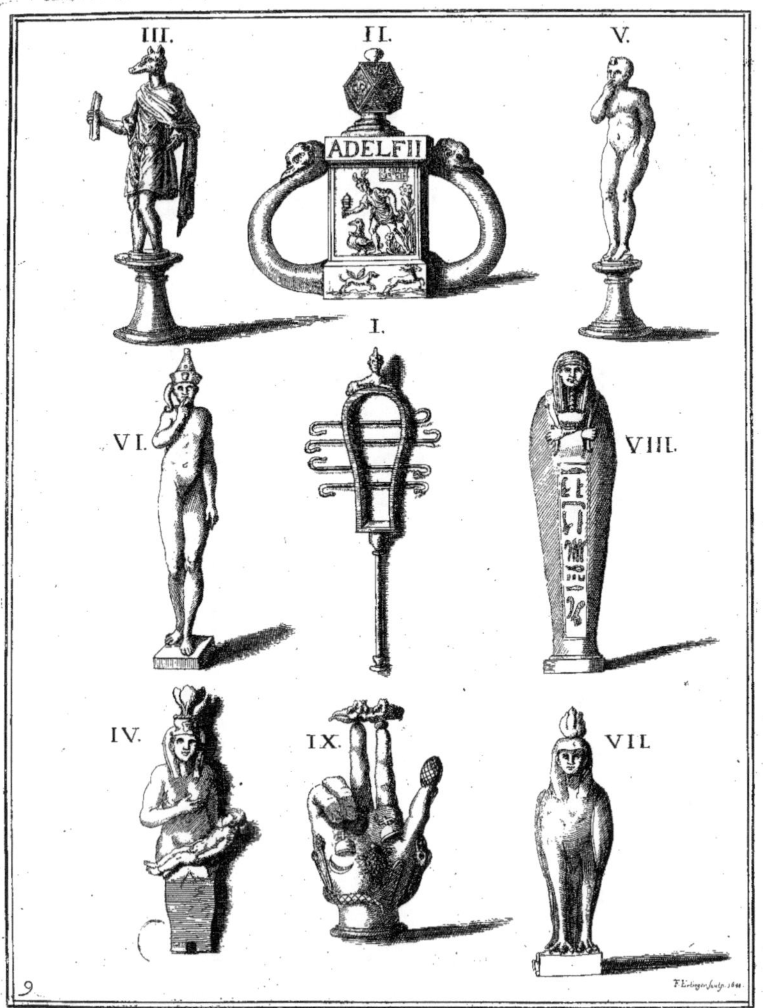

III.
II.
V.
ADELFII
I.
VI.
VIII.
IV.
IX.
VII.
9

ANTIQUITEZ
DE LA RELIGION
DES EGYPTIENS.

I.

Un Siſtre.

E Siſtre étoit un inſtrument qui ſervoit chez les Egyptiens aux ſacrifices, particulierement à ceux de la Déeſſe Iſis, dont les Prêtres, qui avoient la teſte raze & étoient revêtus d'habits de lin, ſonnoient durant leurs ceremonies ; c'eſt ce que nous apprenons de ce Vers de Martial.

Linigeri fugiunt calvi Siſtrataque turba.

Mais il n'étoit pas ſi particulier aux Egyptiens, qu'il ne fût auſſi commun aux autres Peuples de l'Orient, & particulierement aux Juifs : on lit au 18. chap. du premier livre des Rois, que les filles des Juifs ſortirent de toutes les villes d'Iſrael pour venir au devant de David, lorſqu'il retourna victorieux de la défaite de Goliath, en danſant & joüant de toutes ſortes d'inſtrumens. *Porrò cùm reverteretur percuſſo Philiſtæo David, egreſſæ ſunt mulieres de univerſis urbibus Iſraël cantantes, choroſque ducentes in occurſum Saül Regis, in tympanis lætitiæ, & in Siſtris, &c.* Au deſſus de ce Siſtre on voit la figure d'un animal que Plutarque dit être celle d'un chat, qui eſt conſacré à la lune, à cauſe qu'il voit mieux la nuit que le jour ; il ajoûte qu'on luy donne icy la face d'un homme, à cauſe qu'il ſemble avoir de la raiſon en pluſieurs choſes.

REMARQUES.

LEs Egyptiens & les Juifs ſe ſervoient du Siſtre à differentes fins : les premiers en joüoient aux jours de leurs ceremonies lugubres & aux plus grandes fêtes, pour ſignifier la triſteſſe, ou pour chaſſer les malins eſprits ; les Juifs s'en ſervoient aux jours de réjoüiſſance. On en voit une marque dans le 6. chap. du 2. livre des Rois, outre celuy que j'ay rapporté cy-deſſus. David, faiſant tranſporter l'Arche de la maiſon d'Aminadab dans la ville qui portoit ſon nom, joüe luy-même avec ſon peuple devant l'Arche du Seigneur de toutes ſortes d'inſtrumens. *Ludebant coram Domino in omnibus lignis fabrefactis, & citharis, & lyris, & tympanis, & Siſtris & cimbalis.* Il faut auſſi remarquer, que cet inſtrument n'a pas été inconnu aux Romains : il paſſa d'abord de l'Egypte dans la Grece avec le culte de la Déeſſe Iſis, laquelle fut enſuite en grande veneration à Rome au temps de Sylla Dictateur. Valere Maxime écrit que le Temple d'Iſis fut ruiné en execution d'un arreſt du Senat, & que ce fut le Conſul Paulus Æmilius qui donna le premier coup de hache dans les portes de ce Temple. L'Empereur Tibere ordonna auſſi, qu'on en démolît les Temples ; ce fût l'Empereur Domitien qui les rétablit au rapport de Suetone. Lucain reproche aux Romains d'avoir introduit dans l'Empire ces Deitez d'Egypte. l. 8. de la guerre civile.

> *Nos in Templa tuam Romana accepimus Isim ,*
> *Semicanesque Deos , & Sistra jubentia luctus.*

Virgile fait mention du Sistre. *Æn.* 8.
> *Regina in mediis patrio vocat agmina Sistro.*

Ovide Eleg. 17. L. 2. amor.
> *Per tua Sistra precor , per Anubidis ora verendi.*

Et en la 9. du Liv. 3.
> *Quid nos sacra juvant ; quid nunc Ægyptia prosunt.*
> *Sistra ?*

La figure du Chat ou du Sphinx qui se trouve sur celui-cy , fait connoître qu'il est d'Egypte.

II.

Une Clef d'une Fontaine.

J'Aurois eu bien de la peine à deviner à quoy a pû servir cet instrument , si je ne l'avois trouvé dépeint dans un Livre de Monsieur Peiresc , à qui il a autrefois appartenu ; il l'appelle *Epistomium* , & il dit que c'est la Clef pour ouvrir une Fontaine. Vitruve en parle au chap. 13. de son dixiéme Livre de l'Architecture : *Singulis autem canalibus singula Epistomia sunt , inclusa manubriis ferreis collocata , quæ manubria , cùm torquentur , patefaciunt.* Chacun de ces canaux a un robinet , dont la clef est de fer ; on ouvre chaque conduit par le moyen de cette clef , lors qu'on la tourne : il semble que cette piece devroit plûtôt s'appeller le *Manubrium Epistomii* , que l'*Epistomium.* Le Sistre que tient la Figure qu'on y voit , marqueroit qu'elle seroit Egyptienne , si nous n'avions pas montré ci-dessus , en la remarque sur le Sistre , que les Romains se servoient aussi de cet instrument. Le mot d'*Adelfius* qu'on lit dessus , est probablement celuy du Maître de la Fontaine. Laurent Pignorius en son Livre , qui a pour titre , *Characteres Ægyptii* , est le seul de tous les Auteurs , que j'aye pû rencontrer , qui ait connu cet instrument : il a fait graver cette clef de Fontaine , sans en faire aucune explication ; il y a bien de l'apparence qu'il n'en sçavoit pas l'usage. On peut conjecturer que Monsieur de Peiresc l'avoit euë de luy.

III.

Le Dieu Anubis.

CEtte figure est du Dieu Anubis avec une teste de Chien ; il étoit adoré , sous cette forme , par les Egyptiens : Virgile , *Æn.* 8. le nomme *Latrator Anubis.* Il y avoit une ville , où il étoit en singuliere veneration , laquelle étoit , pour cette raison , nommée *Cynopolis* , la ville du Chien. Les Romains honoroient

noroient Anubis sous le nom de Mercure ; ils le représentoient, comme les Egyptiens, tenant en sa main gauche un caducée, &, en sa droite, une palme.
Apulée rapporte que ces peuples Orientaux le peignoient avec la tête d'un
chien sur leurs Momies & sur leurs pyramides, pour nous marquer la subti-
lité du Mercure, d'autant qu'il n'y a pas d'animal plus adroit & plus agile que
le chien. Diodore le Sicilien en rapporte une autre raison qui me paroît plus
vraysemblable ; il dit qu'Anubis accompagnant son pere Osiris à l'armée, y
donna de si grandes preuves de sa valeur & de son courage, qu'on le mit, aprés sa
mort, au nombre des Dieux ; qu'on le peignit avec une tête de chien, parce qu'à
l'armée il portoit pour enseigne cet animal ; & que les Egyptiens l'honorent sous
cette figure, pour signifier qu'il avoit été le fidéle gardien de son pere.

    Saint Augustin en son second Livre de la Cité de Dieu, chap. 14. &, avant luy,
Tertullien en son Apologie, chap. 8. fait mention du Dieu Anubis ; ils le nomment
Cynocephales à cause de sa tête de chien ; S. Augustin semble marquer que les
Romains l'avoient reconnu pour Dieu, disant que Platon meritoit bien d'être
preferé à Priape & à Anubis. *Certè vel Priapo, vel alicui Cynocephalo, postremò vel
Febri, quæ Romani numina partim peregrina receperunt, partim sua propria sacraverunt.*
Lucain est de ce sentiment, comme nous l'avons déja rapporté en l'article du Sistre.
Sedulius Prêtre, qui vivoit dans le cinquiéme siecle, se mocquant des Romains
qui adoroient des Dieux qu'ils s'étoient faits, leur dit. *Lib.* 1. *Operis Paschalis.*

> *Quis furor est, quæ tanta animos dementia ludit?*
> *Ut volucrem, turpemque bovem, tortumque draconem,*
> *Semihominemque canem supplex homo pronus adoret.*

Lilius Georgius Gyraldus *de Diis Gentium*, imprimé à Basle en 1560. *in fol.* Vincent Chartier en son Livre *in* 4° *de Imaginibus Deorum, qui ab antiquis colebantur*,
imprimé à Lyon en 1581. en ont discouru amplement. J'omets le P. Kircher Jesuite
en son Livre *Sphinx mystagoga*, imprimé à Amsterdam *in fol.* 1676. parce qu'il a
pris, ce qu'il en dit, des Auteurs ci-dessus mentionnez.

IV.

La Déesse Isis.

C'Est la figure de la Déesse Isis, qui alaitte son fils Horus, ou le jeune Harpocrates, comme on le reconnoît par sa grande oreille. Isis étoit estimée
par les Egyptiens la Mere de toutes les choses sublunaires, qui contenoit en soy
les principes de toutes les generations, & fournissoit les alimens aux estres créez ;
elle étoit dépeinte, pour cette raison, avec plusieurs mamelles. Son fils Horus, qu'elle
alaittoit, étoit pris pour le Soleil levant. Ce qui paroît sur la tête d'Isis est l'herbe
lotus, qui croît dans le Nil : elle a au milieu une grosse tête comme le pavot.

    Ceux qui n'auront pas vû ce que j'écrivis il y a quelques années, à l'occasion
d'une tête de cette Déesse trouvée à Paris, seront bien aises que je le repete icy.

Nouvelle découverte d'une des plus singulieres, & des plus curieuses Antiquitez de la ville de Paris.

IL y a environ six ans qu'on trouva dans le jardin de la maison de M. Berrier prés S. Eustache à Paris, les fondemens des murailles d'une enceinte de la ville de Paris, qui probablement avoient déja servi à quelque édifice plus ancien & plus considerable, peut-être d'un Temple, ou d'un Palais; à deux toises de profondeur on trouva parmi des gravois dans une tour ruinée, une Tête de femme de bronze fort bien faite, un peu plus grosse que le naturel, laquelle avoit une tour sur la tête; les yeux en avoient été ôtez, peut-être à cause qu'ils étoient d'argent, comme la plûpart de ceux des anciennes figures. Je la vis dans la Bibliotheque de M. l'Abbé Berrier, & je jugé, par la connoissance des Medailles, que ce pouvoit être la tête de la Déesse Isis, qui étoit Tutelaire de la ville de Paris durant le Paganisme. On voit plusieurs Medailles grecques antiques, qui ont pour revers des têtes de femmes avec des tours, & le nom de la ville, comme ΑΝΤΙΟΚΕΩΝ ΛΑΟΔΙΚΑΙΩΝ.

Aprés avoir examiné quelle pouvoit être cette Divinité, qui avoit été autrefois l'objet du culte des Parisiens, j'ay crû, avec assez de fondement, ce me semble, que c'étoit la Déesse Isis, tant à cause de la tour qui est sur sa tête, qu'à cause qu'elle étoit adorée en ce païs.

Il est certain, par le témoignage de plusieurs Auteurs, que celle que les Grecs ont appellée Io, & les Egyptiens Isis, est la même que les Romains ont honorée sous le nom de Cybele, sçavoir la terre, ou la nature même; les Egyptiens l'ont mariée avec Osiris, qui est le Soleil, pour la rendre feconde, & la Mere de toutes les productions qui se forment dans son sein: c'est la pensée de Plutarque & d'Apulée; Isis dit chez Apulée: *Rerum natura Parens sum omnium elementorum Domina.* Macrobe dit aussi: *Nec in occulto est, neque aliud esse Osirin quàm Solem, nec Isin aliud esse quàm terram, ut diximus, naturamve rerum.*

Il y a, en effet, tant de ressemblance entre les figures que les Anciens nous ont données de ces deux Divinitez, d'Isis chez les Egyptiens, & de Cybele chez les Romains, qu'il est aisé de juger que c'étoit la même. Cybele, comme on le voit au revers de plusieurs Medailles, portoit une tour sur la tête; étoit accompagnée de Lions, tenoit en main un instrument comme un tambour de Basque, & étoit nommée *Mater magna*, la Mere universelle, qui est la nature. Isis avoit aussi la tête tourrelée, ainsi qu'il paroît en plusieurs de ses figures, & particulierement en celle qui fut trouvée à Rome sous Leon X. dont les Auteurs font mention: elle est aussi accompagnée de Lions; c'est ainsi que la represente la Table fameuse de l'Isis du Cardinal Bembus, que Kircher a fait graver: elle tient en sa main un Sistre, qui est un instrument musical; &, parce qu'elle est appellée la Terre & la Nature, on la dépeint souvent avec plusieurs mamelles, telle qu'est celle qui se voit au Cabinet du Roy.

Cette Divinité, au rapport d'Appulée, étoit en veneration par tout le monde, quoique sous differens noms & differentes figures, *cujus numen unicum, multiformi specie, ritu vario, nomine multi-jugo, totus veneratur Orbis*; il ne s'en faut pas étonner, puis qu'on dit qu'elle avoit fait du bien à tout le monde. En effet,

Isis étoit une Reine d'Egypte, qui y regnoit avec le Roy Osiris son mary au tems des premiers Israëlites : Tacite l'insinuë par ces mots : *Regnante Iside, exundantem per Ægyptum multitudinem Judæorum in proximas terras exoneratam ferunt.* C'étoit une femme d'un grand esprit & d'un grand courage, pour entreprendre les choses les plus difficiles ; elle fit bâtir & équiper un vaisseau pour voyager, dans lequel elle alla jusques dans les païs les plus éloignez, & les plus barbares, tels qu'étoient alors les Gaules & l'Allemagne dans le païs de Suaube ; Tacite dit qu'elle y penetra, & que n'y ayant rencontré que des peuples fort grossiers & fort sauvages, elle leur apprit à honorer la Divinité, à cultiver la terre, & à y semer du bled. Elle s'acquit, par là, une si haute estime parmi ces peuples, qu'ils crûrent que c'étoit la Déesse même de la terre, à qui ils étoient redevables de leur avoir appris l'agriculture, & l'exercice d'une Religion qu'ils avoient jusqu'alors ignorée. Voicy ses paroles : *Pars Suevorum Isidi sacrificat, unde causa & origo peregrino sacro parùm comperi ; nisi quòd signum ipsum in modum liburnæ figuratum, docet advectam Religionem. Lib. de morib. German.*

Tacite remarque encore dans ce passage, que ces Allemans de la Suaube l'adorerent sous la forme d'un Vaisseau, en memoire de celuy qui avoit porté en leur païs cette Reine, qui leur avoit rendu un si bon office. Nous avons des Medailles Egyptiennes de Julien l'Apostat, où on la voit dans un Vaisseau ; il se trouve dans Kircher & ailleurs de ses figures, qui portent un Vaisseau sur la main. Diodore & Apulée témoignent qu'elle presidoit à la mer ; ce dernier luy fait dire : *Navigabili jam pelago, rudem dedicantes carinam, primitias commeatûs libant mei Sacerdotes,* comme si elle avoit trouvé la premiere l'Art de naviger, ou, au moins, de se servir de voiles pour la navigation.

Quelques Auteurs ne pouvant découvrir d'où viennent les Armes de Paris, qui sont un Navire, remontent jusqu'à Isis, d'où ils pretendent même tirer le nom de cette illustre Ville, qu'ils ont crû être grec, & venir de πρὸς Ἴσις, comme qui diroit *auprés du fameux Temple de la Déesse Isis.* Il faut donc supposer, suivant la créance commune, qu'il y avoit un Temple dedié à cette Déesse, dans l'étenduë du territoire qui appartient aujourd'huy à l'Abbaye de S. Germain des Prez ; mais il seroit difficile de determiner si ce Temple étoit bâti où est aujourd'huy l'Eglise de l'Abbaye, ou dans le village d'Issy, qui en a tiré son nom, ou en quelque autre endroit des environs. Quoy qu'il en soit, ce Temple a subsisté jusqu'à l'établissement du Christianisme en France ; &, quand ce Temple fut détruit, on garda par curiosité, l'Idole d'Isis qui y avoit été adorée ; on la mit dans un coin de l'Eglise de S. Germain des Prez, quand elle fut bâtie par Childebert, & dediée à S. Vincent, afin de servir de trophée sur l'idolatrie vaincuë par la Religion Chrétienne : elle y a été conservée jusqu'en l'an 1514. que le Cardinal Briçonnet, qui en étoit Abbé, ayant sçû que quelque femme par simplicité & superstition luy avoit presenté des chandelles, la fit retirer & mettre en pieces. Du Breüil, qui étoit Religieux de cette Abbaye, & qui rapporte cecy en ses Antiquitez de Paris, assûre qu'il l'a appris de ses confreres qui avoient vû rompre cette figure. Il est dit, dans le titre de la fondation de la même Abbaye de S. Germain, faite par Childebert en l'honneur de S. Vincent, qu'elle fut bâtie *in urbe Parisiaca prope muros civitatis, in terra quæ aspicit ad fiscum Isiacensem,* auprés des murailles de la Cité de Paris (qui étoit alors renfermée dans l'étenduë de l'Isle) du côté du fief d'Issy.

Nous avons déja dit que cette Ville porta premierement le nom de Paris, qu'elle tira de la proximité du Temple d'Isis παρὰ Ἴσις, & le communiqua depuis à tout le païs dont elle étoit la Capitale. Son nom de *Leucotecia* ou *Lutetia* est tiré du mot grec λευκότης, blancheur, à cause de la blancheur du plâtre dont les maisons étoient enduites. Ce n'est pas sans raison qu'on pretend que les noms de cette ville sont tirez du grec, puis qu'il y a un grand rapport entre nôtre langue & la langue grecque; plusieurs Auteurs en ont traitté fort au long. Le mot de Paris s'étendit donc par toute la contrée, qui s'appella, comme elle fait encore, le Parisis, & la ville *Lutetia*, ou *Leucotetia*, ou *Locutitia Parisiorum* : ce sont les noms qui se trouvent dans les Commentaires de Jules Cesar, dans Strabon, dans Ptolomée, & dans plusieurs autres anciens Auteurs.

Ce Temple d'Isis si fameux, qu'il a donné le nom à tout le païs, & particulie‑ rement à la Capitale de ce Royaume, étoit desservi par un College de Prêtres, & de Sacrificateurs, qui demeuroient, comme l'on croit, à Issy, en un Château dont on voyoit encore les ruines au commencement de ce siécle; du Breüil, qui les a vûës, le témoigne en ses Antiquitez de Paris. Plutarque parle de ces Prêtres d'Isis; ils observoient la chasteté, ils avoient la tête raze, & les pieds nuds, & ils étoient toûjours vêtus de lin ou de toile, d'où vient qu'on les appelloit *Lini‑ geri*.

Nunc Dea linigerá colitur celeberrima turbâ
Ovid 1. Metamorph.

Qui grege linigero circumdatus, & grege calvo.
Juvenal satyr. 6.

On assigna à ces Prêtres, pour leur subsistance, tout le territoire & le Fief d'Issy, & des environs jusqu'à Paris; sçavoir d'Issy, de Vanves, & celuy qui fut depuis nommé de Vaugirard & de Grenelles, dont ils joüirent jusqu'à ce que la Religion Chrétienne, aprés avoir renversé leur Temple, les supprima, & on donna leurs biens aux Ministres de l'Eglise. Clovis en donna une portion à l'Abbaye de Sainte Geneviéve, en la fondant, sçavoir Vanves, Grenelles, & une partie de Vau‑ girard.

Il y a de l'apparence que cela se fit à la sollicitation de S. Remy Archevêque de Reims, lors qu'il dedia l'Eglise de cette Abbaye, & lorsque catechisant ce pre‑ mier Roy Chrétien, il luy dit : *Adora quod incendisti, incende quod adorasti, &c.* c'étoit probablement pour l'exciter à brûler ce Temple d'Isis, qui étoit en si grande veneration dans tout le païs. Il semble que l'Eglise de la Paroisse de Van‑ ves, bâtie aprés la conversion de Clovis, ait été dans la suite des temps dediée à S. Remy, qu'elle honore comme Patron, en reconnoissance de ce qu'il avoit pro‑ curé à l'Abbaye de Sainte Geneviéve, les terres dont ces Prêtres d'Isis joüis‑ soient.

Childebert fils de Clovis, bâtissant quelque temps aprés l'Abbaye de S. Ger‑ main, luy assigna tout le reste du territoire des environs, comme celuy d'Issy & de Vaugirard; c'est au sujet de ces possessions des Prêtres des Idoles, qui avoient été consacrées au culte du vray Dieu, que le Roy Hugues Capet vint jurer sur l'Autel de S. Pierre & de S. Paul en l'Eglise de Sainte Geneviéve, qu'il les conser‑ veroit inviolablement, ainsi que le titre, qui a été trouvé parmy les Recüeils du Pere Sirmond, écrit de sa propre main, le porte en ces termes : *Ut charta gloriosæ memoriæ Caroli Francorum Regis de possessionibus Diis Gentium quondam dicatis, &*
divino

divino cultui applicandis ; in omnibus obfervetur. Ce titre en fuppofe un precedent de Charles Martel, ou de Charlemagne, ou de quelqu'autre des Charles fes prede-ceffeurs, lequel n'étoit encore qu'une confirmation ; & non pas une donation de ces biens, qui avoient appartenus autrefois aux Prêtres des Idoles.

Voilà quelque éclairciffement fur la découverte de cette Tête antique qui s'eft trouvée depuis peu d'années dans Paris ; nous en avons une copie dans nôtre Cabinet, tirée fur l'original que M. Girardon fameux Sculpteur poffede prefente-ment.

V.

Le Dieu Harpocrate.

C'Eft un petit Harpocrate qui étoit le même que Horus parmy les Egyptiens : il étoit reconnu pour le Dieu du Silence, en figne de quoy il avoit le doigt fur la bouche. Ces peuples ont dit une infinité de chofes myftericufes de ce Dieu, & un fçavant homme Hollandois Profeffeur à Devanter en a fait depuis peu un Livre entier : Il croit que cet Harpocrate ou Horus étoit fils d'Ifis & d'Ofiris, & qu'il étoit pris pour le Soleil levant, comme je l'ay déja dit cy-deffus.

VI.

Un autre Harpocrate.

VOicy encore une figure d'Harpocrate affez finguliere : premierement elle ne le reprefente pas comme un enfant à l'ordinaire, mais comme un hom-me parfait : 2° elle a au côté droit une grande oreille en forme d'une corne, qui luy tombe jufques fur l'épaule : 3° elle porte une mitre à l'antique fur la tête. Elle a le doigt fur fa bouche pour marque du filence qu'on doit garder après avoir reçû les fecrets par une grande oreille, c'eft-à-dire avec attention. Ovide.

> *Quique premit vocem, digitoque filentia fuadet.*

C'eft une leçon fort morale des Egyptiens, qui exprimoient leurs penfées par des fymboles. Quelques-uns ont dit qu'Harpocrate étant pris pour le Soleil le-vant, on le peignoit le doigt fur la bouche, à caufe que les Orientaux rendoient leur culte à cet Aftre levant en mettant le doigt fur la bouche, afin de faire con-noître que la beauté & les autres perfections du Soleil étoient ineffables, & que les prieres qu'on luy faifoit ne pouvoient être, comme dit Lucien, qu'imparfaites. On luy donne une mitre fur la tête, c'étoit l'ornement le plus confiderable des peuples Orientaux.

REMARQUES.

LEs Romains reconnoiffoient auffi deux Déeffes du Silence ; ils leur mettoient de même qu'à Harpocrate, un doigt fur la bouche, pour donner à con-noître qu'il falloit du fecret dans les chofes qui regardoient la Religion. Numa Pompilius ordonna le premier le culte d'une de ces Divinitez qu'il nomma *Ta-*

D

cita, Muette, sur quoy l'on pourroit dire que les Egyptiens & les Grecs n'auroient pas eu moins de bon sens que les Romains, d'avoir pris la figure d'un homme plûtôt que celle d'une femme, pour en faire un Dieu du Silence. Ils nommoient l'autre Déesse *Angeronia* ; ils celebroient sa fête le vingt-un de Decembre.

VII.

Un Sphinx.

LEs Egyptiens ont dépeint le Sphinx comme un monstre moitié femme & moitié Lion, ou Oiseau, tel qu'est celui-cy. Ils feignoient qu'il habitoit dans les deserts sur une haute roche, d'où il arrétoit tous les passans, & leur proposoit une énigme ; sçavoir, ce que c'étoit qui marchoit à quatre pieds au matin, à deux à midy, & à trois au soir, entendant l'homme en ses trois âges, & qu'il mettoit en pieces ceux qui ne pouvoient deviner son énigme : quelques-uns plus spirituels ont dit, que, par ce Sphinx partie Femme & partie Oiseau, les Egyptiens designoient l'ame de l'homme, à qui ils donnoient des ailes pour se porter vers le Ciel où elle aspiroit, & qu'ils luy donnoient une face humaine, parce que Dieu a fait l'homme à sa ressemblance. Cette figure a une Flame sur la tête, pour signifier que l'ame de l'homme ne peut mieux être comparée qu'au feu toûjours agissant. Elle est d'un bois incorruptible qui a été doré d'or bruni, ce qui montre l'antiquité de cette maniere de dorer sur des couches de blanc qui s'y voyent encore.

REMARQUES.

J'Ay été long-temps dans la pensée, que cette figure de Sphinx étoit une Harpie, ou une Furie, qu'on dépeignoit ordinairement avec une tête de femme, & des pieds d'oiseau ; mais le Pere Kircher Jesuite en son troisiéme volume *Oedipi Ægyptiaci*, *syntag.* 1. sur la Table d'Isis que le Cardinal Bembus avoit en son cabinet, veut en quatre ou cinq endroits, que ce soit un Sphinx. Laurent Pignorius, avant luy, en avoit composé un Livre *in* 4° intitulé *Mensæ Isiacæ expositio*, imprimé à Francfort en 1608. dans lequel il ne parle point de la Harpie. Il dépeint toûjours le Sphinx avec des pattes de Lion ; il ajoûte que les Egyptiens representoient cet animal en forme de femme & de lion, pour signifier que c'étoit en ces mois où regnent ces deux signes celestes, la Vierge, & le Lion, que le Nil ce beau fleuve de l'Egypte, avoit coûtume, par son débordement, d'arroser & de rendre fertile tout le païs ; ils mettoient ces figures d'animaux imaginaires aux portes des Temples, insinuans qu'il falloit aimer & craindre Dieu tout ensemble ; que ce même Dieu, s'il étoit humain & bon à ceux qui luy étoient fidéles, avoit aussi la force & le pouvoir de punir ceux qui n'observoient pas ses loix : c'est de là que la coûtume est venuë de mettre des Sphinx aux entrées des portes ou des escaliers qui conduisent à ces Temples. Il y a un tres-grand nombre d'Auteurs qui traittent du Sphinx ; le P. Kircher en a fait les extraits dans un gros volume.

VIII.

Le Dieu Ofiris:

C'Eſt l'Image d'Oſiris, l'un des principaux Dieux de l'Egypte : on tient que c'eſt le meſme qu'Apis ou Serapis, qui a fait beaucoup de bien aux Egyptiens. Ces ſortes de figures de terre cuite, telle qu'eſt celle-cy, ſont fort communes, & enduites d'un vernis bleu ou verd. On les trouve d'ordinaire dans les corps des Mumies, qu'ils rempliſſoient de leurs Idoles pour les preſerver des inſultes des demons, & meſme de la corruption ; les Hieroglyphes, qui ſont deſſus, contiennent les éloges de ce Dieu, & les prieres qui luy ſont adreſſées. Il portoit des foüets dans les mains, pour ſignifier qu'Oſiris étoit le Soleil, auquel on donnoit des foüets pour conduire ſes chevaux.

REMARQUES.

NOus avons en nôtre Cabinet pluſieurs de ces figures d'Oſiris ; il y en a de bois de cedre auſſi-bien que de terre. Sur celles de bois ſont peints & gravez, en creux, des caracteres égyptiens. Sur celles de terre, ces caracteres ſont ou en creux, ou en relief. Plutarque veut que chez les Egyptiens, Oſiris, Serapis & Apis ſoient la même choſe que Bacchus chez les Grecs ; c'eſt pourquoy Tibulle en la 7. Eleg. de ſon premier livre dit de ce Dieu :

> *Primus aratra manu ſolerti fecit Oſiris,*
> *Et teneram ferro ſollicitavit humum :*
> *Primus inexpertæ commiſit ſemina terræ,*
> *Pomaque non notis legit ab arboribus :*
> *Hic docuit teneram palis adjungere vitem,*
> *Hic viridem durâ cædere falce comam.*
> *Illi jucundos primum matura ſapores*
> *Expreſſa incultis Uva dedit pedibus, &c.*

Les vers qui ſuivent s'entendent de Bacchus, ceux qui voudront ſçavoir quel étoit ce Dieu Apis, liſent ce qu'en dit Saint Auguſtin au chap. 5. du 18. livre de la Cité de Dieu ; il y rapporte l'hiſtoire de cette Divinité, & l'étymologie du nom de Scrapis qu'il a priſe de Varron. Il y a beaucoup d'Auteurs tant Eccleſiaſtiques, que profanes, qui en ont parlé ; mais ils ſont ſi partagez dans leurs ſentimens, qu'on ne ſçait auſquels s'arreſter. Pignorius au chap. 1. *de menſa Iſiaca : Vincentius Cartharius libro de Imaginibus Deorum.* Lactance au chap. 21. du premier livre *de falſa Religione*, en parle bien au long. Il nous apprend que les Egyptiens & les Romains changeoient le nom de ceux dont ils vouloient faire des Dieux aprés leur mort, de crainte qu'on ne les prît pour des hommes, & que pour cette raiſon Oſiris fut nommé Serapis.

I X.

Une main hieroglyphique.

NOus apprenons de Pignorius tres-sçavant Antiquaire, que cette main égyp-
tienne ayant été trouvée à Tournay, fut envoyée à Aix en Provence à M. de
Peiresc, lequel l'ayant faite dessiner, luy en fit tenir à Paris la figure, qu'il fit graver, & en donna au public l'explication tant à Paris en 1623, qu'à Venise en 1624.
Il pretend que cette main avoit été faite pour estre mise au bout d'un bâton, &
pour estre portée en ceremonie aux sacrifices d'Isis qu'ils appelloient *Mater magna:*
c'est aussi le sentiment de Tomasinus, qui en a donné une pareille en son livre
imprimé *in* 4° à Amsterdam en 1670. il a pour titre *Manus Æneæ Cecropii vo-
tum referentis dilucidatio.* Il croit que ce sont des mains de Justice, suivant le sentiment d'Apulée qui dit : *Æquitatis judicium deformatam manum sinistram porrecta
palmula.* C'est peut-estre de là que nos Rois de France ont pris la coûtume de
porter une main de Justice à leur Sacre, & quand ils paroissoient en habits de
ceremonie, d'où vient que la Justice s'exprime en France par la main, puis
qu'on dit, *Mettre en la main du Roy, donner main levée, prester main forte.* Pignorius donne ensuite l'explication de tous les hieroglyphes qui sont marquez sur
cette main : on les peut voir dans l'ouvrage qu'il en a fait.

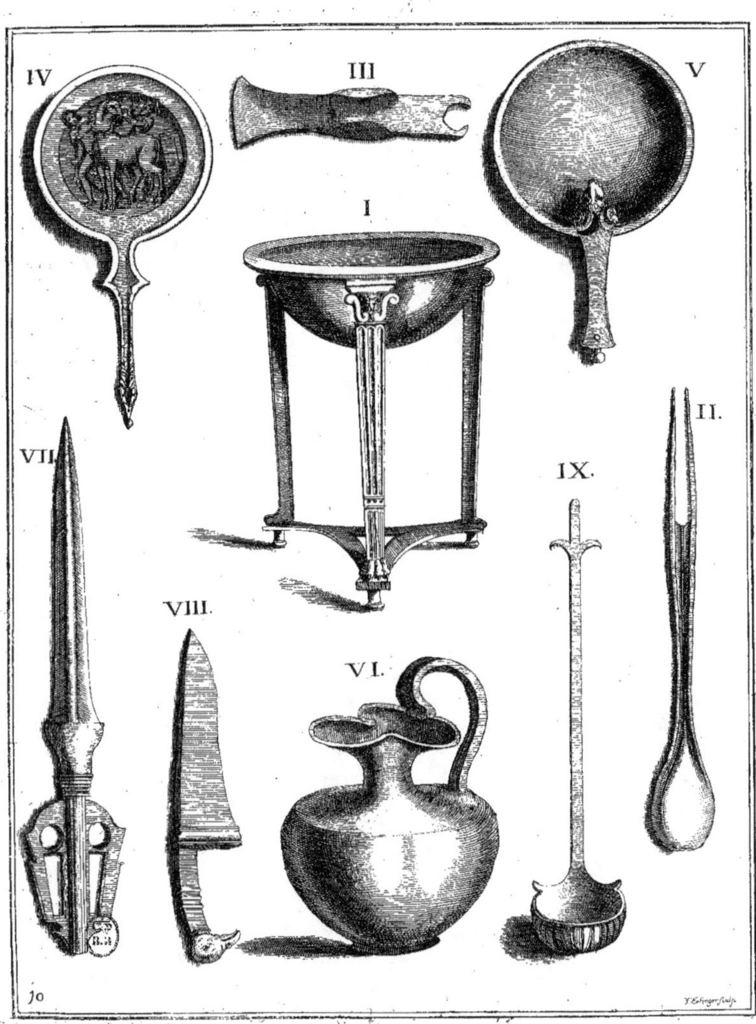
IV
III
V
I
VII
II
IX
VIII
VI
10

ANTIQUITEZ
DE LA RELIGION
DES ROMAINS.

I.

Un Trepied antique.

UN des principaux inſtrumens des ſacrifices parmi les anciens Payens étoit le Trepied, ſur lequel on brûloit de l'encens aux Idoles, & d'où elles rendoient des oracles ; il y en avoit de toutes les grandeurs : de deux à trois pieds de haut, pour poſer ſur le pavé ; d'autres d'un pied, à mettre ſur une table, comme celui-cy, qui eſt tres-beau & tres-bien conſervé. Monſieur de Peireſc, à qui il a appartenu, l'a fait deſſiner dans un livre qui eſt à la Bibliotheque du Roy, & il y a ajoûté des Remarques. Monſieur Spon l'a fait graver depuis peu parmy les curieuſes Antiquitez qu'il a données au public en ſon livre *in fol.* intitulé *Miſcellanea eruditæ Antiquitatis*, imprimé à Lion en 1685 : l'on y peut voir le nom & l'étymologie de toutes les parties du Trepied.

REMARQUES.

AVant que de parler du Trepied, & pour en ſçavoir l'antiquité, il faut dire icy quelque choſe de celle de l'encens, puiſque cet inſtrument n'a été inventé que pour y brûler des parfums. Martial eſt du ſentiment d'Ovide, qui dit que Janus fut le premier à qui on offrit de l'encens. On ne voit point néanmoins qu'Homere qui vivoit, ſelon S. Jerôme, plus de huit ſiecles avant eux, & qui s'eſt plû à décrire les plus anciennes Religions, auſſi-bien que leurs ceremonies, faſſe aucune mention d'encens offert aux Dieux, ce qui donneroit lieu de croire que ces Poëtes ou ont parlé conformément à ce qui ſe faiſoit dans leur ſiécle, auquel on brûloit de l'encens aux Idoles, ou qu'ils ſe ſont ſervis de la licence de feindre que prennent les Poëtes. Arnobe qui les a ſuivis, le dit fort clairement en ſon ſeptiéme livre *contra Gentes*. *Percunčtamur de thure, unde & quo tempore noſſe illud, aut ſcire poteritis, ut meritò exiſtimetis, aut eſſe Diis dandum, aut eorum acceptiſſimum voluntati ; novella enim propemodum res eſt, neque annorum inexplicabilis ſeries ex quo ejus notitia profluxit in has partes, & delubris meruit eſſe diviniſ : neque enim temporibus, quemadmodum creditur & perhibetur, heroicis quidnam eſſet thus ſcitum eſt Scriptoribus, ut comprobatur à Priſcis, quorum in libris poſita nulla ejus mentio reperitur.* Il ajoûte enſuite pluſieurs choſes qui montrent, que l'uſage de l'encens dans les ſacrifices n'eſt point ancien ; il faut toutefois entendre cela des ſacrifices des Payens, & non pas de ceux des Iſraëlites, puis qu'il eſt parlé de l'encens au 29. chapitre de l'Exode ; & au 30. la forme de l'Autel, où on le devoit brûler, eſt décrite bien au long. Il n'eſt point parlé de Trepied dans l'Ecriture

E

Sainte , ce qui marque qu'il n'étoit en ufage que parmi les Payens , qui en avoient de deux fortes ; les uns n'étoient que pour fervir d'ornemens dans les Temples, & dans les maifons des perfonnes de qualité ; ils étoient de grand prix , & on en faifoit des prefens aux Dieux , auffi-bien qu'à ceux qui s'étoient fignalez par leurs belles actions. C'eft de là que Virgile au cinquiéme livre de l'Æneide en met parmy les prix qu'Ænée donna aux Jeux qu'il dedia aux Manes de fon Pere Anchife.

Munera , principio , ante oculos circoque locantur :
In medio facri Tripodes , viridefque coronæ.

Les autres fervoient à brûler de l'encens ; ils étoient percez par deffous , afin qu'il y eût toûjours du feu , & que les cendres qui en tomboient , ne pûffent l'étoufer. Celui-cy a pû eftre mis fur une table en triangle , qui portoit à caufe de cette forme , le nom de Trepied , devant quelque figure qui rendoit des oracles ; c'eft pour cette raifon que les Anciens prenoient le trepied pour fymbole de la verité , croyant que l'oracle , qui étoit pofé au deffus de cet inftrument , ne prononçoit rien que de veritable. Athenée le confirme par une façon de parler de fon temps ; il dit que lors qu'on vouloit fignifier que quelqu'un parloit fincerement, on difoit, *Eum ex tripode loqui ,* qu'il parloit de deffus le Trepied.

I I.

Un inftrument pour obferver les entrailles des Animaux.

CEt inftrument eft de cuivre prefqu'à la maniere d'une fpatule dont les Aruf-pices fe fervoient pour remüer & obferver les entrailles des animaux , de l'infpection defquelles ils devinoient les évenemens. Juvenal s'en mocque en une de fes Satyres :

......Ranarum vifcera nunquam
   Infpexi.

Cafalius en fon livre *in 4° de prophanis & facris veteribus Ritibus ,* imprimé à Rome en 1644. a fait graver des inftrumens de ces Arufpices qu'il a dans fon cabinet , & qui reviennent fort à celui-cy.

REMARQUES·

JE croy qu'on ne trouvera pas mauvais , que je dife icy quelque chofe des perfonnes qui fe fervoient de cet inftrument, dont je n'ay jamais pû trouver le nom. Les Arufpices étoient differens de ceux qu'on nommoit Augures ; ces derniers ne tiroient leurs conjectures que par le vol des oifeaux , par leurs cris , ou par les démarches des autres animaux qu'ils rencontroient ; au lieu que les premiers les tiroient par les entrailles des victimes qu'ils immoloient ; ils s'appelloient Arufpices , parce qu'ils s'appliquoient auffi à confiderer les victimes qu'on mettoit fur l'Autel , *à victimis in arâ afpiciendis.* Les Hetruriens , ou Tofcans , font les premiers qui ont inventé cette maniere de deviner ; c'eft pour cette raifon que Ciceron dit dans fon fecond livre *de legibus. Prodigia , portenta ad Etrufcos & Arufpices , fi Senatus juffit , deferunto.* Les Romains étoient tres-attachez à cette fuperftition, jusqu'à envoyer, selon Valere Maxime au 1. chapitre de son premier livre, en Hetrurie dix des enfans des premiers de leur ville pour y aprendre cette science, *Tantum autem studium antiquis, non solùm observandæ, sed etiam amplificandæ Religionis fuit, ut è florentissimâ, tum & opulentissimâ civitate decem Principum Filii Senatus-consulto singulis Hetruriæ populis percipiendæ sacrorum disciplinæ gratiâ traderentur.* Ciceron en fait une loy. *Hetruria Principes disciplinam doceto.* La fonction des Aruspices, comme j'ay déja dit, étoit de considerer les victimes qu'on alloit immoler. Rosinus en son troisiéme livre des Antiquitez Romaines, dit qu'on prenoit pour un mauvais presage, quand la victime ne suivoit pas volontairement celuy qui la conduisoit pour l'immoler, & qu'il étoit obligé de la tirer par force, ou qu'elle s'échappoit de ses mains ; il en rapporte bien d'autres marques. Ils foüilloient dans les entrailles pour y observer le foye, le cœur, le fiel, la rate, les poulmons & les membranes qui entourent ces parties ; ils consideroient les flammes qui consumoient la victime, la fumée de l'encens qu'on y brûloit, avec des superstitions qu'il seroit icy trop long de rapporter. Ajoûtons que si quelquefois ces Aruspices devinoient, que c'étoit plus par hazard que par leur science. Lucain en son premier livre décrit parfaitement bien l'office des Aruspices.

I I I.

Une Hache antique.

C'Est une Hache dont les Prêtres se servoient pour immoler les victimes en leur fendant la tête. Elles étoient emmanchées d'un bâton avec une clavette qui les serroit par derriere ; ce pouvoient estre de semblables haches qui étoient attachées aux faisseaux, que les Licteurs portoient devant les Consuls. Lucain au cinquiéme livre de la Guerre civile en parle.

> *Nam quis castra vocet tot strictas jure secures ?*
> *Tot fasces ?......*

Et au 7. *Pacificas sævus tremuit Catilina secures.*

REMARQUES.

LEs Poëtes & les Auteurs anciens se sont souvent servis du mot de *securis*, pour dessigner la Charge de Consul. Cette Hache étoit au bout d'une verge qui étoit au milieu des autres verges, qui composoient les Faisseaux. Virgile, avec plusieurs autres Auteurs, dit que Brutus & Collatinus qui établirent le Consulat, établirent aussi l'usage de la hache & des faisseaux pour la marque de cette dignité, aprés avoir chassé de Rome le Roy Tarquin le Superbe, & toute sa famille, en haine de ce que Sextus son fils avoit violé Lucrece.

> *Vis & Tarquinios Reges, animamque superbam*
> *Ultoris Bruti, fascesque videre receptos ?*
> *Consulis imperium hic primus, sævasque secures*
> *Accipiet.* Æn. l. 6.

Il ajoûte mesme que les enfans de Brutus ayant proposé de rétablir les Tarquins, furent par ordonnance de leur pere, & en sa presence battus de verges, & décapitez.

Natosque Pater, nova bella moventes
Ad pœnam pulchrâ pro libertate vocabit,

Le Pere de la Ruë Jesuite, sur ces paroles de Virgile, croit qu'ils furent décapitez avec ces haches des Consuls. On se servoit aussi de la hache pour couper du bois ; il seroit bien difficile de sçavoir auquel de ces differens usages celle-cy a servi, il est constant qu'elle est antique, & je croy qu'on pourroit dire que les mesmes haches servoient à ces trois choses : c'est un instrument fort ancien ; il est parlé, au dix-neuviéme chapitre du Deuteronome, de celle dont on se servoit à couper le bois : les bas reliefs & Medailles antiques nous representent tres-souvent les figures de celles qui servoient aux sacrifices. Virgile en parle.

Clamores simul horrendos ad sydera tollit :
Quales mugitus fugit cùm saucius aras
Taurus, & incertam excussit cervice securim. Æneid. 2.

IV.

Une Patere.

CEtte piece est une Patere qui servoit aux sacrifices. Il y en avoit de plusieurs façons ; les unes avoient des manches comme celle-cy ; les autres étoient de simples plats tout ronds, ainsi qu'on en voit souvent en des ornemens de frises ; les dernieres, enfin, avoient des manches, & étoient profondes. Ces trois sortes de Pateres avoient été instituées pour trois usages differens. Nous en avons en nôtre cabinet de la troisiéme & premiere maniere. La plus creuse servoit à faire les libations, aussi-bien qu'à recevoir le sang des victimes, qu'on immoloit ; elle paroît beaucoup plus ancienne que celle dont je parleray dans l'article suivant.

REMARQUES

VArron dit qu'on nomme ces instrumens *Pateræ, eò quòd pateant.* Elle est si commune chez les Anciens, qu'on la voit sur la plûpart des Medailles des Empereurs Romains, comme sur celle de Galba, de Vespasien, de Julia Titi, de Domitien, & de beaucoup d'autres : elles se rencontrent presque toûjours sans manche, parce qu'on s'en servoit plus pour faire des libations, que pour offrir aux Dieux de l'encens. Ovide en fait mention au IV. des Fastes.

Cúmque meri Paterâ thuris acerra fuit.

Virgile au deuxiéme livre des Georgiques, semble dire qu'il y en avoit qui étoient d'or, sur lesquelles on faisoit aux Dieux des libations, du meilleur vin que l'on pouvoit trouver ; ce Prince des Poëtes parle en beaucoup d'endroits des Pateres.

Impositis auro dapibus, paterasque tenebant,
Vinaque fundebat Pateris animamque vocabat
Anchisæ Magni. Au 3. au 5. au 8. &c. Æneid.

Il marque encore au sixiéme, qu'elles servoient à recevoir le sang de la victime.

Supponunt alii cultros, tepidumque cruorem
Suscipiunt Pateris.

V.

Une autre Patere moins antique

C'Est une autre Patere, qui a cela de singulier, qu'elle a un sacrifice gravé dans son creux, où l'on voit le victimaire qui décharge un coup de massuë sur la teste d'un taureau ; cette Patere est plate, & elle est trop mal dessinée pour luy donner une aussi grande antiquité qu'à celle dont je viens de parler. On pouroit facilement prendre la teste du taureau pour celle d'un cheval, ce qui marque que cette Patere n'est tout au plus que du temps des derniers Empereurs Romains, que les Curieux nomment du haut Empire, auquel temps tout le monde convient que les Arts étoient déchus. C'étoit ces sortes de Pateres plates qu'on presentoit aux Martyrs de la primitive Eglise, pour offrir de l'encens aux Idoles : il est aussi fait mention dans Ovide de l'encens & du vin qu'on jettoit dans le feu aux sacrifices.

Da mihi thura puer pingues facientia flammas.
Quodque pio fusum stridat in igne merum.

VI.

Un Vase nommé Præfericulum.

LEs Antiquaires ne conviennent point de la forme du vase que les Payens nommoient *Præfericulum* ; il est difficile de déterminer si celuy, que j'ay fait dépeindre icy, est le veritable ; il est certain qu'il est assez propre pour avoir servi à des sacrifices. Les uns veulent que *Præfericulum* soit un de ces vases que nous voyons sur plusieurs marbres antiques ; d'autres sont d'un sentiment contraire, entre lesquels est Festus, qui dit que c'étoit un vase sans anse, dont l'ouverture étoit extrémement large. Angelonus tres-sçavant antiquaire dit en avoir un en son cabinet, qu'il dépeint dans son ouverture comme une espece de plat creux, il est de bronze aussi-bien que le nôtre, & fort épais ; mais il pretend que l'on mettoit dans le sien du feu pour servir aux sacrifices : &, ce qui le confirme en cette pensée, est que l'on voit à Rome chez M. de Mathæis, un marbre antique où est representé un Prêtre tenant en main un semblable vase, sur lequel il y a du feu. Le nôtre n'a pû servir à cet usage, mais plûtôt pour mettre le vin qui s'offroit aux Dieux, ou pour verser de l'eau sur les mains des sacrificateurs aprés qu'ils les avoient teintes dans le sang des victimes. On voit beaucoup de ces sortes de vases sur plusieurs revers de Medailles, où sont dépeints les instrumens des sacrifices.

 Antiquitez de la Religion

VII.

Un Couteau pour égorger les victimes.

CE couteau, dont on se servoit pour égorger les victimes, est fort entier, & d'une manicre assés commode pour cet usage. Du Choul parmi ses instrumens antiques des sacrifices, en a fait dessiner, qui reviennent fort à ces deux que nous avons, & qui nous viennent de M. de Peiresc.

VIII.

Un Couteau nommé Secespita.

CEt autre coutcau servoit à couper & diviser la chair de l'hostie immolée, on le nommoit en latin *Secespita.* Suetone rapporte en la vie de Tibere, que cet Empereur se défiant de Libo, qui alloit sacrifier avec luy, & ayant peur qu'il n'attentât à sa vie, voulut, qu'au lieu du *Secespita*, il se servît d'un couteau de plomb, *Pro Secespita plumbeum cultrum subjiciendum curavit.*

REMARQUES.

LEs deux couteaux de nôtre cabinet sont de bronze, bien qu'il soit vray, au rapport de Virgile, qu'il y en avoit de fer : car au troisiéme livre des Georgiques parlant d'une victime qui étoit morte, lors qu'on l'alloit égorger, il dit :

Aut si quam ferro mactaverat ante Sacerdos.

Il fait ensuite mention des couteaux.

Ac vix supposti tinguntur sanguine cultri

Et au sixiéme livre de l'Æneide ;

Supponunt alii cultros, tepidumque cruorem.

Il ne parle point, ce me semble, du mot *Secespita*, & se sert toûjours, aussi-bien que les autres Poëtes du mot de *culter* pour les instrumens qui servoient à couper les chairs des animaux, & à les égorger. Il est bon de remarquer, en passant, que la cause pour laquelle on en trouve peu de fer, vient ou de ce que la matiere n'en étant pas precieuse, on s'est fort peu mis en peine de les conserver ; ou que le fer étant sujet à la roüille, il n'a pas été possible de le conserver jusqu'à nous ; car il y a lieu de s'étonner que parmi le grand nombre d'Antiquitez Romaines qui sont dans nôtre cabinet, nous n'ayons qu'une seule clef qui soit de fer, encore ne voudrois-je pas la garantir pour antique. Joannes Saubertus a fait graver ces deux couteaux en son livre *de sacrificiis Veterum.*

IX.

Un Simpulum.

CEt instrument s'appelloit *simpulum*, ou *Capedo*, *à capiendo*, à cause que le Prêtre s'en servoit pour prendre du sang de la victime, afin de l'offrir aux

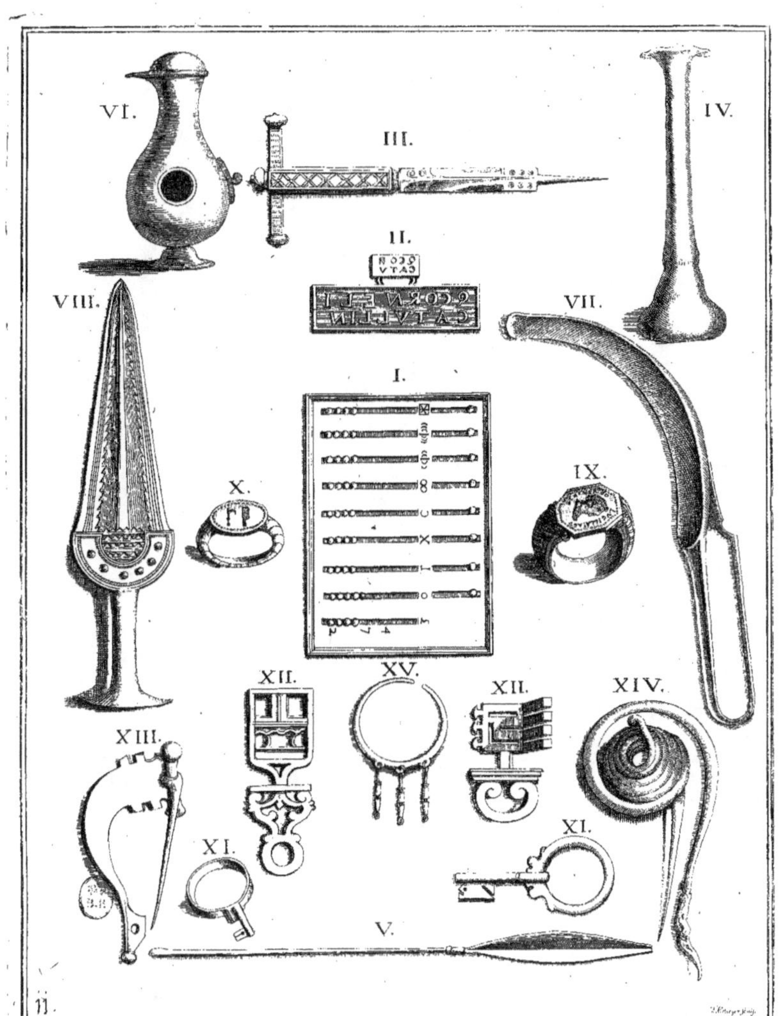

Dieux, & le répandre sur le peuple : c'étoit aussi avec ce petit vaisseau d'airain qu'ils goûtoient quelquefois le vin qui étoit offert, ce qu'ils appelloient libations, & qu'ils en versoient pareillement entre les cornes dorées de l'hostie qu'on devoit immoler ; Ovide en parle au premier livre des Fastes, dans ce distique qu'il adresse aussi ingenieusement que plaisamment à un bouc qui broutoit un sep de vigne.

Rode caper vitem : tamen hinc cùm stabis ad aram,
In tua quod spargi cornua possit, erit.

AUTRES ANTIQUITEZ
DE LA RELIGION
DES ROMAINS.

I.

Un Abacus.

CETTE piece est fort rare & singuliere : c'est une Tablette à compter, que les Anciens appelloient *Abacus* ; en Italie on se sert encore du mot, *Abacare*, pour dire compter. Cette maniere aussi ingenieuse que facile revient fort à la nôtre, qui se fait avec des jettons. On y voit en bas neuf rangs d'ouvertures, dans lesquelles sont des boutons de cuivre rivez par derriere, que remuë celuy qui s'en sert, comme il veut. Il n'y a que huit ouvertures en haut, mais bien moins longues que les autres, dautant que chacune ne renferme qu'un bouton. Les sept dernieres ouvertures d'en bas ont chacune quatre boutons. La seconde en a cinq, & la premiere en a quatre. Celle-cy, au sentiment de Velserus, est divisée en trois parties : Cet Auteur en parle sur les notes latines qu'il nous a données à la fin de ses huit livres des Antiquitez d'Ausbourg, imprimez *in fol.* à Venise en l'an 1594. il y a fait graver un Abacus qui a bien de la ressemblance au nôtre : la plus haute partie n'a qu'un bouton, & au dessus la lettre *.S.* qui marque le semis, ou la demi-once ; celle du milieu n'a aussi qu'un bouton, & à côté la lettre *.C.* renversée en cette maniere *.Ɔ.* qu'on nommoit *Sicilicus*, c'est la marque d'un quart d'once. La troisiéme enfin, & la plus basse renferme deux boutons, aux côtez desquels est le chiffre *.2.* qui signifie, que chaque bouton vaut une duelle, ou un tiers d'once.

De l'usage de l'Abacus.

POur se servir de cet instrument d'Arithmetique, que l'on portoit dans la poche, il faut sçavoir que chaque bouton des huit rangs, ou ouvertures, qui sont en la partie superieure de l'Abacus, vaut tout seul un bouton plus que les quatre, ou les cinq ensemble, qui sont dans les ouvertures vis-à-vis en bas. Exemple. Il y a en bas, à la seconde ouverture, cinq boutons, au dessus de laquelle est un .O. pour marquer que chaque bouton vaut une once, ainsi les cinq joints ensemble ce sont cinq onces ; le bouton qui est seul dans le rang superieur, qui répond à celuy d'en bas valant un bouton plus que les cinq du bas, il vaudra six boutons, ou six onces, & on dira cinq & six c'est onze onces : s'il faut encore ajoûter une once, cela fera une livre romaine, qui n'étoit composée que de douze onces, & on passera pour lors à la troisiéme ouverture marquée au dessus de la lettre .L. qui signifie une livre.

Ce troisiéme rang renferme quatre boutons, qui font quatre livres, lesquels étant coulez, & approchant le bouton seul de l'autre part, qui vaut cinq livres, pour faire les dix livres, il faut couler le dernier bouton du rang d'en bas qui suit, & qui est

Le quatriéme qui a pour marque un .X. c'est-à-dire que chaque bouton d'en bas vaudra dix livres ; les deux, vingt livres ; les trois, trente livres ; les quatre, quarante livres. Celuy qui est seul en vaut cinquante, parce que, comme nous l'avons dit cy-dessus, le bouton qui est seul vaut toûjours un bouton plus que les quatre ou cinq ensemble, qui sont au rang d'en bas qui y répond : ainsi le tout approché fera quatre-vingt-dix ; coulant donc le dernier bouton du cinquiéme rang d'en bas, cela fera un cent, qui nous est marqué par la lettre .C. qu'on voit au dessus de ce cinquiéme rang. Les quatre boutons font quatre cens, celuy qui est seul cinq cens, & en tout neuf cens, &c.

La sixiéme ouverture a cette marque au dessus ∞ qui est à peu prés la forme des anciennes .M. des Romains, qui la faisoient en cette maniere ᕮ, pour signifier mille : les quatre boutons font quatre mille, & celuy d'en haut en valant cinq mille, cela fait neuf mille ; & pour en faire dix, on passe au septiéme rang.

Qui porte cette marque CCIↃↃ, qui signifie dix mille ; & par consequent chaque bouton vaut autant, & celuy d'en haut qui est tout seul vaut cinquante mille.

Le huitiéme marqué de la sorte CCCIↃↃↃ veut dire que chaque bouton valant cent mille, & celuy d'en haut, qui est seul, cinq cens mille, le tout joint ensemble fera neuf cens mille.

Enfin la derniere & neuviéme ouverture d'en bas porte cette marque IXI ; c'est celle du million ; chaque bouton donc vaut autant de millions : celuy qui est seul, cinq millions, cela fait neuf millions, &c.

REMARQUES

IL ne seroit pas icy hors de propos de dire quelque chose des chiffres des Romains, si plusieurs sçavans Auteurs n'en avoient pas déja traité, &, entr'autres, Paul Manuce ; je me contenteray donc de dire avec le P. Philbert Monet Jesuite, en son livre intitulé *Abacus Romanarum rationum*, imprimé à Lion *in octavo* chez Loüis Muguet à la Sphere l'an 1618. que les lettres capitales romaines dont nous nous servons presentement, sçavoir le *C* qui se faisoit par trois traits de plume en cette maniere E, le *D* qui se faisoit par un carré parfait ◻ & la lettre *M* qui se

faisoit

ornemens ; *& annulos & gemmas in fronte pendentes.*

Le Livre d'Efther nous fournit deux paffages, qui marquent que les Rois de Perfe s'en fervoient, fuppofé qu'Affuerus (comme il y a bien des conjectures) foit le même que Darius : il eft dit en deux endroits au chapitre 3. & au 8. que ce Prince donna à Aman l'Anneau, duquel il fe fervoit pour cacheter fes lettres, afin qu'il appofât le fceau à celles qui portoient la Sentence de mort contre tous les Juifs qui étoient répandus dans fon Empire ; il donna ce même Cachet à Mardochée, pour en envoyer & fceller de toutes contraires à ces premieres.

Il eft bon de remarquer qu'il y a bien de l'apparence, que ces Anneaux des Rois, qui étoient des marques de leur puiffance & de leur autorité, étoient toûjours les mêmes, dont on fe fervoit de pere en fils ; peut-être à caufe qu'en beaucoup de Monarchies, les fils des Princes portoient les mêmes noms que leurs peres, aufquels ils fuccedoient ; & que c'étoit ou quelque Divinité, ou quelque autre marque que chaque Empire affectoit de porter, ou bien ce même nom qui étoit gravé fur ces Anneaux. Cela eft confirmé par le chapitre 6. du premier Livre des Machabées, où on voit qu'Antiochus, en mourant, donna fon Diadéme, fa Robe, & fon Anneau à Philippe, un de fes confidens, pour gouverner le Royaume au nom d'Antiochus Eupator, qui n'avoit que neuf ans, afin de le luy remettre entre les mains, lors qu'il feroit en âge.

Les Romains fe fervoient pareillement d'Anneaux, & ils étoient fi frequens parmi eux, que les foldats d'Annibal furent enrichis de ceux qu'ils prirent aux Romains à la bataille des Cannes : ils y mettoient des gravûres pour leur fervir de Cachets, & ces gravûres étoient fur le métal même des Anneaux, ou fur des pierres rares & precieufes, ou communes, qu'ils y enchaffoient. Nous en avons bien mille en nôtre Cabinet, fur lefquelles font des Deïtez, des têtes d'hommes, & de femmes, des animaux, des oifeaux, des fleurs, des devifes, & autres chofes femblables, tant en creux, qu'en relief ; toutes ces pierres ont été enchaffées en or, ou en argent.

Pline nous apprend fur la fin du premier chapitre de fon trente-troifiéme Livre, qu'on ôtoit les Anneaux de ceux qui fe mouroient : *Gravatis fomno, aut morientibus religione quâdam annuli detrahuntur.* Suetone en la vie de Tibére, rapporte que ce Prince étant tombé en défaillance, on luy ôta fon Anneau, qu'il demanda fitôt qu'il en fut revenu.

La coûtume étoit chez les Anciens, de defigner leurs fucceffeurs, & leurs heritiers, en prefentant avant de mourir, l'Anneau à celuy qu'ils choififfoient. C'eft felon cet ufage qu'il faut entendre Ælius Spartianus fur un des préfages de la mort de l'Empereur Adrien, qui fut que, par hazard, l'Anneau que ce Prince portoit, luy tomba du doigt. *Signa mortis*, dit-il, *hæc habuit : annulus in quo Imago ipfius fculpta erat, fponte de digito dilapfus eft.*

Properce marque fort clairement qu'on les remettoit aux doigts des morts, lorfque la coûtume étoit d'en brûler les corps.

Et folitum digito Beryllon adederat ignis.

Car en plufieurs païs, où on les enterroit, c'étoit toûjours avec leurs Anneaux, comme on le fait encore aux Evêques, Abbez, & plufieurs autres perfonnes ; & comme il fe juftifie par celuy qu'on a trouvé depuis peu dans le tombeau de Childeric à Tournay, avec beaucoup d'autres chofes, fur lefquelles Jean Jac-

H

ques Chifflet a fait un Livre *in 4°* intitulé *Anaſtaſis Childerici* , imprimé à Anvers en l'an 1655. Il eſt encore à remarquer , avec Suetone , que les Romains dans le deüil public changeoient leurs Anneaux d'or , en Anneaux de fer ; car , en parlant de la mort d'Auguſte , il dit : *Exequiarum die ponendos aureos annulos , ferreoſque ſumendos* ; à quoy il faut rapporter l'Epigramme de C. Cilnius Mecenas ſur Horace , qui ſe trouve au chap. 32. du dix-neuviéme Livre chez Iſidore.

> *Lugens te mea vita , nec Smaragdos.*
> *Beryllos neque Flacce , nec nitentes*
> *Semper candida quæro margaritas ,*
> *Nec quos Thynica lima perpolivit*
> *Anellos ; nec Iaſpios lapillos.*

XI.

Une Bague nommée Clavis annularis.

VOicy encore une troiſiéme ſorte d'Anneaux , auſquels étoient jointes des clefs de coffres , ou de cabinets ; on les nommoit *Claves Annulares* : on portoit ces Anneaux aux doigts pour plus grande ſeureté , & ces clefs étoient pe-tites , de crainte qu'elles ne pûſſent embaraſſer les perſonnes qui s'en ſervoient ; c'étoit pour enfermer les choſes qui regardoient le boire & le manger. Plaute le marque par ces mots.

> *Obſignate cællas , referte annulum ad me ,*
> *Ego huc tranſeo in proximum , ad meam vicinam.*

Tacite en fait auſſi mention en ſes Annales : *Irridebantur , & Græci Comites viliſſi-ma utenſilium annulo clauſa.* Saint Clement Alexandrin au chap. 9. de ſon troiſié-me Livre du Pedagogue , veut que les femmes Chrétiennes portent toûjours cet Anneau , non pas pour leur ſervir d'ornemens , mais afin que rien ne s'égare & ne ſe diſſipe dans leurs familles , toutes choſes étant ſous cette clef ; car , ajoûte-t'il , c'eſt aux femmes à qui appartient ce ſoin. Je pourrois ajoûter pluſieurs au-tres exemples ; mais comme beaucoup d'Auteurs ont parlé des Anneaux , & quel-ques-uns en ont fait des volumes entiers , je me contenteray d'en nommer deux , auſquels les Curieux pourront avoir recours. Le premier eſt Abrahamus Gorlæus , qui en a compoſé un Livre *in 4°* intitulé D*actyliotheca* ; il eſt imprimé vers l'an-née 1601. Le ſecond eſt Fortunius Licetus *in 4° De Annulis antiquis* , imprimé à Udine en 1645.

XII.

Deux Clefs antiques de bronze.

L'Induſtrie des anciens Romains paroît dans la maniere de leurs Clefs , auſſi-bien que dans leurs autres ouvrages. Ces deux que j'ay choiſies pour les faire deſſiner , entre plus de deux douzaines , qui ſont en nôtre Cabinet dans un Cla-vier pareillement antique , ſuffiront pour en donner une aſſez grande connoiſfance ; l'une eft de celles que nous nommons des *paſſe-par-tout*, dont ils avoient l'uſage dés ce temps-là ; l'autre eſt une Clef, dont les gardes étoient tres-diffi-ciles à forcer. J'en ay une d'une maniere, qu'il ne feroit pas aifé de fçavoir com-me elle a pû fervir ; elle a trois clefs, pour ainfi dire, fur une même branche, dont les gardes font entierement differentes. On voit de ces clefs anciennes, fur lefquelles on mettoit des filets, ou d'autres ornemens d'or ou d'argent, pour les rendre plus propres ; celles-cy font de fimple bronze, ou de cuivre.

XIII.

Un Style pour écrire.

Quelques-uns veulent que cet inftrument foit de ces anciennes attaches, dont les Romains fe fervoient pour arrêter leurs manteaux, & qu'ils appel-loient *Fibula*, ou *Acia*, dont Joannes Rhodius a fait un Livre fort curieux depuis quelques années ; il eft *in* 4° imprimé à Copenhague en 1672, & porte pour titre *De Acia differtatio, quâ univerfa Fibulæ ratio explicatur.* D'autres neanmoins efti-ment avec plus de fondement, ce me femble, que c'eft un Style à écrire fur des tablettes cirées. Ovide parle de cette forte de Style en fon neuviéme Livre des Metamorphofes, décrivant l'irréfolution de Byblis.

Dextra tenet ferrum, vacuam tenet altera cæram,
Incipit, & dubitat, fcribit, damnatque tabellas,
Et notat, & delet, mutat, culpatque, probatque.
Inque vicem fumptas ponit, pofitafque refumit ;
Quid velit ignorat, quidquid factura videtur,
Difplicet, in vultu eft audacia mixta pudori.
Scripta foror fuerat, vifum eft delere fororem,
Verbaque correptis incidere talia cæris.

XIV.

Un autre Style d'argent.

C'Eft une troifiéme forte de Style d'argent, qui a une pointe pour écrire fur les tablettes, & une plume pour écrire fur le papier, ou le parchemin, dit en latin *Membrana*, dont les anciens fe fervoient. Ils avoient une forte d'encre qu'ils appelloient *Atramentum futorium*, dont il eft amplement & fçavamment trai-té dans le Livre *in* 4°, que Petrus Maria Caneparius en a compofé, & qu'il a intitulé *De Atramentis cujufcumque generis.* Je croy l'avoir vû de l'impreffion de Venife en 1619. Nous l'avons de Londres en 1660.

REMARQUES.

IL eft tres-difficile de fçavoir fi l'uſage des plumes à écrire, eft plus ancien que celuy des Styles, ou fi on s'eft fervi de livres faits de peaux de velin, ou mem-branes, avant qu'on eût la connoiffance de ceux que l'on faifoit de l'écorce des arbres, de feüilles de Palmier, ou de joncs. On lit au dix-septiéme chapitre de l'Exode, que Dieu ordonna à Moïse d'écrire dans un Livre la bataille, que Josüé gagna sur les Amalecites ; mais n'y étant point parlé de la matiere de ce Livre, nous ne pouvons rien dire de l'instrument avec lequel on l'avoit écrit ; non plus que de celuy qui contenoit la prophetie d'Enoch, duquel S. Jude nous fait mention en son Epître Catholique.

Nous avons, à la verité, plusieurs passages dans l'Ecriture-sainte, qui nous font connoître que les Juifs se servoient du Style pour écrire. Dieu menaçant le Roy Manassés, au quatriéme Livre des Rois, chap. 21. qui avoit quitté son culte pour adorer des Idoles, se sert de cette metamorphose : J'effaceray Jerusalem, comme l'on efface ce qui est écrit sur des tablettes ; je passeray & repasseray souvent la plume de fer par dessus, afin qu'il n'en demeure rien : *Delebo Jerusalem, sicut deleri solent tabulæ ; & delens, vertam, & ducam crebrius stylum super faciem ejus.*

Le second exemple est tiré du dix-neuviéme chapitre de Job ; il y est marqué, au dire d'un sçavant Interprete, que les mêmes Juifs écrivoient quelquefois sur du velin, quelquefois sur des lames de plomb, ou qu'ils gravoient en creux sur le caillou. Ces trois façons d'écrire se trouvent dans ce passage de Job, où, parlant de la resurrection des morts, il souhaite que ses paroles soient gravées en ces trois manieres, afin qu'on n'en perde jamais la connoissance : *Quis mihi tribuat, ut scribantur sermones mei ? Quis mihi det, ut exarentur in libro, stylo ferreo, & plumbi lamina, vel celte sculpantur in silice?* C'est à dire, selon ce sçavant homme, qu'on les écrive sur du parchemin ; si cela ne suffit pas, qu'on les grave sur le plomb ; si enfin ces lames de plomb ne peuvent pas resister aux injures du temps, qu'on se serve du Style pour les graver sur le caillou. Le troisiéme se peut voir au chap. 8. de Jeremie, &c.

Saint Isidore dit au chapitre 8. du sixiéme Livre de ses Origines, que les Grecs & les Etruriens furent les premiers qui se servirent de fer pour écrire sur de la cire : il ajoûte que les Romains défendirent dans la suite à tout le monde, l'usage de ce Style de fer ; d'où vient que chez les Scribes on disoit, *Ceram ferro ne cædito.* La raison de cette loy fut, qu'on se servoit quelquefois de ce Style d'acier pour se défaire de ses ennemis, ausquels on portoit des coups d'autant plus dangereux, que les plaïes se refermoient aussi-tôt qu'elles étoient faites ; mais cette loy ne fut guere bien observée, puisque ce fut de ces instrumens, au dire d'un Historien, que l'Empereur Caius fut tué : & Prudence, au sujet de S. Cassien, qui en fut martyrisé par ses Ecoliers, nous apprend que le Style étoit fort en usage. Voicy ses paroles.

> *Innumeri circum pueri, miserabile visu,*
> *Confossa parvis membra figebant Stylis,*
> *Unde pugillares soliti percurrere Cæras*
> *Scholare murmur annotantes scripserant ;*
> *Inde alii stimulos, & acumina ferrea vibrant,*
> *Quâ parte aratis Cera sulcis scribitur ;*
> *Et quâ secti abolentur, & æquoris hirti*
> *Rursus nitescens aboletur area.*

Je croy que la maniere d'écrire avec le Style, étoit de prendre des lames de
plomb

faiſoit par deux quarrez l'un proche l'autre .□□. ont été mis à la place des anciens chiffres pour la plus grande facilité des Ecrivains. Il veut auſſi, contre le ſentiment de Manuce, que les Romains ne ſe ſervoient pas des chiffres dont nous nous ſervons aujourd'huy en France, & en beaucoup d'autres Royaumes de l'Europe, ſçavoir 1. 2. 3. 4. 5. que nous nommons Arabes, dautant que nous les tenons de ces peuples. Je n'entre point dans ces curieuſes conteſtations; on peut ſeulement dire qu'ils n'étoient pas beaucoup en uſage, bien que l'Abacus de nôtre cabinet (qui eſt aſſûrément antique) nous repreſente le 4. & le 2. de ces chiffres arabes; celuy de Velſerus a auſſi un 2. Il eſt bon d'obſerver encore, que les anciens Romains commençoient à compter par les derniers chiffres, comme nous le faiſons encore dans les regles d'Arithmetique, & qu'on ne voit pas, ou tres-rarement, en aucune inſcription, ni autre part, qu'ils ayent eu des nombres ou des ſommes au deſſus de dix millions.

I I.

Un Cachet antique.

NOn ſeulement les anciens Romains ſe ſervoient du cachet de leurs anneaux pour ſceller, mais ils appoſoient auſſi quelquefois leurs noms avec de l'encre au bas des contrats, & des autres actes qu'ils faiſoient dreſſer ; ils les avoient pour cet effet gravez ſur du cuivre, & les imprimoient avec de l'encre ſur du parchemin : nous en avons pluſieurs de la ſorte, dont quelques-uns n'ont que les premieres lettres ; les autres ont le nom entier comme celui-cy, Q. CORNELI CATVLLINI. Sur le plat de l'anneau du cachet on voit gravé en creux le commencement de ce nom, pour marquer ſur de la cire Q. COR. CATV. Il y a ſujet de s'étonner que les Romains, qui étoient ſi ſpirituels, & ſi induſtrieux, ayans l'uſage de ſemblables cachets, n'ayent point trouvé l'invention de l'Imprimerie ; c'étoit un ſecret que la Providence divine reſervoit à ces derniers ſiécles.

I I I.

Un Style pour écrire.

C'Eſt une ſorte de ſtyle appéllé en latin *Graphium*, dont les Anciens ſe ſervoient pour écrire ſur des tablettes. On en voit un dans le cabinet du Roy, qui a la même figure que celui-cy, ſinon qu'il eſt enchaſſé dans de l'or, & on nommoit cette châſſe *Graphiarium*, au lieu que le nôtre n'eſt que dans du fer, ou, pour mieux dire, de l'acier; celuy du Roy fut trouvé dans le ſepulchre de Childeric pere de Clovis, auprés de Tournay, l'an 1653. avec pluſieurs autres pieces curieuſes, qui ſe peuvent voir dans le livre que Chifflet a compoſé, & qu'il a intitulé *Anaſtaſis Childerici.*

I V.

Une Phiole lacrymale.

C'Eſt une des Phioles lacrymales qui ſont conſervées dans nôtre cabinet; elles ſervoient à recevoir, & à garder les larmes de ceux qui pleuroient leurs pa-

G

rens & leurs amis défunts ; on les enfermoit avec eux dans les cercüeils ; on y en
découvre encore tous les jours. Ces larmes s'étant condensées dans les phioles par
succession de temps, y ont fait un vernix de couleurs changeantes, qui est le plus
beau du monde : ces petits vases étoient d'ordinaire de verre ou de terre cuitte. On
voit plusieurs anciennes épitaphes, sur lesquelles on lit ces mots : *Cum lacrymis posuére.*
On loüoit même quelquefois des femmes qui s'appelloient *Præficæ*, pour pleurer
les défunts, & si la coûtume en a été abolie en quelques lieux de France, ce ne
peut être que depuis un siécle ou deux : on en voit encore à Orleans, que l'on
nomme, Pleureuses, de l'ancien usage qu'elles avoient de verser des larmes, &
qui ne servent plus presentement qu'à accompagner les plus proches parentes du
mort, lors qu'on en porte le corps à l'Eglise, ou au tombeau. Il est vray que les
unes ni les autres n'ont point de ces phioles à recueillir leurs larmes ; elles seroient
inutiles à celles qui n'en répandroient pas pour des personnes qui leur seroient les
plus cheres.

V.

Une Cuillier à recueillir les larmes.

ON trouve aussi souvent dans les tombeaux des Anciens, & mêm edans ces
Phioles, dont je viens de parler, des cuillieres qui servoient à recueillir les
larmes qui découloient des yeux de ces Pleureuses, & à les mettre dans ces lacry-
matoires. Je n'en ay jamais vû que de bronze ; nous en avons plusieurs, & je me
suis contenté d'en faire icy dessiner une seule, d'autant qu'elles sont presque toutes semblables, quant à leur forme, & à leur matiere.

V I.

Le Vase nommé Guttus.

CE petit vaisseau de cuivre, qui a un trou au milieu, servoit aux Anciens pour
mettre du baume & des huiles, dont ils se faisoient oindre dans les bains &
les étuves ; car les pores étant ouverts par la chaleur, l'huile pénétroit plus facilement jusques sur les nerfs pour les fortifier ; ce qui rendoit les hommes plus
robustes. On donnoit à ces Phioles le nom de Guttus, à cause qu'on en faisoit
tomber l'huile goutte à goutte. Juvenal en fait mention en sa troisiéme Satyre.

Et sonat unctis
Strigilibus, pleno componit lintea gutto.

Cornelius Celsus dit, *exercitationem modò sequitur unctio, modò balneum.* Lampride
rapporte qu'Alexandre Severe étant au bain, *unctus lavabatur.*

V I I.

Les Strigiles.

LEs Strigiles étoient des instrumens ordinairement d'or, d'argent, ou de cuivre, selon la qualité des personnes. On s'en servoit dans les bains & dans
les étuves à faire tomber la sueur du corps, & à ouvrir les pores par la friction ;

on se faisoit essuyer ensuite avec des linges, ou avec des éponges douces : on se faisoit même quelquefois frotter si rudement que la peau, ou épiderme, en demeuroit offensée, comme Suetone le rapporte d'Auguste. Perse fait mention de ces Strigiles en sa premiere Satyre.

I. Puer, & Strigiles Crispini ad balnea defer.

Parmy les trois que nous en avons, il y en a une qui est de bronze damasquiné d'or, & dont l'extremité est encroutée d'yvoire fort proprement.

VIII.

Un Poignard antique.

LEs Romains se servoient en guerre de cette sorte d'armes, que nous nommons en France un Poignard. Il suffit de jetter les yeux sur la colomne de Trajan, pour en voir plusieurs tout semblables au nôtre : ils les faisoient de cuivre, comme celui-cy. Suetone en la vie de Jules Cesar dit, que ce Prince reçut dans le Senat vingt-trois coups de poignard sans jetter qu'un soupir : *Utque animadvertit undique se strictis pugionibus peti, toga caput obvolvit : simul sinistrâ manu sinum ad ima crura deduxit, quò honestius caderet, etiam inferiore corporis parte velatâ : atque ita tribus & viginti plagis confossus est, uno modo ad primum ictum gemitu sine voce edito.*

I X.

Une Bague antique de bronze.

ON voit par cette Bague, que les Romains portoient gravez sur leurs anneaux les testes des Empereurs, ou des Imperatrices leurs femmes : quand nous n'en aurions pas plusieurs preuves dans nôtre cabinet. Joseph au 2. chap. du 19. livre de son Histoire des Juifs, nous en fourniroit une bien convaincante. Aprés avoir rapporté la harangue que le Senateur Cneius Sentius Saturninus fit dans le Senat sur la mort de l'Empereur Caius, pour l'exciter à recouvrer sa premiere liberté, il dit que le discours de ce grand homme fut prononcé avec tant de chaleur, qu'elle luy fit oublier qu'il avoit au doigt une bague, dans laquelle étoit enchâssée une pierre, où l'Image de Caius étoit gravée ; Trebellius Maximus la luy ôta, & dans ce moment cette pierre fut mise en piece ; celle-cy nous donne en creux la figure de Lucille femme de l'Empereur Lucius Verus.

X.

Une autre Bague de fer.

CEtte autre Bague de fer ne vient que d'un Esclave, ou de quelque personne de basse condition, ausquels on ne permettoit de porter des anneaux que de fer, ou de quelque autre matiere commune, & non d'or & d'argent, qui étoient pour les Senateurs, les Chevaliers, les Nobles, & les autres personnes qualifiées. L'Apôtre Saint Jacques y fait allusion au chap. 2. de son Epître catholique, où voulant enseigner, qu'il ne faut point avoir acception des personnes, il dit : *Si quis introierit in conventum vestrum vir aureum annulum habens, in veste candidâ ; introierit autem & pauper in sordido habitu, &c.* Les gens du commun ne portoient enchassez dans leurs bagues que du verre ; nous en avons plusieurs de la sorte dans nôtre cabinet : les deux outils gravez sur le chaton de cet anneau, témoignent assez que celuy qui le portoit, étoit quelque Artisan.

REMARQUES

NOus nous sommes engagez à dire quelque chose en general des Anneaux, en parlant de ceux des Papes ; il faut sçavoir qu'ils sont d'une antiquité incontestable, & qu'on ne trouvera gueres de nations, qui ne s'en soient servis, & ne s'en servent encore à present. Moïse, qui est le plus ancien Historien que nous ayons, fait mention, au verset 18. du 38. chap. de la Genese, d'un Baston, d'un Anneau, & de Bracelets que Thamar, qui étoit veuve des deux enfans de Judas, avoit reçûs de ce beau-pere, pour le gage & la recompense de son incontinence.

Les Rois d'Egypte portoient à leurs doigts des Anneaux, où étoient gravez leurs noms, ou quelques marques de leur autorité. Le chap. 41. du même livre de la Genese nous en fournit un exemple en la personne de Joseph. Le Roy Pharaon luy dit qu'il l'établit le Maître dans toute l'Egypte, & qu'il veut qu'on luy obéïsse comme à lui-même ; & tirant son anneau de son doigt, il le met en celuy de Joseph, luy donnant la marque de ce pouvoir qu'il venoit de luy communiquer. Nous lisons aussi au chap. 8. du livre d'Esther, que l'anneau du Roy faisoit reconnoître & recevoir ses lettres, sans que personne y osât contredire : *Hæc enim consuetudo erat, ut epistolis, quæ ex Regis nomine mittebantur, & illius annulo signatæ erant, nemo auderet contradicere.*

Dans le chap. 31. des Nombres, les Madianites en ont aussi l'usage. Il est dit que les Israëlites les ayant défaits, sans avoir perdu aucun des douze mille hommes qui étoient allez contre eux, ils offrirent à Dieu pour reconnoissance de cette grace les anneaux & les bagues, les jaretieres, les bracelets & les colliers qu'ils avoient pris à ces infidéles : *Ob hanc causam offerimus in donariis Domini singuli quod in prædâ auri potuimus invenire, periscelides & armillas, annulos & dextralia, ac murænulas, ut depreceris pro nobis Dominum.*

Les Anneaux n'étoient pas moins communs chez les Israëlites. Les femmes en portoient aussi-bien que les hommes. Au troisiéme chapitre de l'Exode, il est dit que les uns & les autres consacrérent leurs Bagues & leurs Anneaux aux ouvrages du Tabernacle : *Viri cum mulieribus præbuerunt armillas & inaures, annulos & dextralia.* La même chose est confirmée au dixiéme chapitre du Livre de Judith. Elle quitta ses habits de veuve, pour en prendre de plus superbes & de plus conformes au dessein qu'elle avoit de se rendre agreable aux yeux d'Holoferne. Il y est parlé d'Anneaux : *Exuit se vestimentis viduitatis suæ, & induit se vestimentis jucunditatis suæ, induitque sandalia pedibus suis, assumpsitque dextraliola, & lilia, & inaures, & annulos, & omnibus ornamentis suis ornavit se.* Enfin le troisiéme exemple se peut voir au troisiéme chapitre d'Isaïe ; ce Prophete menaçant les filles de Sion, de ce qu'elles étoient trop superbes, il leur prédit que le Seigneur leur ôtera leurs

ornemens ;

plomb battuës fort minces , avec lesquelles on faisoit des Livres tels que Georgius Fabricius , & aprés luy M. François Valois , disent qu'on a trouvé proche Naples dans plusieurs anciens sepulcres. On faisoit chauffer ces lames ; on passoit dessus une petite couche de cire ; on y gravoit ensuite ce qu'on vouloit , avec la pointe du Style ; & quand on vouloit l'effacer , l'on se servoit de l'autre bout de cet instrument , qui étoit rond , d'où est venu ce mot de *Vertere Stylum* , pour dire , Effacer quelque chose. Nous n'avons point en nôtre Cabinet de ces Livres , mais seulement de ceux qui étoient composez de feüilles d'arbres de palmiers , gravées des deux côtez avec le style , d'un caractere qui paroît beau , mais qu'il n'est pas facile de déchiffrer. Nous en avons aussi qui sont sur des feüilles de joncs , sur des écorces d'arbres , qui viennent de Canada : on y voit gravées des figures d'animaux , & d'une espece de dentelle , dont se parent les Sauvages qui habitent ces contrées.

Ce dernier Style qui a une plume , signifie qu'il étoit à deux usages ; pour écrire sur du plomb , & sur de l'écorce d'arbres ; & pour écrire avec de l'encre sur des Livres de velin , que l'on nommoit Volumes , dautant qu'ils étoient faits de plusieurs feüilles de parchemin , que l'on colloit bout à bout , & que l'on rouloit autour d'un bâton. C'est de cette sorte de Livres qu'il est parlé au huitiéme chapitre d'Isaïe , où il est recommandé à ce Prophete d'écrire le nom de l'enfant qui devoit naître par ces paroles : *Sume tibi librum grandem , & scribe in eo Stylo hominis.*

Il y auroit encore beaucoup de choses à dire sur le Style & la matiere des tablettes , qui étoient de plomb , de buis , & d'ivoire ; mais je renvoie encore les Curieux au Livre où M. Chifflet parle du tombeau de Childeric.

XV.

Un Pendant d'oreille.

C'Est un Pendant d'oreille antique , qui n'est pas , à la verité , d'un grand prix , puis qu'il n'est que de bronze ; mais il ne laisse pas d'être assez curieux , dautant qu'aujourd'huy il s'en trouve fort peu dans les Cabinets des Antiquaires. Bartholin qui a ramassé tout ce que les Poëtes & Historiens ont dit des Pendans d'oreilles en son Livre *in* 12° intitulé *De Inauribus & Armillis* , imprimé à Amsterdam en l'an 1676 , a fait graver celui-cy , auquel il y avoit de fausses perles de verre attachées ; ce qui est une marque , à son avis , qu'il a appartenu à quelque personne de basse condition , qui en portoient de ce métal. Ovide nous l'apprend au dixiéme Livre de ses Metamorphoses.

Parilique ex ære rigentes
Auribus in geminis circum cava tempora baccæ.

REMARQUES.

L A coûtume de porter des Pendans d'oreilles , étoit fort en usage chez les Orientaux ; les hommes & les femmes en portoient , aussi-bien que chez les Israëlites. Aaron ordonna à ces derniers de luy apporter ceux de leurs femmes , de leurs enfans , & de leurs filles : *Tollite inaures aureas de uxorum , filiorumque , & filiarum vestrarum auribus , & afferte ad me.* Ce qui est écrit au huitiéme chapitre

I

des Juges, en eft une feconde preuve, que j'ay choifie dans l'Ecriture-fainte parmi beaucoup d'autres que l'on peut voir ci-deffus dans la Remarque fur les Anneaux, où il eft fouvent parlé des Pendans d'oreilles.

Gedeon ayant remporté une celebre victoire fur les Rois de Madian, Zebéc, & Salmana, fe contenta, pour récompenfe de fa valeur & de fon courage, de demander aux Hebreux, qui vouloient l'obliger à les commander, les Pendans d'oreilles que les Ifmaëlites portoient : *Inaures enim aureas Ifmaëlitæ habere confueverant* ; ils étendirent auffi-tôt un manteau à terre, fur lequel ils mirent ces Pendans d'oreilles d'or, dont le poids fe monta à mille fept cens ficles : *Et fuit pondus poftulatarum inaurium mille feptingenti auri ficli.*

Je remarqueray icy qu'il y a fujet de s'étonner, qu'on n'en voit point fur les Buftes & fur les Medailles des Empereurs Romains, & des Imperatrices leurs femmes, vû qu'il eft conftant que quelques-unes en ont porté, & que les Matrones à Rome en avoient l'ufage, quoique moins frequent qu'ailleurs. Elles en portoient même de fi grand prix, que Suetone, au chap. 7. de la vie de Vitellius, marque que l'Empereur Galba l'ayant envoyé en la baffe-Allemagne, & n'ayant pas de quoy fatisfaire aux frais de fon voyage, il engagea un Pendant d'oreille de fa mere Sextilia, qui fut plus que fuffifant pour faire cette groffe dépenfe.

Lampride rapporte auffi, que l'Empereur Alexandre Severe ne voulut jamais permettre à fa femme Salluftia Barbia Orbiana, de mettre à fes oreilles deux Perles, dont un Ambaffadeur étranger luy avoit fait prefent. La raifon qu'il en donna fut, qu'il ne vouloit pas que cette Princeffe donnât un fi mauvais exemple aux Dames Romaines, que de porter, pour l'ornement d'une des plus petites parties du corps, une chofe qu'on avoit eftimée fi precieufe, qu'on avoit crû ne la pouvoir raifonnablement payer : c'eft pourquoy il les confacra à la Déeffe Venus.

Il auroit été à fouhaiter qu'Antoine eût pris la même autorité fur fa femme, la Reine Cleopatre, qui portoit à fes oreilles deux Perles d'un prix ineftimable. Les Empereurs Romains qui fuivirent Alexandre Severe, ne tinrent aucunement la main à reprimer cette grande & inutile dépenfe des femmes : car Saint Jerôme en fa Lettre à Demetriade, dit que les Dames Romaines portoient des Pendans d'oreilles de fi grand prix, qu'elles y dépenfoient même jufques à leur patrimoine : *Ut taceam de inaurium pretiis rubri maris profunda teftantium, Smaragdorum virore, Cerauniorum flammis, Hyacinthorum pelago, ad quæ ardent, & infaniunt ftudia Matronarum : hæc eft illis per fingulos dies cura præcipua, implicare auro crinem, fufpendere ex auribus patrimonia.*

Le ferviteur d'Abraham, qui porta, de la part de fon Maître, une paire de Pendant d'oreilles à Rebecca, qu'il envoyoit demander en mariage pour fon fils Ifaac, nous apprend que dés ce temps, la coûtume étoit d'en donner pour prefent aux filles, que l'on vouloit époufer. Il eft vray que l'Ecriture dit que ce ferviteur les donna à cette chafte fille, auffi-tôt qu'elle luy eut donné à boire, & à fes chameaux ; ce pouvoit eftre une recompenfe de fa charité : *Poftquam autem biberunt Cameli, protulit vir inaures aureas appendentes ficlos duos, & armillas totidem pondo ficlorum decem.*

12

LA RELIGION
DES ROMAINS
ENVERS
LES MORTS.

OICY un morceau des plus rares de nôtre Cabinet. C'eſt un petit *Oſſuarium* de marbre romain ; il m'a été donné , il y a peu de
temps, par M. Boyer, Chevalier , Seigneur d'Æguille, Joyeuſe-gar-
de, de Sainte-Foy, Conſeiller au Parlement de Provenee. Le ſeul
nom de cet excellent homme , qui a un goût admirable de l'Antiquité , & une grande pénétration en toutes ſortes d'Arts & de Sciences, peut faire
connoître l'eſtime que merite cette piece ; auſſi eſt-ce ce qui a obligé le celebre
M. Spon Medecin de Lyon , de donner place à ce Tombeau parmi les Monumens
les plus conſiderables qui nous reſtent de l'Antiquité. Il s'eſt contenté de le faire
graver en ſon Livre intitulé *Miſcellanea erudita Antiquitatis* , dont j'ay parlé cy-
devant à l'article du Trepied, ſans nous en donner aucune explication. Peut-être
que ce ſçavant Antiquaire ne l'a fait deſſiner , qu'à cauſe du Trepied fort entier
qui s'y voit au devant.

Il y a pluſieurs années que ce petit Tombeau fut apporté à Aix avec d'autres
morceaux d'antiques. C'étoient les reſtes de la Charge d'un Vaiſſeau d'Eſpagne ,
qui avoit échoüé ſur les côtes de Provence , en retournant d'Italie en ſon païs.
Ceux qui firent cette peſche s'en rendirent facilement les maîtres , ſans que per-
ſonne reclamât. L'on n'a même jamais pû ſçavoir le nom de celuy à qui ce char-
gement appartenoit. De quelque lieu que vienne ce Tombeau, c'eſt le tombeau
d'un Romain : tous les Sçavans dans l'Antiquité , qui l'ont vû, en demeurent d'accord. Il s'eſt ſi bien conſervé, que ſi on excepte le deſſus ; qui eſt un peu rongé ,
pour avoir été le plus expoſé à l'air , on peut dire que nous n'avons gueres de
Monumens antiques plus entiers , & qui meritent mieux la veneration des Sçavans :
car celuy qui a fait faire ce Tombeau , à la memoire de Lucius Viſellius , a laiſſé
à la poſterité une preuve autentique des ceremonies anciennes que l'on pratiquoit
encore de ſon temps à la mort , & aux funerailles des Romains.

En effet, on y remarque des Cygnes , qui ſont des ſymboles de la blancheur ;
leur chant, qui , au ſentiment des Naturaliſtes, eſt celuy de la mort, nous repreſente les Nenies ou chanſons lugubres que l'on compoſoit en l'honneur des perſonnes decedées. On y voit encore des Flambeaux, que l'on nommoit *Tædæ* ; des
Palmiers avec leurs dattes, des Colomnes, des feſtons de fleurs, une couronne ;
un trepied au devant, & au milieu de la porte ouverte d'un Temple , ou , pour
mieux dire , du lieu qui renferme le reſte des cendres & des os de Viſellius ; on
voit dans l'Epitaphe qui eſt au deſſus de cette porte, ſon nom , celuy de ſon pere,
de ſa famille ; ſa Tribû, ſon âge, &, peut-eſtre, ſon Etat.

Aux deux coſtez de ce petit édifice paroiſſent deux vaſes remplis de branche⸗

de lauriers en contours, & de lieres avec des fleurs ouvertes & en bouton. Cet abregé & ce modelle de la Religion & du culte des Romains envers leurs morts, est couvert comme d'une espece de motte de terre ou de gazon, quoique de marbre, parce que ces peuples en couvroient leurs Tombeaux.

Mais avant de faire une juste application de toutes les choses qui se trouvent gravées en relief sur ce petit Mausolée, aux ceremonies qui se faisoient chez les Romains quand ils brûloient les corps de leurs morts, il est à-propos d'exposer icy succinctement toute cette pompe funebre. Je ne m'arresteray pas à prouver ce que je diray; on en trouvera les preuves dans le Livre *in 8°* si sçavant & curieux que Jean Kirchmannus en a composé; il est imprimé à Hambourg en 1605. sous le titre : *De funeribus Romanorum libri* 4. J'ay tiré de ce Livre la meilleure partie de ce que je diray sur les Tombeaux.

Comme les Romains ont pris des Grecs, & particulierement des Atheniens, le plus essentiel de leurs loix, & de leurs cérémonies, il ne faut pas s'étonner si, aprés avoir durant plusieurs années enterré les corps de leurs citoyens, ils les imiterent aussi dans la pratique de les brûler, & dans l'usage des ceremonies qui precedoient, accompagnoient, & suivoient cette derniere marque de reconnoissance & de respect envers leurs proches & leurs amis.

En effet si-tost que quelqu'un parmi eux avoit rendu les derniers soupirs, on commençoit par laver son corps; c'étoit même la pratique des premiers Chrétiens, on la voit au septiéme chap. des Actes des Apôtres. Tabithe étant morte, aprés avoir été lavée, fut mise dans une chambre haute. Tertullien nous apprend au ch. 42. de son Apologetique, que cette coûtume subsistoit encore de son temps. Je ne veux point, dit-il, m'attirer du froid, ni me rendre le visage pâle en prenant le bain du matin; il me suffira d'estre tel, lors qu'aprés ma mort on m'aura lavé. Chez les Romains des femmes nommées *Funera* étoient chargées de cette commission; une femme lava le corps de Tarquin.

> *Tarquinii corpus bona fœmina lavit & unxit.*

Les Parfumeurs appellez *Pollinctores*, venoient ensuite pour les oindre avec de precieux aromates, les plus propres à conserver les corps, & les preserver des mauvaises odeurs qu'ils auroient contractées l'espace de huit jours entiers, qu'ils les gardoient dans leurs maisons. Ils en mettoient même au dire d'Apulée de plus fortes dans la bouche de ces morts, comme étant le lieu principal d'où venoit la corruption.

La coûtume étoit de les exposer le neuviéme jour, à la porte du logis, sur laquelle on mettoit, ou des branches de cyprés, lors qu'il fut commun à Rome, ou de quelque autre arbre de ceux qui sont des symboles de la mort. Servius nous en donne la raison au quatriéme Livre de l'Eneïde. Les Romains, dit-il, étoient si soigneux d'assister avec une grande pureté aux ceremonies qui se faisoient dans leurs Temples, qu'ils avoient coûtume d'attacher aux maisons des morts du cyprés, qui est un arbre qui ne repousse jamais lors qu'il a été une fois couppé, de crainte que quelqu'un par imprudence allant offrir des sacrifices aux dieux, ne fut obligé de s'en abstenir étant entré dans la maison d'un mort.

On leur mettoit de longues robes de couleur blanche, aux personnes d'une qualité mediocre; on donnoit aux autres leurs plus precieux habits, & ceux même dont ils s'étoient servis dans les triomphes, ou qui étoient durant leur vie

des

des marques de leur dignité. Saint Jerome le dit dans la vie de Paule. *Cur mortuos veſtros auratis obvolvitis veſtibus ?* Suetone en celle de Neron. *Funeratus eſt impensâ ducentorum millium ſtragulis albis auro intextis, quibus uſus Kal. Januarii.*

On leur mettoit des couronnes de fleurs ſur la teſte ; c'eſt de cet uſage dont ſe mocque Minutius Felix en ſon Octavius : Vous nous pardonnerez bien ; ſi nous ne portons point de couronnes, & ſi nous croyons que ce ſoit par le nez que l'on ſent les fleurs, & non pas par les cheveux, ni par le derriere de la teſte, nous n'en mettons point auſſi ſur les morts, mais je m'étonne pourquoy vous le faites! A quoy leur ſervent les fleurs, s'ils n'ont point de ſentiment ; &, s'ils en ont, pourquoy les expoſer aux flammes ? D'ailleurs s'ils ſont heureux, ils n'en ont que faire, &, s'ils ne le ſont pas, cela n'eſt point capable de les réjouïr. *Sanè quòd caput non coronamus ignoſcite, auram boni floris naribus ducere, non occipitio capilliſve ſolemus haurire, nec mortuos coronamus : ego vos in hoc magis miror, quemadmodum tribuatis exanimi aut non ſentienti coronam, & beatus non egeat, & miſer non gaudeat floribus.*

La nuit du dixiéme jour approchant, on ſe preparoit à lever le corps aux flambeaux ; on le portoit hors de la Ville pour le reduire en cendres ſur un bûcher fait exprés ; car il falloit par une loy, que Ciceron cite, que le bois qui le compoſoit ne fût point poly : *Rogum aſcia ne polito.* On lioit ce bûcher par les coſtez avec des bois odoriferans, & l'on y jettoit, lors qu'il étoit allumé, des fleurs, des parfums & de l'encens, pour empêcher que les aſſiſtans ne ſouffriſſent de la mauvaiſe odeur de ces corps qui brûloient.

> *Ingentem, ſtruxere pyram, cui frondibus atris*
> *Intexunt latera & ferales ante cypreſſos*
> *Conſtituunt.* 6. Eneide.

Les plus proches parens y mettoient le feu avec les flambeaux que l'on nommoit *Tædæ*, en tournant le viſage de coſté,

> *Averſi tenuere facem, congeſta cremantur*
> *Thurea dona, dapes*

pour marquer qu'ils le faiſoient plûtoſt par neceſſité, que par inclination. On voit par ce dernier mot de Virgile. *Dapes*, qu'ils y jettoient auſſi des fruits, & même le lict ſur lequel on avoit apporté le mort. Des femmes nommées *Præficæ*, étoient payées pour chanter des airs lugubres que les Grecs appelloient ; *Neniæ*, c'étoient des chanſons en vers à la loüange du mort.

Quand le feu étoit allumé ; on invoquoit les vents en les priant d'exciter les flammes, & de les rendre plus ardentes ; afin de conſommer plûtoſt les corps de leurs amis. Properce fait alluſion à cette invocation, au quatriéme Livre de ſes Elegies.

> *Cur ventos non ipſe rogis ingrate petiſti.*

Homere ſur la mort de Patrocle, Iliade 23. en parle au long ; voicy le ſens de ſes vers. Achille s'éloignant un peu du bûcher invoquoit les zephirs & le vent de bize de venir à ſon ſecours, en leur promettant de leur offrir des ſacrifices de conſequence, des libations en des vaſes d'or, s'ils luy faiſoient la grace de venir au plûtoſt pour reduire en cendres le corps de Patrocle.

K.

Si-tost que le feu commençoit à s'éteindre, & qu'on voyoit, comme dit Ovide, une cendre blanche qui le couvroit;

Paulatim canâ prunam velante favillâ,

on jettoit du vin sur le bûcher, & sur les os que les flammes avoíent épargnées

Postquam collapsi cineres ac flamma quievit
Relliquias vino ac bibulam lavere favillam. Eneïde 6.

Les femmes, à qui appartenoit l'office de l'*Ossilegium*, qui étoit la même chose que de ramasser les os, & les cendres,

Quodcumque fuit populabile flammâ.
Mulciber abstulerat.

les mettoient dans un vase qu'on nommoit *Urne* ; il étoit d'or ou d'argent, de bronze, de verre, de terre cuite, ou de marbre, selon les richesses & la qualité des personnes. On les portoit hors de la ville pour les mettre dans des Tombeaux, ou particuliers aux familles, ou communs ; on y jettoit des fleurs, & on couronnoit même ces Tombeaux.

Quid cineri ingrato servas benè olentia serta ?
Anne coronato vis lapide ista tegi ?

C'étoit, sans doute, pour cette raison, qu'au commencement de l'Eglise, parmi les crimes qu'on objectoit aux Chrétiens, on leur disoit : Vous ne portez point de couronnes de fleurs sur vos têtes, & vous reservez vos parfums pour les Morts. Vous ne mettez pas seulement des Guirlandes sur les sepulchres, *Coronas etiam sepulchris denegatis.* Prudence nous apprend en son Hymne sur les Obseques des Défunts, que les fidéles sanctifierent, dans la suite des temps, ces ceremonies payennes, en s'en servant eux-mêmes, & en mettant des fleurs & des guirlandes sur leurs Tombeaux.

Nos tecta fovebimus ossa
Violis & fronde frequenti
Titulumque, & frigida saxa
Liquido spargemus odore.

Parmi le grand nombre de Dieux qu'avoient les Romains, les Manes étoient des plus connus. Ils croyoient qu'ils residoient dans les Tombeaux, & qu'ils veilloient à la conservation des morts. Ils leur dressoient des autels devant ces sepulchres, sur lesquels ils offroient de l'encens, & y faisoient des sacrifices. Silius Italicus, liv. 6. le marque fort nettement.

Ipse tenens nunc lacte sacro nunc plena lyæo
Pocula odoriferis aspergens floribus aras ;
Tunc Manes vocat excitos.

C'est pour ce sujet, sans doute, qu'on voit ordinairement au dessus de leurs Epitaphes, ou Inscriptions, *Diis Manibus*, pour faire connoître que ces Dieux étoient les Tutelaires de ces lieux, & qu'ils les en rendoient entierement les maîtres.

Enfin ils finissoient toute cette pompe funebre, en couvrant le Tombeau de gazon ; car c'étoit feulement pour lors que le fepulchre devenoit facré : *Nam priuf quam in os injecta gleba eft , locus ille , ubi crematum eft corpus , nihil habet religionis, injecta gleba tumulis & humatum eft , & gleba vocatur , ac tum denique multa reli-giofa jura complectitur.* Ciceron 2. *de legib.* Il n'étoit plus permis de démolir les Tombeaux, & d'y prendre quelque chofe : on auroit encouru une des fix peines que les Legiflateurs avoient établies contre ceux qui violoient les fepulchres ; car ou on les puniffoit de mort comme des voleurs publics, ou on les envoyoit en exil; on les condamnoit à travailler aux mines ; on les mettoit à l'amande ; on les banniffoit pour toûjours ; ou enfin quelquefois on leur coupoit la main , felon que paroiffoit plus ou moins grande la malice de leur action.

Ajoûtons pour finir cette narration , que quand on avoit mis ces Urnes en ces fepulchres, qui étoient fous terre , on élevoit au deffus des Pyramides en Egypte, des Maufolées ou fuperbes bâtimens chez les Grecs & les Romains ; quelquefois des colomnes , fur lefquelles étoient gravées en creux & en relief, les principales actions des perfonnes, dont les cendres y repofoient , comme celles qui nous ref-tent encore à Rome, de Trajan & d'Antonin. Enfin on entouroit ces Tombeaux, ou de cyprés, lorfque, comme je l'ay déja dit, il fut commun, ou bien de quel-que autre arbre toujours verd , qui pût en quelque maniere reprefenter la mort, & eftre agréable aux Dieux Manes, qui faifoient leur refidence en ces lieux.

Les Ceremonies des Funerailles des Romains reprefentées fur ce Tombeau.

DE tous les oifeaux que nous connoiffons fur la terre, l'Auteur de ce petit Maufolée n'en pouvoit pas choifir de plus propres à nous figurer la mort , & qui euffent plus de rapport aux ceremonies qui fe pratiquoient dans les Pompes funebres des Romains , que ces deux Cygnes qu'il y a fait mettre en relief au devant ; car, fans m'arrêter à dire qu'ils font femblables à ces fepulchres blan-chis des Juifs, dont Jefus-Chrift parle en S. Mathieu, chap. 23. qui n'ont rien de blanc que l'exterieur ; qu'ils ont toûjours un panchant pour les lieux folitaires & écartez des villes, comme étoient les anciens Tombeaux; qu'ils font extrémement taciturnes, & fi mélancoliques, qu'ils ne peuvent ceffer de l'être , qu'aux appro-ches de la mort ; les Poëtes, les Naturaliftes, & les Orateurs anciens le difent. Ci-ceron parlant du beau difcours que L. Craffus fit fept jours avant de mourir , il le compare au chant d'un Cygne. *Illa tanquam Cygnea fuit divina hominis vox & oratio.* Et Ovide,

> *Sic ubi fata vocant udis abjectus in herbis*
> *Ad vada Mæandri concinit albus olor.*

Nôtre Auteur pouvoit-il trouver quelque chofe de mieux que ces deux oifeaux, pour nous marquer l'eau avec laquelle on lavoit les corps morts ? Il fçavoit, fans doute, ce que difoient les Anciens, du Cygne ; ils le croyoient fils de Neptune, parce qu'il étoit toûjours dans l'élement fur lequel il prefidoit : leurs plumes nous reprefentent la couleur blanche de ces longues robes, dont on revêtoit ces corps morts , aprés les avoir lavez.

En effet, nous n'avons rien plus blanc que les Cygnes ; ils font parmi nous les fymboles de la netteté, & leur blancheur paffe en proverbe parmy nous encore aujourd'huy, comme autrefois parmi les Anciens. Martial fe mocquant de Lentinus, qui faifoit peindre fes cheveux en noir, luy dit que de Cygne il étoit devenu un Corbeau.

Mentiris juvenem tinctis, Lentine, capillis
Tam fubito Corvus qui modò Cygnus eras.

Et Virgile parlant de fa Galatée, dit qu'elle étoit plus blanche que les Cygnes.

Candidior Cygnis.

On les voit tous deux tirer avec le bec, d'un long fefton de fleurs & de lauriers, des feüilles pour frotter le corps de L. Vifellius, aprés qu'on l'aura lavé, & pour luy en mettre une dans la bouche, comme ils en ont dans le bec, fuivant la pratique de mettre une odeur particuliere en cet endroit ; ils y vont même avec tant d'ardeur, qu'ils font plier ce long fefton, en l'attirant à eux, pour en faire une couronne à mettre fur fa tête, quand on l'expofera à la porte de fon logis, comme ces deux oifeaux le font à celle de ce Tombeau.

Mais ce Fefton eft lié à deux flambeaux, & paffe au devant de cette porte, afin de fervir de fignal aux paffans, & les empêcher d'entrer dans cette maifon du Mort.

Les neuf jours qu'on gardoit les corps dans le logis, pourroient bien nous être marquez par les neuf pieces diftinguées, & entierement feparées les unes des autres, qui font fur la face de ce petit tombeau. On y voit deux Cygnes, deux Palmiers, deux Flambeaux, une Couronne, un Trepied & un Fefton.

Le dixiéme, on levoit le corps aux flambeaux ; c'eft pourquoy on en voit deux allumez, qui doivent encore fervir, felon la coûtume, à mettre le feu au bûcher. Ces deux Cygnes, ainfi que je l'ay déja dit, reprefentent là ceux qui chantoient des vers à la loüange du Mort : on mêloit le fon des inftrumens parmi ces chanfons lugubres. Ovide au quatriéme Livre de fes Metamorphofes, dit des Cygnes :

Carmina jam moriens canit exequialia Cygnus.

Le bûcher, qui étoit quarré, devoit, felon la loy, n'eftre point poly. Quel arbre pouvoit mieux nous le reprefenter que les Palmiers qu'on y voit ? N'eft-ce pas l'arbre le moins poly de tous ? Son tronc eft comme enduit & couvert d'écailles inégales & rudes.

Les côtez de ce bûcher devoient eftre liez & entrelaffez de branches d'arbres, qui euffent de l'odeur. On voit, pour ce fujet, aux deux côtez de ce Tombeau, des branches de laurier en contours, qui font tournées, & qui panchent fur ces Palmiers. L'Auteur de ce Tombeau, pour nous apprendre qu'on brûloit les Morts dans leurs licts, a fait fortir, avec beaucoup d'adreffe, ces deux Palmiers de deux naiffances de colomnes, qui reprefentent ces licts, defquelles ils font compofez ; & même elles ne font qu'un corps avec ces arbres, parce qu'elles doivent être confommées enfemble par le feu.

Les deux Cygnes ont les ailes étenduës derriere les flambeaux ; ce font des hieroglyphes qui marquent les vents. Le faint Roy David en parlant de la grandeur de Dieu, luy dit ; qu'il marche fur les ailes des vents : *Qui ambulas fuper pennas ventorum.* On voit auffi un Trepied qui eft là, pour fervir à leur offrir de l'encens, comme à des Dieux, & les obliger, par ce culte, à venir au plûtôt.

Ce

Ce Trepied nous fait encore souvenir qu'on dressoit un Autel à la porte des Tombeaux, sur lequel on offroit des sacrifices, & on faisoit des libations aux Dieux Manes. Il est, pour ce sujet, au bas de l'Epitaphe de Visellius, & devant la porte de son Tombeau, qui est consacré à ces Déitez, *Diis Manibus*, aux Dieux Manes.

Enfin les dattes ou fruits de Palmiers, qui sont attachez à leurs branches, & qui sont justement au dessus de la flamme de ces *Tædæ* ou Flambeaux, nous confirment qu'on jettoit sur le bûcher des fruits : il y en a aussi aux côtez, qui sont reservées pour les repas que l'on faisoit sur les Tombeaux ; on les nommoit *Cænæ ferales* ou *funerales*. Ces repas s'étoient même introduits dans les premiers siecles de l'Eglise ; & il s'y étoit glissé tant d'abus, que les Saints Peres furent obligez de declamer contre ces festins. *Novi multos*, dit S. Augustin, au chap. 34. des Mœurs de l'Eglise Catholique, *esse sepulchrorum & picturarum adoratores ; novi multos, qui cum luxuriosè super mortuos bibunt, & epulas cadaveribus exhibentes super sepultos seipsos sepeliunt.* Je sçay qu'il y en a beaucoup qui adorent des Tombeaux & des peintures ; je sçay qu'il y en a beaucoup qui boivent sur les morts jusqu'à une intemperance toute entiere, qui semblant vouloir donner à manger aux corps qui n'ont plus de vie, s'ensevelissent eux-mêmes sur ceux qui sont ensevelis.

L'Epitaphe qui se lit icy, est du caractere de celles qu'on mettoit sur la plûpart des Tombeaux des Romains. Ovide & Martial disent qu'elles étoient ordinairement fort courtes.

> *Sculptaque sunt titulo nostra sepulchra brevi.*

Et le second au dixiéme Livre de ses Epigrammes.

> *Quisquis læta tuis, & sera parentibus optas*
> *Fata, brevem titulum marmoris hujus ama.*

Elles ne laissoient pas toutefois de contenir tout ce qui étoit necessaire à ces Inscriptions qu'on nommoit *Memoriæ* ; en effet, celle-cy nous apprend le nom du mort Lucius Visellius : Sedatus étoit le nom qui le distinguoit de son Pere, qui s'appelloit aussi L. Visellius: Pal. c'est à dire *Palatina Tribu*, qu'il étoit de la Tribu Palatine ; *Vixit annos xxij.* il a vécu 22. ans. Comme cette Epitaphe est entre deux flambeaux qui se tiennent par un grand Feston, je ne sçay si l'Auteur de ce Tombeau n'a point voulu faire connoître que L. Visellius avoit vécu vingt-deux années dans l'état du mariage, selon le langage de Properce, *Lib. 4. Eleg. ultima.*

> *Viximus insignes inter utramque facem;*

ou bien, s'il n'a point entendu qu'il étoit mort à vingt-deux ans, sans estre marié ; en sorte que ces flambeaux ne fussent là que pour ses Obseques.

> *Et face pro thalami fax mihi mortis adest.*

Pour donner jour à cette pensée, il suffit de sçavoir qu'on portoit des flambeaux aux ceremonies des Nôces, & que les mariez portoient des couronnes en ce jour, comme on leur en mettoit sur la tête aprés leur mort.

La couronne que l'on mettoit sur les Tombeaux, se trouve icy sur le fronton de ce petit bâtiment ; c'est peut-être de cette ancienne coûtume qu'est venu long-temps depuis, l'usage de mettre des litres autour des Eglises Paroissiales, lorsque le Seigneur est decedé.

L

Ces deux Vases remplis de lierre & de laurier avec leurs fleurs épanoüies, & en bouton, qui font à leurs côtez, repreſentent les arbres qu'on mettoit autour des ſepulchres. Le lierre & le laurier ſont en des vaſes, pour marquer que ces arbres ſont vivans, de même que nous mettons des fleurs en des vaſes, où il y a de l'eau pour les faire vivre, ou, pour mieux dire, afin de les conſerver ; elles ſont en bouton, & entierement épanoüies ; ou, parce que, ſi nous en croyons Suetone en la vie de Neron, on en mettoit pluſieurs jours de ſuite : *Et tamen non defuerunt, qui per longum tempus vernis, æſtiviſque floribus tumulum ejus ornarent ;* ou afin de nous faire connoître que la vie de l'homme paſſe comme une fleur qui flétrit au même jour, auquel elle paroît avoir le plus d'éclat.

Deſcription des proportions de ce Tombeau.

IL eſt d'un marbre qui ſe trouve autour de Rome ; il eſt plus tendre que celuy de Gennes ; ſa hauteur eſt de ſeize pouces & demy, y compris le couvercle, qui en a quatre juſques à la pointe du fronton, qui n'eſt pas plus élevé que le feſtage du toit, ſelon la ſtructure ancienne, que l'on voit aux Temples qui nous reſtent ſur les Medailles.

La face du devant eſt de douze pouces & demi ; celle qui luy eſt oppoſée ne differe en rien, ſinon qu'elle eſt toute unie, au lieu que celle-cy eſt, comme nous l'avons dit, chargée de pluſieurs pieces de ſculpture en relief.

Les deux faces des côtez ſont de douze pouces & demi de large ; elles ſont auſſi chargées chacune d'un vaſe remply de branches de lierre & de lauriers, avec leurs fleurs.

Il eſt creux en dedans, ſans doute pour y mettre l'Urne ; ſa profondeur eſt de douze pouces, ſans y comprendre celle du couvercle ; le diametre de la coupole, ou de la calotte du couvercle eſt de ſept pouces, & quatre lignes : en ſon centre elle a un pouce & demi de profondeur.

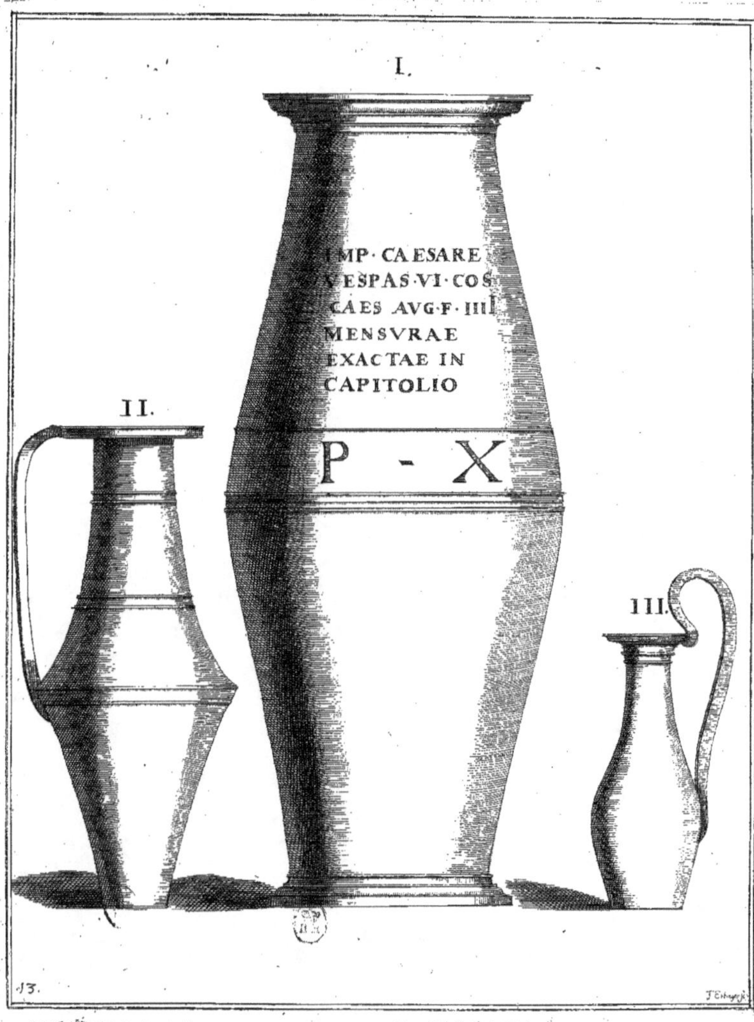

I.
IMP · CAESARE
VESPAS · VI · COS
CAES · AVG · F · IIII
MENSVRAE
EXACTAE IN
CAPITOLIO
P - X
II.
III.
13.

LES MESURES

DES ROMAINS.

I.

Le Conge.

A principale Mesure, dont les Romains se soient servis, s'appelloit *Congius*, qui tenoit trois pintes d'eau mesure de Paris, ou d'autre liqueur, & qui pesoit dix livres romaines. Les mesures, qui étoient au dessus & au dessous, y avoient du rapport ; car l'*Amphora* tenoit huit Conges ; l'*Urna*, quatre ; le *Sextarius* en étoit la sixiéme partie ; l'Hemine, la douziéme ; & le *Quartarius*, la vingt-quatriéme. Il y a dans nôtre Cabinet deux de ces *Congius* d'airain ; l'un est antique indubitablement, & a servi autrefois de mesure ; l'autre, que j'ay fait icy dépeindre, n'est qu'une copie, qui est toutefois considerable en deux choses.

La premiere, c'est qu'elle a été tirée & mesurée exactement sur l'original, qui est presentement à Rome au Palais Farnese, & qui se gardoit au Capitole, du temps des Empereurs Romains, pour servir à ajuster les autres dessus ; l'Inscription le marque. Monsieur de Peiresc prit soin de faire faire, étant à Rome, cette copie ; M. Gassendi en parle en la page 72. de sa Vie, imprimée à la Haye in 4° en l'année 1655. C'est aussi l'exactitude de ce grand homme, si connuë de toutes les personnes de Lettres, qui est la seconde raison qui doit nous faire estimer cette copie du Conge, autant que son original.

Je diray icy, pour la satisfaction des Curieux, qu'aprés avoir mesuré nos deux Conges, j'ay trouvé que l'ancien tenoit environ le poids de demi-once d'eau, plus que celui-cy, qui étoit à la mesure juste, & l'autre à la mesure bourgeoise. Monsieur Lancelot, en son Livre de l'Hemine, fait cette distinction. L'original fut mis au Capitole vers l'an 75. de l'Ere de Jesus-Christ, pour y estre gardé comme une Mesure juste & publique. Ces mots qui sont gravez dessus, le justifient.

IMP. CÆSARE

VESPAS. VI

COS

T. CÆS. AUG. F. IIII.

MENSURÆ

EXACTÆ. IN.

CAPITOLIO.

P X

Imperatore Cæsare Vespasiano, sextùm Consule. Tito Cæsare Augusti filio, quartùm. Mensura exacta in Capitolio. Pondo decem.

II.

Le Sextier.

LA seconde Mesure, qui se voit en ce Cabinet, s'appelle *Sextarius*, un sextier, parce qu'il tient la sixiéme partie du *Congius*, dont la liqueur doit peser dix livres, ou six-vingt onces, & par consequent le sextier doit être de vingt onces romaines, ou d'une livre & huit onces.

C'est une chose digne de remarque, qu'on garde encore à Paris les Mesures des anciens Romains, puisque la chopine, ou sextier de cette Ville, est la même mesure que la chopine, ou sextier de Rome, du temps de Vespasien ; & l'hemine est justement nôtre demy sextier. Il n'en est pas de même des poids. La livre de Paris a seize onces, & celle de Rome étoit de douze, encore plus foibles que celles de Paris, d'un huitiéme, puisque sept de France pesent autant que huit de Rome. Cette seconde mesure, que j'ay fait icy dessiner, est donc l'ancien sextier, dont la moitié, qui s'appelloit *Hemina*, étoit la mesure du vin, que la Regle de S. Benoist prescrivoit par jour à ses Religieux. Il est vray que l'on pretend que cette hemine monastique étoit plus grande que la romaine, particulierement en France, où le vin n'est pas si fort qu'en Italie ; c'est ce que je ne veux pas contester : au contraire, j'en demeure d'autant plus facilement d'accord, que cette opinion me donne lieu de croire que la raison pour laquelle nous voyons que la mesure de S. Denis en France est plus grande que celle de Paris, c'est à cause que l'hemine de S. Benoist est plus grande que la commune, & que dans les lieux où les Benedictins sont Seigneurs, comme à S. Denis, à Ruel, à Suresne, & ailleurs ; ils ont ordinairement donné leurs mesures à leurs sujets.

III.

Le Quartarius.

CEtte petite mesure des Romains, qui est la troisiéme que nous avons en nôtre Cabinet, s'appelle *Quartarius*, à cause que c'étoit la quatriéme partie du sextier, & la moitié de l'hemine, ou du demi sextier qu'on nomme à Paris le Poçon ; il doit par consequent contenir cinq onces d'eau. Je l'ay mesuré avec le conge, il y revient fort bien ; il faut justement vingt-quatre fois le *Quartarius* pour l'emplir. Les mesures qui sont au dessous de celle-cy, comme les *Sciates*, les *Acetabules*, & les *Cuillers* sont si petites, qu'il y a sujet de douter si les Romains en ont jamais fait. Nous n'en avons, que je sçache, point en France, ou au moins je n'en ay jamais vû de moindre que le Poçon.

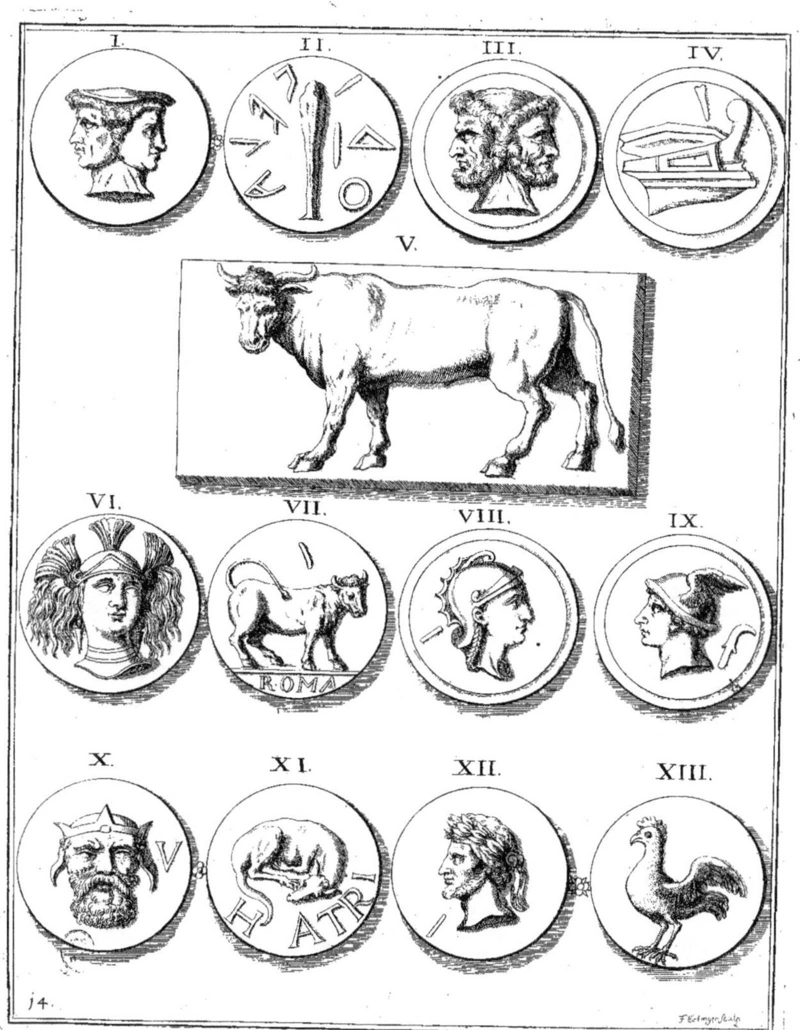

I.
II.
III.
IV.
V.
VI.
VII.
VIII.
IX.
X.
XI.
XII.
XIII.
ROMA

LES
POIDS ET MONNOYES
DE BRONZE
DES ROMAINS.

Quoique plusieurs Auteurs ayent traité des Poids des Romains, aussi-bien que de leurs premieres Monnoyes, il y en a peu qui en ayent vûs. S'ils en ont parlé, ce n'a été que sur le rapport des autres. Je croy qu'on peut dire hardiment que personne, jusqu'au temps de Monsieur de Peiresc, n'en avoit fait un si grand amas que luy. Ils sont presque tous venus dans nôtre Cabinet ; la plûpart sont encore marquez de sa main ; voicy les principaux que j'ay fait dessiner. J'en dis fort peu de chose ; parce qu'il est difficile d'ajoûter à ce que tant de personnes sçavantes en ont écrit ; outre que mon dessein n'est pas de faire des traittez sur les differentes pieces que je donne au public.

I.

L'As, premiere monnoye des Romains.

POur connoître l'origine des Poids & des Monnoyes romaines, j'estime qu'il est à propos de sçavoir la premiere origine de ces peuples, qui se rapporte à Janus ; il étoit descendu des Rois de Grece : & se mit comme un avanturier dans un vaisseau avec de jeunes gens pour courir le païs. Ils aborderent au païs appellé *Latium* habité par des Aborigenes, qui étoient venus des descendans des enfans de Noë : Janus trouvant auprés du Tibre une colline assez agréable, il y établit sa demeure ; il y fit bâtir une ville qu'il nomma de son nom, Janicule. Quelque temps aprés Saturne, chassé de ses Etats par Jupiter son fils, se vint refugier auprés de Janus, qui le reçut fort humainement ; il enseigna à ses sujets l'agriculture, & beaucoup d'autres Arts necessaires à la vie ; quelques-uns ajoûtent qu'il leur enseigna aussi la fabrique de la monnoye pour l'utilité du commerce : les avantages que le païs reçût de Saturne, le mirent en grande estime ; il y fut honoré comme une Divinité ; Janus même luy fit part de son Royaume, & fit graver sur ses monnoyes sa tête, & celle de Saturne adossées. Pline veut que Servius Tullus ait été le premier qui ait marqué le cuivre pour en faire de la monnoye. *Servius Rex primus signavit æs. Antea rudi usos Romæ Timæus tradit :* & en un autre endroit, *Servius Rex, ovium, boumque effigie primus æs signavit.* Varron qui en a fait l'origine plus ancienne, me semble plus digne de foy ; son sentiment s'accorde avec celuy des Auteurs, qui font Janus auteur de la Monnoye. Cette piece où l'on voit deux têtes d'un côté, favorise cette opinion.

II.

ELle a, au revers, une Massuë avec ce mot *ODICELA* écrit en lettres étrusques, qui étoient sans doute les premieres dont ces peuples du Janicule se

M

fervirent ; ils les avoient empruntées de leurs voifins les Etrufques : car on remarque, que les *As* qui furent faits aprés ce temps-là , & peut-être du temps de Servius Tullus, où il y a le mot *ROMA*, font d'un caractere & d'une fabrique moins
barbare ; cette obfervation peut faire croire que cette piece pourroit bien être
dés le temps de Janus , & des premieres monnoyes , dont Saturne luy apprit la
fabrique : la Maffuë étoit l'arme ordinaire dont ces peuples groffiers fe fervoient.
ODICELA peut être le nom propre du Monetaire, comme il s'eft depuis pra-
tiqué ; car il fe rencontre encore plufieurs Médailles, Monnoyes & Poids, où fe
voyent les noms de ceux qui les ont fait fabriquer, ou quelques autres marques
qui leur étoient propres.

III.
Un *As depuis Janus.*

C'Eft un *As* de ceux que Servius Tullus & fes fucceffeurs firent fabriquer. Ce
Roy, comme nous venons de dire, doit être plûtôt reconnu pour le reftau-
rateur de la monnoye chez les Romains, que l'inventeur ; & il faut dire que l'u-
fage s'en étant perdu depuis le regne de Janus, on avoit repris le commerce par
permutation des efpeces, & par le cuivre en maffe qu'ils appelloient *Æs rude*, & *Æs
grave*, jufqu'à ce que ce Servius Tullus rétablît ces anciennes monnoyes de Janus,
fur lefquelles on voyoit la tête double d'un côté, & de l'autre une partie du Navire
qui amena Saturne en ce païs-là. Voicy ce qu'en dit Ovide au premier des Faftes.

> *Multa quidem didici , fed cur navalis in ære*
> *Altera fignata eft altera forma biceps ;*
> *Caufa ratis fupereft : Tufcum rate venit in amnem*
> *Ante pererrato falcifer orbe Deus.*
> *Hac ego Saturnum memini tellure receptum ;*
> *Cœlitibus regnis à Jove pulfus erat.*
> *At bona pofteritas puppem formavit in ære ,*
> *Hufpitis adventum teftificata Dei.*

Si Servius Tullus eût été le premier inventeur de la monnoye, n'eût-il pas plûtôt mis la louve avec Remus & Romulus , pour marquer l'origine de la ville de
Rome, que d'aller chercher Janus fi loin ? Quoy qu'il en foit, cette piece, qui étoit
d'airain s'appelloit *As quafi Æs* ; & parce qu'elle pefoit une livre, on luy donna auffi le
nom de *Pondo* , & de *Libra* du mot ΛΙΤΡΑ, qui fignifioit la même chofe parmi les Grecs. Cette livre fe divifoit en douze parties égales qu'ils appelloient *On-
cia*, du mot grec ΟΥΓΧΙΑ. Ces mots d'*As* & de *Libra* devinrent enfuite fi communs parmi les Romains, qu'ils s'en fervoient pour fignifier la totalité de ce qui
fe divifoit en parties, comme ils appelloient un heritage *Libra terra* , & un lega-
taire univerfel, *Hæres ex affe.*

IV.
Une *Prouë de Navire.*

C'Eft la partie du vaiffeau qui amena Saturne au païs où regnoit Janus ; c'é-
toit la marque ordinaire de la monnoye : on la jettoit pour décider par le

fort quelque differend entre deux perfonnes, comme il fe pratique parmi nous ; mais au lieu que nous difons Jetter à croix & à pile, les Romains par rapport à leur monnoye, difoient *Caput, & Navis.* Le trait qui eft au deffus, eft la marque d'une livre. Pline dit au chap. 3. de fon trente-troifiéme Livre : *Nota æris fuit ; ex altera parte Janus geminus, ex altera roftrum navis.*

V.

Un Quadruffis.

LA piece, que j'ay fait deffiner icy, beaucoup plus longue que large, fe peut mettre parmy les monnoyes romaines. On l'appelloit *Quadruffis,* ou piece de quatre As, ou de quatre livres ; d'autant qu'elle en avoit le poids & la valeur : Les Romains en avoient auffi de deux & de trois As, qu'ils nommoient *Decuffis, Trecuffis.* Elle eft fort entiere, & elle a un bœuf de chaque côté tres bien deffiné, ce qui marque qu'elle eft du temps des Confuls ; que les arts commençoient à fleurir à Rome, un peu devant qu'ils euffent fabriqué de la Monnoye d'argent : C'eft de ces animaux qu'ils imprimoient fur leurs premieres pieces, qu'eft venu le mot *Pecunia à Pecude.* Pline le dit : *Signatum eft nota pecudum, unde & pecunia appellata,* à caufe qu'elles tenoient lieu des bœufs, des moutons, & des autres animaux, qu'on donnoit, quand on trafiquoit par commutation d'efpeces.

VI.

Un autre As.

SUr cette piece, qui eft un As de douze onces, fe voit la figure d'une femme avec un cafque en tête, orné de pannaches de crin ; j'eftime qu'elle reprefente la Ville de Rome, qui fe voit dans la plûpart des médailles confulaires, à la maniere d'une tête de Pallas, pour reprefenter fa valeur & fa force ; à caufe que le mot *ROMA,* tiré du mot Grec POMH, fignifie force.

VII.

AU revers de cette piece, fe voit la figure d'un bœuf : nous venons d'en dire la raifon. Il y a auffi un trait au deffus, pour fignifier que c'eft le poids d'une livre ; le mot de *ROMA,* qui eft dans l'exergue, c'eft à dire au bas de la Médaille, marque que les Romains l'avoient fait frapper pour leur ufage.

VIII.

Un quatriéme As.

C'Eft une autre reprefentation de Rome, qui eft en profil ; elle porte en tête un cafque avec un cordon pendant, qui fervoit à l'attacher par deffous le menton ; elle a auffi, à côté, la marque de la livre : au revers fe voit une Rouë, dont je parleray dans la fuite, parce qu'elle fe rencontre fur beaucoup de poids romains.

IX.

Un autre As.

LA tête de Mercure, se voit icy avec son chapeau aîlé, appellé en Latin, *Petasus* : Il étoit estimé le Dieu de la monnoye, d'où vient qu'on luy donnoit d'ordinaire une bourse à la main ; il présidoit aussi au commerce & à la marchandise ; derriere cette tête, il y a une serpette, ou coûteau, dont les Vignerons taillent la Vigne ; je n'en ay pû découvrir la raison, c'est peut-être la marque du Monetaire. Quand à Rome dés le temps de Servius Tullus, on établit quatre boutiques differentes, pour la fabrication de la Monnoye, selon le témoignage de Pline ; peut-être prirent-elles chacunes quelque marque pour se distinguer. De l'autre côté de cette piece, est la tête double de Janus, elle est aussi du poids d'une livre de douze onces, non toutefois si justes, qu'il n'y ait quelque chose de moins, tant à cause de la diminution que le temps peut y avoir apportée, qu'à raison qu'ils fondoient ces monnoyes dans des moûles, & ne se donnoient pas la peine de les ajuster par aprés, les laissant, comme elles sortoient du moule ; en sorte que de six *As* que je donne icy, à peine s'en trouve-t'il un qui peze justement les douze onces qu'il doit peser : & il ne s'en faut pas étonner ; car le cuivre n'étant pas beaucoup precieux, ni bien rare à Rome, ces poids ne laissoient pas d'avoir cours, pourvû qu'ils eussent la marque de l'*As*, du *Semis*, du *Triens*, du *Quadrans*, & ainsi des autres.

X.

Un sixiéme As.

VOicy un *As*, ou la monnoye d'un Roy qui a une couronne en tête ; elle est sans doute fort antique ; il y a bien de l'apparence qu'elle a été fabriquée pour l'usage de quelque Roy voisin des Romains, peut-être des Etrusques, des Samnites, ou d'autres peuples ; ce qui se justifie par les lettres qui se voyent au revers.

X I.

SUr lequel est en relief la figure d'un chien couché ; c'est le symbole de la fidelité que tous les sujets doivent à leur Souverain. Ces lettres HATRI qui sont au bas, sont fort difficiles à deviner ; on ne sçait si chacune de ces lettres prises separément en fait en abregé l'explication ; en les joignant ensemble elles forment un mot qui nous est entierement inconnu.

XII.

Un autre As.

ON voit sur ce septiéme & dernier *As*, de ceux que nous avons en nôtre Cabinet, la tête de quelque Capitaine, comme on le peut conjecturer par la

couronne

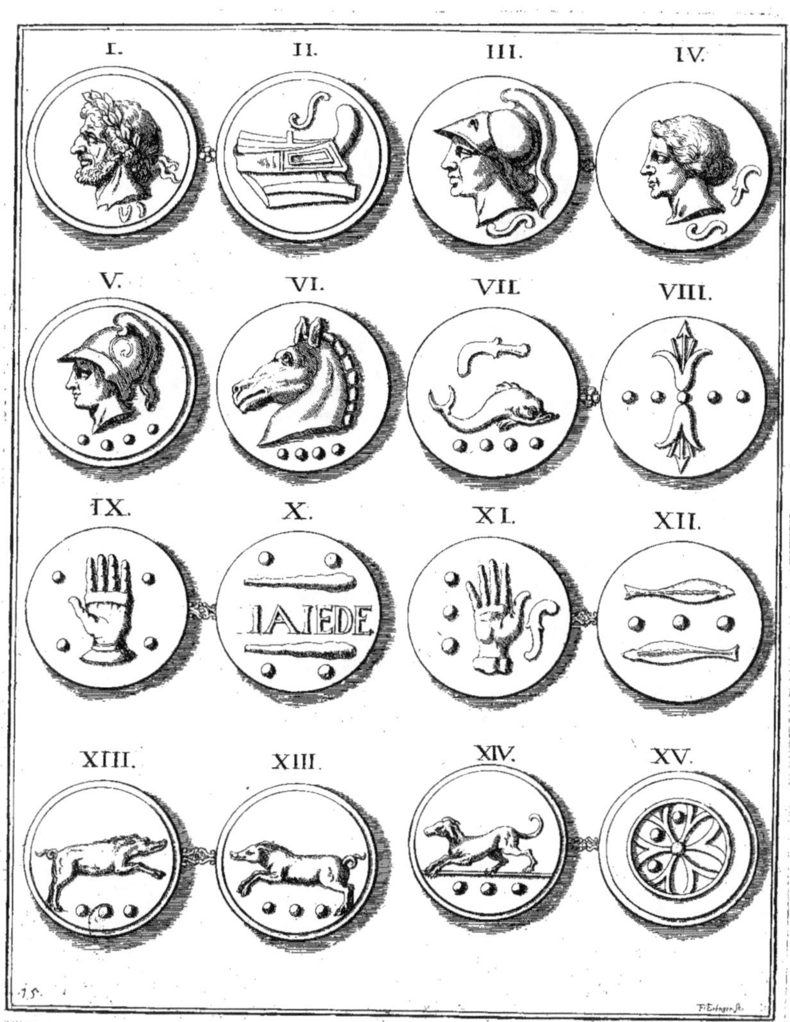

I.
II.
III.
IV.
V.
VI.
VII.
VIII.
IX.
X.
IAIEDE
XI.
XII.
XIII.
XIII.
XIV.
XV.

couronne de laurier qu'il porte ; mais fa barbe en pointe , d'une autre maniere
que les Romains la portoient , fait connoître qu'il étoit Etranger : la marque ordinaire de l'*As* eft auffi au bas.

XIII.

CE Coq qui paroît au revers , me donne lieu de croire , que cet homme pouroit
bien être Brennus Capitaine des Gaulois Sénonois , avec lefquels il fe rendit
maître de Rome & du Capitole ; il contraignit les Romains de luy payer mil livres
d'or pour fe retirer : cela arriva vers l'an 364. de la fondation de cette ville. Il fit
peut-être de cette grande fomme , fabriquer de la monnoye femblable à celle-cy.

LES POIDS
DES ROMAINS
2. PLANCHE

LEs Romains ne fe contenterent pas de fabriquer l'*As* qui étoit d'une
livre , ou de douze onces ; ils firent encore , pour la commodité du
commerce , des partages & des diminutions de la livre en autant de
parties , qu'il y avoit d'onces. Ils appellerent les onze , *Deunx* ; les dix ,
Dextans ; les neuf , *Dodrans* ; les huit , *Bes* ; les fept , *Septunx* ; les fix ,
Semiffis quafi femi affis ; les cinq , *Quincunx* ; les quatre , *Triens* ; les trois , *Quadrans* ;
les deux , *Sextans* ; & l'once feule , *Stips uncialis*. Mais quoy qu'ils euffent ainfi divifé
leur livre en douze parties , ou douze onces , je ne croy pas néanmoins qu'ils ayent
fabriqué douze piéces differentes ; puis qu'on n'en a point encore vû depuis l'*As* en
defcendant jufqu'au *Semis* ; c'eft à dire de piéces du *Deunx*, *Dextans*, *Dodrans* , *Bes*,
Septunx, du poids d'onze , de dix , de neuf , de huit , & de fept onces , qui en ayent des
marques , comme toutes les autres au deffous ; ils les fuppléoient donc , par deux
autres piéces , comme par exemple le *Bes* qui valoit huit onces , par deux *Triens* ,
qui en valoient chacun quatre ; le *Dextans* qui en valoit dix , par un *Semis* & un
Triens , & ainfi des autres.

I.

Un Semis *ou* Semiffis.

LE premier eft un *Semis* ou *Semiffis* de cuivre , pefant fix onces romaines ; il
a d'un côté & d'autre , pour marque de fon poids & de fa valeur , la lettre
S qui fignifie *Semis* : la tête barbuë qui s'y voit en relief , eft prife d'ordinaire pour
celle de Jupiter , ou bien ce pouroit eftre la tête de Janus ou de Romulus.

II.

NOus avons dit cy-deffus que les Romains chargeoient affez fouvent les revers de leurs poids ou monnoyes qu'ils nommoient *As* , d'une partie de vaif-

ſeau ; il ne faut pas s'étonner ſi on en trouve auſſi plus frequemment ſur les diminutions de ces poids, ils l'y mettoient, ainſi qu'on la voit ſur ce *Semis*, pour nous
marquer l'arrivée de Saturne en Italie, ou, ſelon le ſentiment d'un Auteur de ces
derniers temps, pour nous ſignifier l'Arche en forme de vaiſſeau, dans lequel
Noë, qu'il veut eſtre Janus, à cauſe qu'il avoit vû deux faces de la terre, ſe pre-
ſerva du deluge univerſel.

III.

Un autre Semis.

L A lettre *s* qui ſe voit de côté & d'autre ſur cette piéce, fait aſſez connoître
que c'eſt un *Semis* ; la tête de Pallas, ou de Rome qui porte un caſque en
tête, & qui eſt d'un deſſein fort correct, ne permet pas de douter de ſon antiquité, non plus que le revers, qui marque qu'il eſt d'une fabrique romaine.

I V.

L A penſée où je ſuis, que les Monetaires prirent chacun une marque particuliere dans les quatre boutiques, qu'on inſtitua à Rome, pour la fabrication des monnoyes, me paroît bien fondée. Nous voyons encore aujourd'huy en
France cet uſage ; les monnoies portent des marques differentes, ſelon les villes où
elles ſont fabriquées ; ce ſont des lettres de l'Alphabet, & d'autres marques parti-
culieres. Il y a même quelque fondement de croire qu'on a quelquefois permis à
Rome à ces Monetaires, d'y mettre leur tête en relief au revers, comme on voit
icy.

V.

Un Triens.

I L n'eſt pas facile d'eſtre aſſez exact & juſte, ſoit à la vûë, ſoit à la main, pour
connoître la peſanteur de quelque piéce de métal, à cauſe de quoy les Romains
mettoient ſur chacun de leurs moyens poids autant de points qu'ils peſoient d'onces. On en voit quatre pour cette raiſon ſur ce *Triens* au deſſous d'une tête caſquée de Rome ; ils ſignifient que ce poids eſt le tiers de la livre romaine qui peſoit douze onces.

V I.

P Our revers ce *Triens* porte la tête d'un cheval avec quatre points au deſſous;
c'eſt peut-être pour la même raiſon que j'ay alleguée à l'article du *Quadruſſis*,
qu'on y avoit mis des bœufs & des moutons.

VII.

Un autre Triens.

Q Uoy qu'on voye le plus ſouvent ſur les poids romains des figures d'animaux
terreſtres, il s'en rencontre auſſi aſſez grand nombre ſur leſquels on met-

toit des poiſſons, pour montrer qu'avec ces monnoyes on en avoit auſſi-bien que
de la viande : c'eſt la figure d'un Dauphin qui paroît ſur ce ſecond *Triens* avec la
ſerpette de vigneron, qui eſt la marque du Monetaire d'une boutique de monnoye de Rome.

VIII.

L E revers de ce ſecond *Triens* eſt chargé d'un Foudre, avec les quatre points;
il y en a encore un autre dans nôtre Cabinet, où il eſt repreſenté des deux
côtez; je n'en trouve pas la raiſon, à cauſe de quoy je me ſuis contenté de le faire
deſſiner.

IX.

Un troiſiéme Triens.

O N a mis ſur ce troiſiéme *Triens* toûjours marqué de quatre points ou quatre
onces, une main étenduë, entourée d'un ceſte dont les Luiteurs ſe ſervoient.
Quelques-uns ont crû que ce ceſte & ces deux maſſuës que l'on voit ſur le revers,
y avoient été miſes en memoire d'Hercule, qui ſe battoit contre Erix Roy de Sicile, qu'il terraſſa enfin dans un combat.

X.

L Es lettres I A I E D E, qui ſont au milieu de ces deux maſſuës, ſemblent être
étruſques, & d'une fabrique qui revient fort au revers du premier *As* que
j'ay fait deſſiner en la planche precedente : c'eſt pourquoy on peut repeter icy
que ce *Triens* pouroit bien être dés le temps de Janus, auquel les caracteres étoient
fort barbares.

XI.

Un Quadrans.

C E moyen poids ſe nommoit *Quadrans*, dautant que les trois points qui ſont
en relief deſſus, & de côté & d'autre, nous marquent trois onces romaines,
qui ſont juſtement le quart de la livre. On y voit auſſi une main, derriere laquelle
eſt le couteau de vigneron, qui nous apprend que ce *Quadrans* a été fabriqué en
la même monnoye que pluſieurs autres poids, dont j'ay parlé ci-deſſus.

XII.

N Ous eſtimons que la figure qui eſt au revers de ce *Quadrans*, repreſente
deux poiſſons, & comme ils ſont ſur cette piéce pour la même raiſon que
j'ay alleguée au ſeptiéme article de cette ſeconde planche des Poids des Romains,
on peut y avoir recours.

XIII.

Un autre Quadrans.

UN Pourceau courant eſt repreſenté de chaque côté de ce ſecond *Quadrans*, avec les trois points à l'ordinaire, qui marquent la valeur de cette piéce. Je n'ay point d'autres raiſons à apporter, pourquoy on y a mis ces bêtes, que la même pour laquelle on y gravoit toutes ſortes d'animaux. L'article du *Qua-druſſis* en fait mention.

XIV.

Un troiſiéme Poids de trois onces.

S'Il y a quelque endroit où la fidelité ſoit néceſſaire, c'eſt particuliérement dans les lieux où ſe font les monnoyes : on a donc eu raiſon de mettre icy ſur ce troiſiéme quarteron un Chien, qui a toûjours été le ſymbole de la fidelité. Cette piéce eſt dans ſon entier & ſans aucune alteration, auſſi-bien que les autres qui ſont ſorties du lieu où elle a été fabriquée.

XV.

LE revers de ce *Quadrans* eſt marqué d'une Rouë ; elle étoit chez les Anciens le ſymbole de la Fortune, qui enrichit ceux qu'elle favoriſe. Cette Rouë nous apprend encore, que la monnoye doit paſſer de main à autre, & être comme la rouë, dans un continuel mouvement par le commerce.

LES PETITS POIDS

DES ROMAINS.

3. PLANCHE.

I.

Un Sextans.

DE tous les Poids que nous avons en nôtre Cabinet, celuy du *Sextans* ou de deux onces, qui eſt la même choſe, eſt un des plus communs ; je n'en donneray icy que quatre, de crainte d'ennuier le Lecteur. On le marquoit à deux points ; il étoit appellé *Sextans*, parce qu'il y en avoit ſix à la livre ; celuy-cy a d'un côté la tête de Mercure, parce qu'il étoit reconnu par les Anciens, pour le Dieu qui preſidoit aux monnoyes.

II.

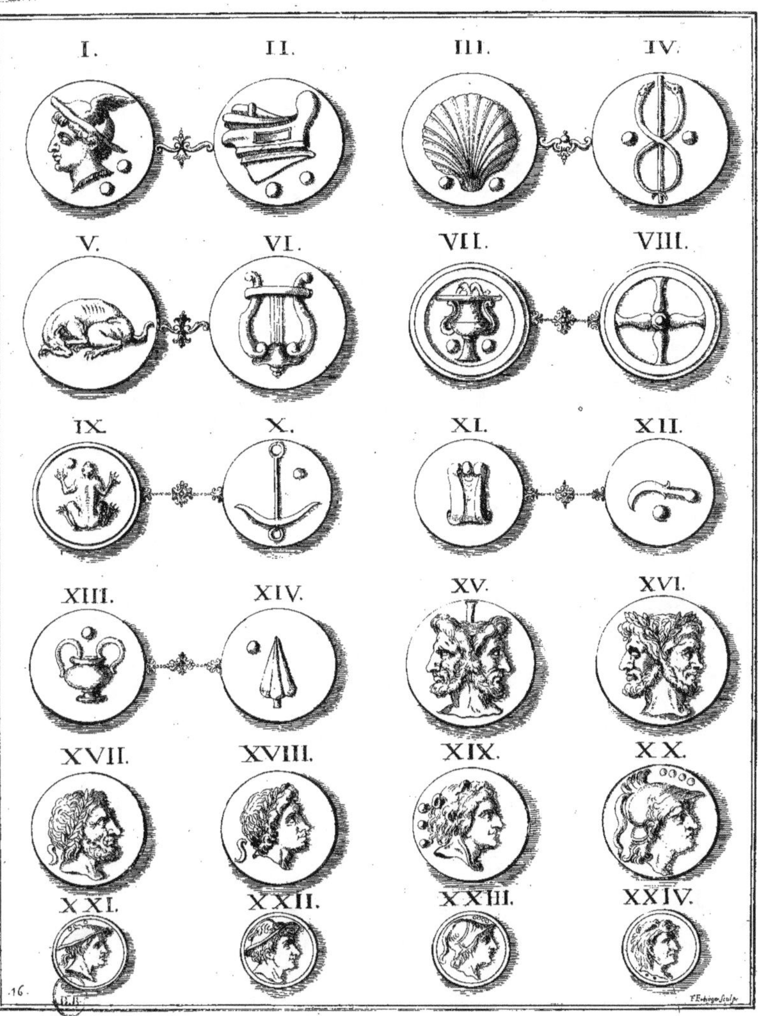

I. II. III. IV.
V. VI. VII. VIII.
IX. X. XI. XII.
XIII. XIV. XV. XVI.
XVII. XVIII. XIX. XX.
XXI. XXII. XXIII. XXIV.
16.

II.

CE prémier *Sextans* porte en son revers une prouë de Navire, comme la plûpart des autres monnoyes romaines, & principalement les anciennes ; nous en avons donné deux fois la raison ci-devant.

III. & IV.

Un autre Sextans.

IL a rapport au prémier, en ce qu'on y voit au revers les deux points avec le caducée de Mercure. Il est bon, en passant, de remarquer une fois pour toutes, qu'on trouve beaucoup de ces monnoyes romaines sur lesquelles sont gravées ou des têtes de Mercure, ou quelqu'une des marques qui les distingue des autres Dieux prophanes ; il ne faut pas s'en étonner, les Romains croyoient qu'il étoit inventeur de plusieurs Arts, & peut-être en particulier de la monnoye. Je n'ay pû trouver pourquoy ce *Sextans* est chargé, d'un côté, d'une coquille.

V. & VI.

Un troisiéme Sextans.

CEtte piéce sur laquelle est representée la figure d'un chien, est pour nous marquer par ce symbole de la Fidelité, celle que doivent avoir toutes les personnes qui travaillent aux fabriques des monnoyes. De l'autre côté on voit une harpe qui donne à connoître, que la monnoye étoit aussi consacrée à Apollon, ou au Soleil le pere des métaux, qui les produit dans le sein de la terre ; ces deux divinitez ont souvent été confonduës ensemble.

VII. & VIII.

Un quatriéme Sextans.

IL paroît d'une fabrique plus moderne que les trois autres ; il porté d'un côté un fort beau vase qui est accompagné de deux points ordinaires aux *Sextans*, & de l'autre une espece de rouë, dont j'ay déja donné l'explication en l'article quinziéme de la seconde planche des Poids romains. Ce revers n'est point chargé des deux points qui y sont ordinairement, leurs poids étant presque tous marquez des deux côtez.

IX. & X.

Un Stips uncialis.

LE *Stips uncialis* est assez connu chez les Anciens : c'étoit la plus petite monnoye des Romains qu'on donnoit d'ordinaire aux pauvres, comme nous faisons aujourd'huy en France, un double. C'est de cette piéce d'où est venu le

mot *Stipem mendicare*, pour dire, demander l'aumône. Celui-cy eſt marqué d'un
côté de la figure d'un crapaut ou d'une grenoüille , & de l'autre de celle d'un
ancre , qui eſt une des principales piéces du vaiſſeau qu'on mettoit ſur les prémiéres monnoyes romaines.

XI. & XII.

Un autre Stips uncialis.

SUr ce ſecond *Stips uncialis* on voit un oſſelet qui ſervoit à joüer ; il marque
la fortune & le hazard du jeu à perdre ou gagner de l'argent. Le jeu des oſ-
ſelets étoit fort en uſage parmi les Anciens, comme on l'apprend d'une petite médaille du ſort, expliquée par M. Seguin. Le revers eſt chargé ſeulement d'un coûteau de vigneron de la même maniere , & pour le même ſujet que nous en avons
déja vû ſur pluſieurs piéces de monnoye avec le point du *Stips uncialis.*

XIII. & XIV.

Un troiſiéme Stips uncialis.

CEtte troiſiéme & derniere piéce de l'once a d'un côté un vaſe, au haut duquel eſt marqué le point du *Stips uncialis* ; de l'autre , la figure d'un javelot, qui pourroit bien peut-être y avoir été mis , parce que l'argent a toûjours
été appellé *Nervus belli* , le nerf de la guerre.

XV. & XVI.

Un As Sextantalis.

LEs deux piéces differentes que je donne icy , ſe nommoient chez les Romains *As Sextantalis* , c'eſt à dire que c'étoit des *As* du poids d'un *Sextans* ou de deux onces. Pline en parle de cette ſorte : *Libræ autem pondus æris im-
minutum bello Punico primo , cùm impenſis Reſpublica non ſufficeret ; conſtitutumque eſt
ut aſſes ſextantario pondere ferirentur.* Il nous apprend que la République man-
quant d'argent néceſſaire pour ſoûtenir la prémiére guerre Punique contre les
Carthaginois , s'aviſa de fondre la monnoye qui étoit dans l'épargne , & de reduire les *As* , qui juſqu'alors avoient été d'une livre ou de douze onces, à deux onces,
y gagnant cinq fois autant : en ſorte que d'un million ils en firent ſix millions ,
les piéces retenant toûjours la même figure de Janus & du vaiſſeau ; comme auſſi
la même valeur, mais non pas le même poids, *ita quinque partes faĉta lucri.*

Pour ce deuxiéme *As* , il eſt d'un poids encore plus foible de moitié , quoy
qu'il ait le même type ; car il fut réduit de deux onces à une en la ſeconde guerre de Carthage , & il fut appellé *As uncialis.* Voicy ce qu'en dit le même Pline
au chap. 3. du trente-troiſiéme Livre de ſon Hiſtoire naturelle : *Poſtea Annibale urgente , Quinto Fabio Maximo Dictatore aſſes unciales faĉti , & nota fuit ex altera
parte Janus geminus , ex altera roſtrum navis ;* ce ſont auſſi ces deux figures de Janus , & d'une proüe de navire qui s'y voyent d'un côté & d'autre.

XVII. & XVIII.

Les Semis *de l'*As *fextantalis, & de l'*As uncialis.

ON divifa ces *As fextantalis* en autant de parties que l'*As* de douze onces, c'eft à dire en *Semis, Quadrans, Triens, Sextans* & *Stips uncialis.* La lettre *S.* qui paroît au derriére de la tête qui eft figurée fur cette piéce, & qu'on croit être la tête de Jupiter, nous marque que c'eft un *Semis,* & comme fon poids eft d'une once, on le nommoit le *Semis* du *Sextantalis* qui en pefoit deux. Suivant la même proportion, le *Semis* de l'*As uncialis* que je donne icy, marqué auffi d'une *S.* derriére une tête qui femble naturelle, ne doit pefer qu'une demi-once romaine.

XIX. & XX.

Un Triens *&* un Quadrans *du même* As.

LEs trois points marquez derriére la tête d'Hercule, montrent affez que cette piéce eft un *Quadrans,* & comme il faut quatre de ces poids pour faire deux onces romaines, on doit dire qu'il a été fabriqué pour un *Quadrans* de l'*As fextantalis,* de même que ce *Triens* qui porte une tête de Pallas ou de Rome, avec les quatre points au deffus de fon cafque, l'a été pour le *Triens* de l'*As fextantalis.*

XXI. & XXII.

Un Sextans *&* un Stips uncialis *du même* As.

IL eft affez rare de trouver dans un même Cabinet toutes les diminutions des Poids anciens, comme nous les avons prefque toutes en celui-cy. Voicy pour achever la divifion de l'*As fextantalis,* le *Sextans* qui porte pour marque deux points au deffus d'une tête de Mercure, & le *Stips uncialis* du même *As* marqué à un feul point, qui eft auffi derriére une tête de Mercure.

XXIII. & XXIV.

Un Triens *&* un Sextans *de l'*As uncialis.

SI j'avois pû rencontrer un *Quadrans,* & un *Stips uncialis* du même *As uncialis,* il ne me manqueroit aucun petit poids des Romains, ce que j'entens de ceux de bronze; car en voilà le *Triens* fur lequel eft gravé en relief une tête de Rome, & toûjours les quatre points au deffus de fon cafque, & un fort beau *Sextans* qui a une tête d'Hercule marquée auffi de deux points.

LES MONNOYES
D'ARGENT
DES ROMAINS.

 PRE's que les Romains se furent servis prés de cinq cens ans depuis la fondation de la ville de Rome, de monnoyes de cuivre, Pline dit qu'en l'an 585. ils commencérent à user de monnoyes d'argent, en ayant amassé considerablement des dépoüilles des peuples qu'ils avoient subjuguez, & rendus tributaires à la République: *Argentum signatum est anno urbis* D. LXXXV. *Q. Fabio Cos.* Un Auteur dit qu'il faut lire, *anno urbis* CCCC. LXXXV. *Quinto Ogulnio, & Caio Fabio Consulibus, quinque annis ante primum bellum Punicum.* Ils en firent de quatre sortes.

I.

Un double Denier.

LA prémiére, la plus grande, & la plus forte pour le poids, fut le double denier, qui équivaloit le didragme des Grecs, c'est à dire de la pesanteur d'environ deux dragmes. Elle avoit la tête de Janus sans barbe d'un côté, avec une couronne de laurier en tête, & de l'autre un quadrige avec ce mot *ROMA*, gravé en creux. On n'a pas fabriqué beaucoup de ces piéces.

II.

Un Denier.

C'EST le *Denarius* ou le denier romain, ainsi nommé, à cause qu'il valoit dix *As* de cuivre, aussi y a-t'on mis ordinairement pour marque un *X* qui signifie dix, comme en celui-cy. Pline dit : *Placuit denarius pro decem libris æris* ; ils avoient de coûtume d'y mettre dessus des têtes de Divinitez comme celle cy, qui est du Soleil, ou la tête de la ville de Rome avec un casque, ou quelqu'un de leurs ancêtres, mais il ne se trouve pas qu'aucun Consul y ait fait graver son portrait, mais seulement son nom.

III.

Un Quinaire.

LA piéce d'argent que l'on voit icy, sur laquelle est une tête de Mercure, s'appelloit en latin *Quinarius*, à cause qu'elle valoit cinq *As*, ou cinq livres de cuivre. Son poids étoit la moitié du denier : elle avoit aussi pour marque un *V*, ou la moitié de la lettre *X* qui signifie cinq, comme il paroît par celle-cy.

VI.

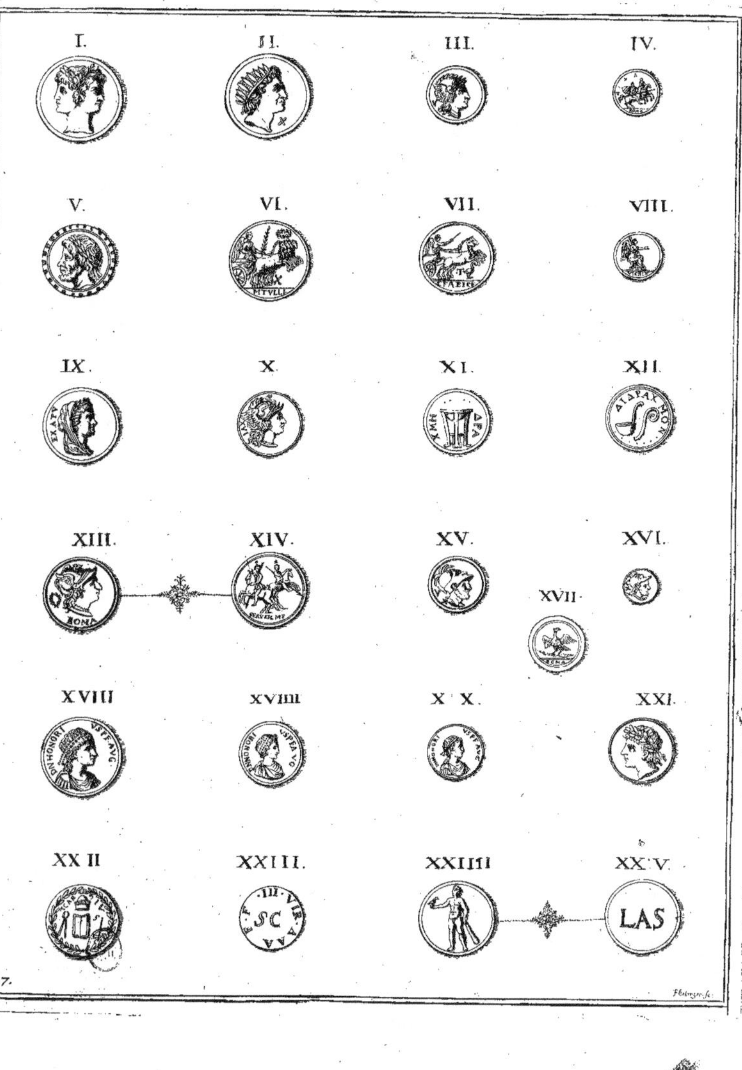

I. II. III. IV.
V. VI. VII. VIII.
IX. X. XI. XII.
XIII. XIV. XV. XVI.
XVII.
XVIII XVIIII X X. XXI.
XX II XXIII. XXIIII XX V.
17.

I V.

Un Sesterce.

VOicy encore une piéce d'argent plus petite que la précédente ; elle ne pése que la moitié du Quinaire ; son nom étoit le Sesterce , sa valeur deux *As* & demy , ou deux livres & demie ; & par consequent son poids , le quart du denier ; d'un côté sa marque est derriére une tête de Rome en cette sorte *H. S.* Les deux traits de l'*H* signifient deux ; le travers signifie livres , la lettre *S semis* , ou la demie : & de l'autre côté sont les figures de Castor & Pollux à cheval. Il y avoit deux sortes de sesterces , le grand & le petit ; celui-cy s'appelloit *sestercius* , de deux *As* & demy ; le grand , *sestercium* , non pas au nominatif du neutre , mais au genitif pluriel , par syncope , *quasi mille sesterciorum* ; car le grand en valoit mille petits.

V.

Un Denier crenelé.

DEpuis qu'on eut reconnu que les faux-monnoyeurs avoient trouvé le secret de fourrer si adroitement une lame de cuivre entre deux feüilles d'argent , que cela étoit imperceptible ; pour reconnoître plus facilement la fraude , on fit de ces piéces d'argent que nous nommons Deniers crenelez ; ils l'étoient tout à l'entour par les bords , & les Romains les appelloient *Serrati nummi* ; & ceux qui étoient fourrez , *Denarii adulterini.* On trouve beaucoup de ces derniéres piéces dans les Cabincts , où il y a des suites de Médailles d'argent ; & on ne les estime pas moins chez les Curieux , que si elles étoient du meilleur argent , sur tout lors qu'elles sont bien conditionnées.

V I.

Un Denier Quadrigatus.

ON voit au revers des Deniers Romains d'argent , des chariots tirez par qua- tre chevaux : d'où vient que le vulgaire appelloit ordinairement ces Mon- noyes *Quadrigati.* Pline en parle ainsi : *Nota argenti fuere Bigæ atque Quadrigæ, & inde Bigati , Quadrigatique dicti.* Quelques-uns tiennent que ce Denier où on lit *M. Tullius* en l'Exergue , est du Consulat de Ciceron.

V I I.

Le Denier Bigatus.

PAr la même raison qu'on nommoit *Quadrigati* , les Deniers d'argent où se voioit la figure d'un chariot tiré à quatre chevaux ; ceux qui n'en avoient que deux , comme celui-cy , s'appelloient *Bigati* ; c'est peut-être aussi le nom du Consul qui se voit en l'Exergue.

VIII.

Le Quinaire Victoriatus.

CEtte piéce, où il y a au revers une Victoire assise, est un Quinaire; on l'appelloit *Victoriatus*, à cause du type qu'elle portoit. Pline parlant de cette Monnoye dit : *Qui nunc Victoriatus appellatur, Lege Clodia percussus est : Antea enim hic nummus ex Illyrico advectus mercis loco habebatur ; est autem signatus victoriâ, & inde nomen.* Du côté de la tête, on y lit *Cato Proprætor* : il vivoit l'an 595. de la fondation de Rome, & étoit petit-fils de Caton le Censeur, dont il a fait icy graver la tête, & pere de Caton d'Utique, qui se tua de sa propre main.

IX.

Le premier Denier d'argent.

VOicy le premier Denier d'argent qui se trouve avoir été fabriqué par les Romains, l'an de la fondation de la Ville, quatre cent quatre-vingt-cinq, Fabius Pictor, dont on lit le nom au revers, étant Consul; ces lettres qui accompagnent la tête de Cybelle voilée EX A. PV. signifient *ex argento publico*, pour témoigner que c'étoit du Tresor Public, qui se gardoit dans le Capitole ou dans le Temple d'Apollon, que cette Monnoye avoit été faite.

X.

Un Denier de seize As.

LE Denier d'argent fut estimé dix *As*, ou dix livres de cuivre, quand il fut prémiérement fabriqué ; mais au temps de la prémiére guerre Punique, non seulement l'*As* de dix onces fut réduit à deux, comme nous l'avons dit ; mais encore le Denier d'argent qui ne valoit au commencement que dix *As* ou dix livres, fut mis pour le prix de seize *As*. C'est ce que nous apprenons de Pline : *Postea Annibale urgente, Quinto Fabio Maximo Dictatore, asses unciales facti ; placuitque Denarium xvj. assibus permutari, quinarium octonis, sestercium quaternis :* c'est pourquoy on voit ce nombre de seize sur ce denier, qui fut frappé du temps de cette réduction des Monnoyes.

XI.

Le Denier dragmalis.

LA taille des Deniers d'argent, du temps des Consuls, fut de sept à l'once, & continua même au commencement de l'Empire jusques aprés Auguste. On dit que ce fut Neron, qui, par ordonnance, les réduisit de huit à l'once, qui étoit le poids de la dragme Attique ; de sorte qu'ils furent appellez de là, *Denarii dragmales.* Depuis ce temps on a confondu ces deux poids du denier, & de la dragme, qui sont égaux. Cecy se peut justifier par cette Médaille

grecque de l'Empereur Neron, qui eſt d'argent, & qui a le poids & le nom de
la dragme ΔΡΑΧΜΗ.

XII

Le double Denier de deux dragmes.

C'Eſt auſſi une Médaille d'argent du même Neron, qui péſe deux dragmes, ou deux deniers ; elle en a auſſi le poids & le nom ΔΙΔΡΑΧΜΟΝ. Les inſtrumens de ſacrifices qui ſe rencontrent ſur l'une & ſur l'autre, montrent que Neron fit cette réformation de la monnoye, en qualité de grand Pontife ; elle étoit de ſa juriſdiction, parce qu'elle étoit ſacrée, *ſacra moneta*. On voit parmi les Médailles de ce Prince un monument public de ſon Pontificat, où il y a des inſtrumens de ſacrifices avec ces mots, *Sacerdos cooptatus*.

LES MONNOYES D'OR

DES ROMAINS.

ON ſçait que les Romains ne mirent pas d'abord leur or en commerce ; ils ſe contentérent prémiérement du cuivre, puis de l'argent, pendant qu'ils amaſſoient de l'or, & qu'ils le réſervoient pour la néceſſité dans le treſor public ; car il eſt tres-conſtant qu'ils n'en étoient pas entiérement dépourvûs ; puis qu'ils rachetérent des Gaulois Senonois le pillage de leur ville, & leur liberté, pour mille livres d'or. Ils ne commencérent donc à fabriquer de la monnoye de ce precieux métal, qu'aprés en avoir tiré beaucoup de l'Eſpagne, & des autres peuples qu'ils avoient ſubjuguez. Pline nous apprend que ce fut ſoixante-deux ans aprés qu'ils eurent fait des eſpéces de monnoye d'argent : *Aureus nummus poſt annum* LXII. *percuſſus eſt, quàm argenteus* ; ce fut donc l'an 547. de la fondation de la ville. Ils en firent de trois ſortes, l'*Aureus*, ou le Denier d'or ; le *Semiſſis* ; & le *Tremiſſis*.

XIII. & XIV.

Un Aureus.

VOicy le plus ancien *Aureus* qu'on trouve avoir été fabriqué par les Romains ; il peſoit un de nos loüis d'or, comme j'en ay fait l'épreuve en celui-cy ; d'un côté il avoit la figure des prémiers Deniers d'argent, ſçavoir la tête de Rome ; & de l'autre pour revers deux Cavaliers qui ſe tournent le dos : il y a bien de l'apparence que ce ſont Caſtor & Pollux, qui ne paroiſſent jamais enſemble au ciel.

XV.

Un Semissis *d'or*.

CEtte seconde piéce ou monnoye d'or s'appelloit le *Semissis*, c'est à dire le demi *Aureus*, qui doit peser une demie pistole ; il porte d'un côté la tête de Mars, derriére laquelle on voit un *X*. & un *V*. qui font quinze, pour signifier qu'il valoit quinze deniers d'argent ; en sorte que l'or, à proportion de l'argent, étoit en ce temps-là environ d'un à quinze, comme il est encore à peu prés aujourd'hui parmi nous.

XVI.

Un Tremissis *d'or*.

NOus n'avons point, ce me semble, en France d'espéce de monnoye d'or, si petite que ce *Tremissis* ; c'étoit le tiers du *Semissis*, & la sixiéme partie de l'*Aureus* ; il pesoit un scrupule, qui est la troisiéme partie d'une dragme. On y voit aussi, derriére la tête de Mars, deux *XX* qui. signifient vingt, c'est à dire qu'il valoit vingt sesterces, ou cinq deniers d'argent. Pline en parle de la sorte : *Scrupulum auri valebat sesterciis vicenis.*

XVII.

COmme ces deux derniéres monnoyes d'or portent la même chose sur leur revers, je me contenteray d'en faire un seul article, & d'observer que l'aigle qu'on y voit posé sur un foudre, nous marque que les Romains adoroient Jupiter, aussi-bien que Mars, qui paroît à l'opposite ; peut-être mettoient-ils cet oiseau qu'on nomme le Roy de tous les autres, pour signifier que la ville de Rome, dont le nom est écrit sur ces piéces, étoit aussi la maîtresse de tout le monde qu'elle avoit soûmis à ses loix, par le secours du Dieu Mars.

XVIII.

Un Sol *d'or*.

L'Inscription qui est sur cette piéce, sçavoir *D. N. HONORIUS P. F. AUG. Dominus noster Honorius pius*, *felix*, *Augustus*, montre qu'elle a été frappée du vivant de cet Empereur. Cette monnoye, qu'on appelloit un *Solidus*, ou un sol d'or, revient au poids de la sextule ou solide dont j'ay parlé, c'est à dire à une sixiéme partie de l'once.

XIX.

Un autre Semissis *d'or*.

LA même inscription est autour de ce *Semissis*, ou demi *Solidus* du même Honorius, dont on voit le buste qui porte en tête une couronne perlée.

Cette

Cette monnoye, par rapport à la précédente, devoit peser la douziéme partie de l'once romaine ; puis qu'elle pesoit la moitié du *Solidus*, dont les six faisoient l'once.

XX.

Un Tiers du demy sol.

ON voit, pour troisiéme & derniére monnoye d'Honorius, un *Tremissis*, ou le tiers d'un demi sol. Il faloit trente-six de ces piéces pour composer l'once, c'est à dire, que chacun de ces tiers de sol pesoit un scrupule d'or.

XXI.

Une Monnoye gothique.

CEtte monnoye est gothique ; la tête qui s'y voit est de quelque Prince, ou de quelque Capitaine de ces anciens Gots, qui étoient en Espagne ; la couronne de laurier le marque, je ne l'ay mise icy qu'à cause de sa matiére qu'on appelloit *Electrum*. C'étoit un métal mélangé d'or & d'argent, soit qu'on le fit à dessein, soit qu'on le tirât de la sorte des mines d'Espagne, comme plusieurs l'ont crû. Au revers est un chariot tiré par deux chevaux ; le tout est si mal dessiné, qu'il est aisé de connoître, que les Arts n'étoient gueres cultivez dans le lieu où cette piéce a été fabriquée.

XXII.

Les Instrumens de la Monnoye.

APrés avoir parlé des monnoyes de cuivre, d'argent & d'or, je mets icy les deux Médailles suivantes qui servent à en connoître la fabrique ; celle-cy a d'un côté la tête de la Déesse appellée *Moneta* chez les Romains, & de l'autre les instrumens à frapper la Monnoye, sçavoir l'enclume, le marteau, les tenailles, &c.

XXIII.

Une Monnoye de Gallus Messala.

LA seconde est une petite piéce de monnoye de cuivre, de Gallus Messala l'un des Triumvirs, qui étoient maîtres de la monnoye. On y voit ces lettres *A. A. A. F. F.* qui veulent dire *Auro, Argento, Ære, Flando, Feriundo* ; qu'on faisoit des monnoyes de ces trois métaux, d'or, d'argent, & de cuivre ; & la maniére de les faire, *flando*, en soufflant le feu pour les fondre ; *feriundo*, en frappant sur les coins où les figures étoient gravées, pour les imprimer.

XXIV.

Une Monnoye de plomb.

ON n'auroit peut-être pas crû qu'il y eût eu des monnoyes de plomb anti-ques, & que l'usage en eût été quelquefois parmi les Romains, soit pour une grande necessité, soit pour acheter les menuës danrées, s'il n'en restoit en-core. En voicy une qui est infailliblement antique. Martial en parle aussi en la 74. Epigramme de son dixiéme Livre, à l'occasion d'un Cocher qui avoit gagné en une heure quinze sacs d'or, pour avoir été victorieux dans le cirque. Il se plaint de sa condition, dans laquelle, aprés avoir bien travaillé une journée entié-re, à peine peut-il gagner cent piéces de plomb.

Jam parce lasso, Roma, gratulatori,
Lasso clienti : quandiu salutator
Anteambulones, & togatulos inter
Centum merebor plumbeos die toto,
Cum Scorpus, unâ quindecim graves horâ
Ferventis auri victor, afferat saccos :
Non ego meorum præmium libellorum
(Quid enim merentur?)

XXV.

POur revers, cette monnoye de plomb porte ces trois lettres *L A S*. Elles peu-vent, ce me semble, en les considerant chacune à part, signifier *Libralis assis sextans* ; ce seroit le prix arbitraire que la nécessité luy auroit fait donner, sçavoir de la sixiéme partie de l'*As* romain, ou de la livre de cuivre.

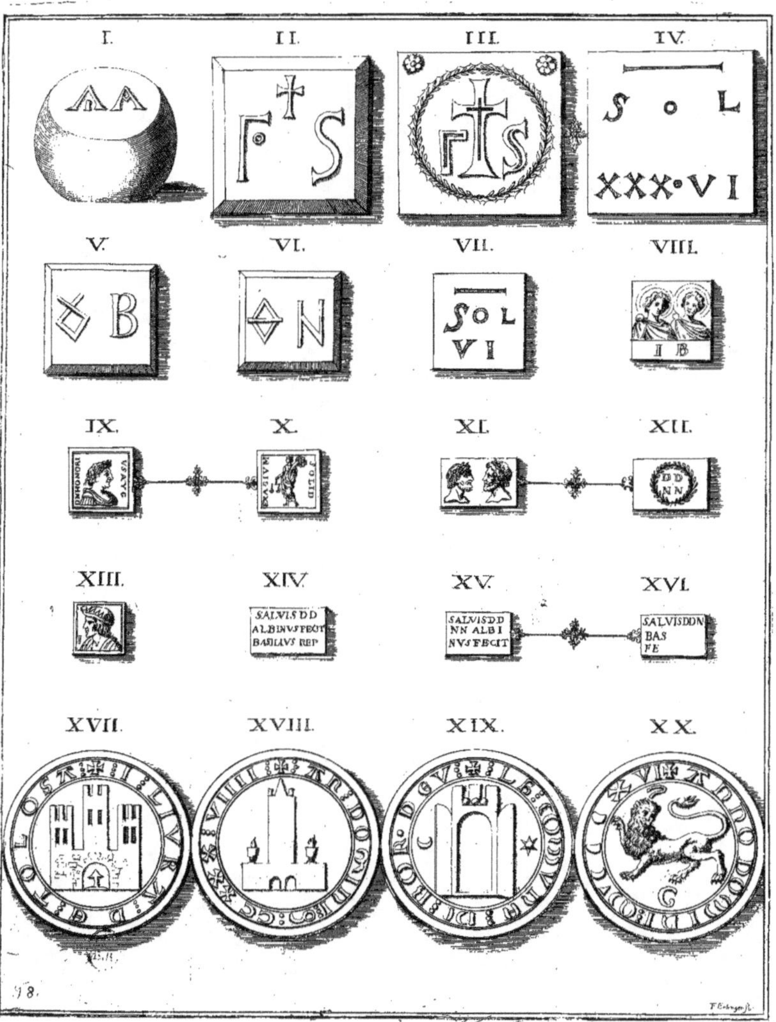

LES POIDS
ANCIENS
DES ROMAINS
DU HAUT
ET DU BAS EMPIRE.

L se trouve dans le même Cabinet plusieurs Poids anciens, qui n'ont pas été des monnoyes, mais qui n'ont servi qu'à peser. Quoy qu'ils soient tous du bas Empire, & depuis Constantin, nous ne laissons pas de les nommer anciens des Romains ; parce que le poids de la livre & de l'once n'ayant point changé parmi ces peuples, ceux-cy sont les mêmes qui étoient en usage du temps des Consuls & des Cesars : c'est en cela qu'ils ne sont pas moins considerables, que ceux dont nous avons déja parlé. On trouve icy tous ces poids depuis la livre jusqu'au sextule ; on le verra par la suite dans le détail que j'en vais faire.

I.

Une Livre.

CE prémier poids de figure ronde, qui est de cuivre, se nommoit la livre. Sa pesanteur étoit de douze onces romaines ; il est fort entier & tres-bien conservé ; il paroît avoir été fait environ le temps de l'Empereur Justinien. Les marques qui sont au dessus, ou les caracteres grecs qui s'y voyent en argent de cette sorte Λ A signifient ΛΙΤΡΑ, c'est à dire chez les Latins, *Libra,* ce que nous appellons en France une livre.

II.

Une demie Livre.

LA croix qui se voit imprimée sur cette demie livre antique de bronze ou de cuivre, montre qu'elle a été fabriquée du temps des Empereurs Chrétiens ; on ne peut pas dire sous lequel, parce qu'elle n'est chargée d'aucune marque qui puisse nous le faire connoître ; elle est differente de la livre précédente en ce qu'elle est platte, & qu'on y lit ces lettres gravées fort proprement, & remplies d'argent ΓS qui signifient ΟΓΧΙΑ SEX. six onces, ou bien *Semis onciarum.*

III.
Une autre demie livre.

ELle est platte comme l'autre, & elle luy est entiérement semblable, sinon que la croix & les lettres sont renfermées dans une couronne ou de palme, ou de laurier, ou d'épics de bled, on a de la peine à le connoître ; & que dans les coins d'en haut on voit deux fleurs de roses ouvertes, & la croix passe plus bas que les deux lettres, qui ont la même signification que celle de la précédente.

IV.

POur le revers de la même demie livre, il a ces lettres gravées SOL. XXXVI. qui signifient trente-six solides ou sextules que valoit la demie livre, laquelle ayant six onces, & chaque once six sextules ou solides, la demie livre telle qu'est celle-cy, valoit trente-six solides.

V.

Un Poids de deux onces.

ON le nommoit *Sextans*, qui est la même chose, comme nous avons dit, que le poids de deux onces romaines. Il a au revers ces marques en argent, Ο.B. qui signifient deux onces. La prémiére étant un *Omicron Ypsilon*, pour les prémiéres lettres du mot OYXIA, une once, & la seconde un *Beta*, qui étant la seconde lettre de l'Alphabet grec, veut dire deux, suivant l'usage des Grecs, qui l'ont pris des Hebreux, qui se servent des lettres de leurs Alphabets pour composer les nombres dont ils ont besoin.

VI.

Une once & demie.

ELle est de bronze, & d'une figure carrée, comme sont la plus grande partie des poids Grecs, au moins de ceux que j'ay vû. Celui-cy dont la pesanteur étoit d'une once & demie, se nommoit *Seuncia* ; il porte ces deux marques Θ.Ν. & étoit le poids de neuf Sextules ou solides, qui faisoient aussi celuy du *Cyathus*.

VII.

Poids d'une once.

LA marque qui est dessus ce poids, fait assez connoître qu'il pése justement l'once romaine, aussi-bien du haut que du bas Empire ; puis qu'elle n'a point changé, comme nous l'avons remarqué ci-dessus. Car ce mot abrégé de SOL. qui veut dire solides, & ce nombre de six VI. désigne qu'il pése six solides, ou sextules, ce qui est la même chose, lesquelles font le poids de l'once.

VIII.

VIII.

Un Poids de trois Solides.

LEs trois Solides font, joints enfemble, la demie-once. Ce poids porte cette marque I. B. qui fignifie un & deux qui font trois. On y voit gravé deux Buftes de Saints, qui ont des diadêmes, ou des couronnes de rayons qu'on a de la peine à diftinguer. Ce Poids paroît par fa fabrique defcendre bien avant dans le bas Empire.

IX.

Le Poids d'un Sol d'or.

CEtte piéce eft fort confidérable, étant le Poids du Solide, ou du Sol d'or du têms de l'Empereur Honorius, comme on le voit par l'infcription qui eft à l'entour du Bufte de ce pieux Prince. D. N. HONORIUS AUG. *Dominus nofter Honorius Aug.* Cette piéce n'eft que de bronze. Nous en avions trois toutes femblables, j'en ay donné une au Cabinet du Roy, où elle n'étoit pas.

X.

AU revers eft la figure de la Monnoye répréfentée comme une femme qui porte en main une balance & une corne d'abondance, avec ces deux mots EXAGIUM SOLIDI. Cujas dit qu'*Exagium* fignifie, *certæ ponderationis genus*, & le prouve par un ancien paffage qui met *fub exagio vendere*. Ce mot fe pourroit encore mieux prendre, ce me femble, pour un Poids qui eft proprement la Sextule, lequel eft tiré du mot grec *Ex*, qui veut dire *Sex*, d'où viendroit EXAΤION, qui fignifieroit le Poids de la Sextule, ou du Solide.

XI. & XII.

Un autre poids du fol d'or.

LEs Têtes, que l'on voit fur ce fecond Poids de la Sextule, pourroient bien être celles de Valentinien & de Valens, ou de Valentinien le jeune & de Gratien; car ces deux Têtes d'Empereurs donnent lieu de croire qu'elles font de deux, qui ont regné enfemble. Le revers eft femblable à plufieurs autres Medailles de ce têms-là, ou paroiffent renfermées dans une couronne ces quatre Lettres. D. D. N. N. qui fignifient *Domini noftri*, qui eft le titre qu'on donnoit d'ordinaire aux Empereurs en ce fiécle-là.

.R

XIII.

Le poids d'un sol d'or de France.

LA tête qui est marquée dessus , & qui porte une couronne a été estimée, par la plûpart des personnes qui l'ont veuë, celle de Charlemagne, ou de Charles le Chauve. Monsieur de Peiresc , duquel ce Poids vient, aussi bien que presque tous les autres cy-dessus dessinez, étoit de ce sentiment ; il l'a même écrit de sa propre main sur ce Poids. *Exagium solidi Carolini.* Le Solide ou Sol d'or de France revenoit à celui de Rome pour le poids , sçavoir de quatre scrupules , mais non pour la bonté de l'or, celui de Rome étant plus fin ; aussi fut-il permis, sous l'Empereur Jule Valere Majorien, en l'an 458. au commencement de nôtre Monarchie, de les refuser pour le même prix , selon que le porte son Ordonnance. *Excepto eo Solido Gallico, cujus aurum minori æstimatione taxatur.* Le Denier d'argent de France ne pesoit alors qu'un Scrupule, qui est le tiers du Solide ; & la proportion de l'or à l'argent y étoit alors d'un à dix, qui est aujourd'huy d'un à quinze.

XIV.

Le poids d'une Sextule.

IL est considérable , ainsi que les suivantes, en ce qu'elles ont des inscriptions écrites d'une maniére singuliére , qui n'est ni en creux ni en relief , avec de l'encre de pourpre sur de petites bandes d'argent ; sur celle-ci on lit ces mots *SALVIS D. D. ALBINUS FECIT. BASILIUS REP. Salvis Dominis Albinus fecit. Basilius reparavit :* c'étoient les Maîtres de la Monnoye.

XV. & XVI.

Une autre Sextule.

CE Poids porte des inscriptions, dont voicy les mots presque semblables à ceux qui sont sur la précédente : on y lit d'un côté *SALVIS D.D. N.N. ALBINUS FECIT. Salvis Dominis nostris Albinus fecit ;* & de l'autre au revers, *SALVIS D.D. N.N. BAS. FEC. Salvis Dominis nostris Basilius fecit :* ces mots *Dominis nostris* montrent que ces piéces ont été faites pendant que deux Empereurs gouvernoient ensemble , comme Valentinien & Valens.

QUELQUES ANCIENS POIDS
DE FRANCE.

Ous n'avons que cinq Poids anciens de France en nôtre Cabinet. Ce nombre ne méritoit pas qu'on en fit une planche. Je me suis contenté de les joindre aux Poids du bas Empire, & d'en faire seulement graver deux avec leurs revers ; ce sont deux livres qui sont différentes pour le temps & le lieu où elles ont été fabriquées, & même quelque peu pour le poids : si dans la suite j'en découvre quelqu'autres, je les donneray au public avec ceux que j'ay acquis, il y a fort peu de temps, & qui sont dans des papiers écrits de la main propre de feu M. Hautin Conseiller au Châtelet de Paris. Je diray en général qu'il y a plusieurs petits poids, comme des grains de la livre de Rome, de celle de Gennes, d'Allemagne, de Flandres, d'Espagne, d'Angleterre ; le tout avec la proportion qu'ils ont avec les nôtres de France. La plus grande partie de ces poids sont des originaux qui luy ont été envoyez de ces païs ; les autres sont des copies de plomb. Il en a mis deux de chacun dans la plûpart de ces petits billets ; ils se trouvent si justes quand on les pése séparément, qu'il est facile de juger de la fidélité des personnes, dont il les a eus.

XVII. & XVIII.

Une Livre de Toulouse.

L E prémier de ces deux poids, dont je viens de parler, est une Livre ancienne de la Ville de Toulouze de l'an 1239. On y voit une maniére de Château, ou de Palais, & à l'entour ces mots : *I. LIVRA DE TOLOSA.* Le revers a pour figure une maniére d'Eglise avec une Tour, & cette inscription *ANNO DOMINI M. CC. XXXVIIII.* Elle pése environ treize onces de France. Il est bon de remarquer en passant, qu'il y a bien de l'apparence que ce fut cette année mil deux cent trente-neuf, qu'on fit de nouveaux Poids à Toulouse ; puisque nous en avons quatre différens, marquez de cette annéc ; l'un est de quatre Livres, qui est trés bien conditionné, sur lequel est écrit *IIII. LIVRAS DE TOLOSA* ; & au revers *INCARNATION. DOMINI. M. CC. XIL.* qui est aussi trente-neuf ; parce que mettant le nombre onze XI. devant la lettre L. qui en vaut cinquante, le tout se réduit à ce nombre trente-neuf. Le second est cette Livre que je donne ici. Le troisiéme une Once, & enfin le dernier est une Demi-once.

XIX.

Une Livre de Bordeaux.

C Ette seconde Livre est de la Ville de Bordeaux, comme en fait foy l'inscription, qui est d'un côté autour d'une espéce de porte ouverte d'une Ville,

L. B. COMMUNA DE BORDEV. Quelques lettres en ſont ſi mal formées qu'on a de la peine à les lire; entr'autres les N. qui ont beaucoup de rapport à nos grands D. On voit auſſi ſur ce Poids la Lune en ſon croiſſant, & une Etoille; je n'ay pû découvrir ce qu'elles ſignifient.

XX.

POur le revers de ce Poids on y voit la figure en relief d'un Lion, avec cette datte autour : *ANNO DOMINI M. CCC. XVI.* Le poids de cette piéce eſt de treize onces & demie de France : la lettre *G.* qui eſt ſous ce Lion pouroit bien être la prémiére du nom de l'ouvrier qui a fabriqué cette livre. J'en ay encore un autre dans nôtre Cabinet, qui a auſſi un Lion aſſis ſur ſon derriere, avec la même lettre *G.* derriére ſa tête, & comme une roſe au bas de ſes pieds, ſans aucune Inſcription. Enfin le dernier poids de France, que j'ay, eſt un quart d'une livre. ſur lequel eſt d'un côté une fleur-de-lys, & de l'autre, comme un arbre; le tout eſt ſi mal fabriqué, qu'on n'en peut lire les deux Inſcriptions qui ſont à l'entour.

I.
TI·CAESAR·DIVI·AVG·F·
AVGVST·P·M·TR·POT·
XXIIII. SC

II.
IMP·CAES·VESPASIAN·
AVG·P·M·TR·P·P·P·COS·III·

III.
IMP·CAES·DOMITIAN·
AVG·GERM·COS·XI·

IV.
IMP·NERVA·CAES·AVG·
P·M·TR·P·COS·III·PP·

VII.
IMP·CAES·NERVAE·TRAIANO·
AVG·GER·DAC·P·M·TR·P·
COS·VI·PP·

VI.
IMP·CAES·NER·TRAIANO·
OPTIMO·AVG·GER·DAC·
PARTHICO·P·M·TR·P·COS·VI·PP·

V.
IMP·CAES·NERVA·TRAIAN·
AVG·GER·DACICVS·P·M·

VIII.
AYT·KAI·TRAI·AΔPIA·CEB.

IX.
M·ANTONINVS·AVG·GER·
SARM·TR·P·XXXI.

X.
M·COMMODVS·ANT·P·FELIX·
AVG·BRIT·

XI.
IMP·CAES·P·HELV·PERTI·
NAX·AVG·

XII.
IMP·CAES·M·DID·SEVER·
IVLIAN·AVG·

XIII.
L·SEPT·SEV·PERT·AVG·
IMP·V·

XIV.
IVLIA·PIA·FELIX·AVG·

XVI.
AYTOK·K·M·IOYΛI·
ΦIΛIΠΠOC·CEB.

XVII.
AYTOK·K·M·IOYΛI·ΦIΛIΠ
ΠOC·CEB.

XV.
IMP·M·IVL·PHILIPPVS·
AVG·

XVIII.
IMP·M·IVL·PHILIPPVS·
AVG·

XIX.
IMP·CAES·AEMILIANVS
P·F·AVG·

XX.
IMP·C·L·VALERIANVS·
NOB·CAES·

19

LES
MEDAILLES
LES PLUS RARES
DE GRAND BRONZE.

I.

TIBERE.

CIVITATIBUS ASIÆ RESTITUTIS.

ETTE figure réprésente la statuë que les villes d'Asie dressérent en l'honneur de Tibére, pour les avoir fait rétablir, aprés avoir été renversées par un tremblement de terre. Phlegon en fait mention au Livre *de Rebus mirabilibus* en cette sorte. *Apollonius Grammaticus narrat T. Neronis ætate terræ motum fuisse, quò multæ ac celebres Asiæ urbes funditus deletæ sint, quas deinde Tiberius suo sumptu reparavit, propter quod beneficium Asiani Colossum ei confecerunt ac posuerunt in foro romano propè fanum Veneris, & singularum deinceps urbium statuas subjunxerunt.* Quelques Auteurs ont dit que ce tremblement de terre fut celuy qui arriva au temps de la mort de nôtre Seigneur.

II.

VESPASIEN.

JUDÆA CAPTA.

ON voit la Judée réprésentée par cette femme qui pleure sa captivité, & la ruine de sa ville & de son Temple, & l'Empereur Vespasien qui en triomphe aprés l'avoir subjuguée, & avoir réduit Jerusalem sa capitale dans une entiére désolation. La vûë que JESUS-CHRIST nôtre Seigneur en eut, fut capable de tirer des larmes de ses yeux. On en peut voir les particularitez dans le dix-septiéme chapitre du septiéme Livre de l'Histoire de la guerre des Juifs par Joseph : où il marque expressément qu'il périt en ce siége, tant par la faim, que par le glaive, onze cens mille ames, sans compter le nombre des captifs que les Romains firent durant cette guerre, lequel monta jusqu'à quatre-vingt-dix-sept mille.

III.

DOMITIEN.

GERMANIA CAPTA.

L'Inscription de cette Médaille est parlante ; elle en explique assez le sujet : c'est un monument de la victoire que Domitien remporta sur les peuples d'Allemagne. Suetone en fait mention dans la vie de cet Empereur : *Expeditionem quoque in Galliam, Germaniasque, neque necessariam, & dissuadentibus paternis amicis inchoavit ; tantùm ut fratri se & operibus, & dignatione adæquaret.*

IV.

NERVA.

FISCI JUDAICI CALUMNIA SUBLATA.

C'Est icy un monument de la reconnoissance des Juifs envers l'Empereur Nerva, qui les avoit affranchis d'un tribut que Domitien leur avoit imposé par tête, en sorte que les Receveurs les visitoient honteusement en plein marché, pour voir s'ils étoient circoncis. Suetone rapporte en la vie de Domitien, qu'étant encore jeune il avoit vû faire cette insulte à un vieillard de quatre-vingt-dix ans : *Interfuisse me adolescentulum memini, cùm à Procuratore, frequentissimoque concilio inspiceretur senex nonagenarius, num circumsectus esset.*

V.

TRAJAN.

TR. POT. VIII. IMP. IIII. COS. IIII. DES. V.

ON voit sur cette Médaille une figure d'un soldat, qui presente à l'Empereur Trajan assis sur un trophée d'armes, un homme à genoux, & en état de suppliant ; c'est assûrément Decebale Roy des Daces, que Trajan avoit subjugué : ce Roy luy fait hommage comme à son vainqueur, & implore sa clemence; Dion en parle en ces termes : *Ad Trajanum deductus Decebalus, humi procumbens, eum suppliciter adoravit.* L'Inscription qui est à l'entour, nous marque de temps auquel cette action s'est passée.

VI.

TRAJAN.

REX PARTHIS DATUS.

TRAJAN étant allé réduire les Parthes sous la puissance des Romains, assembla les principaux de cette nation en une vaste campagne ; il les exhorta à luy rendre obéïssance, & à se soûmettre aux Romains, s'ils ne vouloient éprouver la force de leurs armes. Ils luy prêterent donc serment de fidelité, ensuite dequoy il leur donna Parthamaspates pour Roy, & luy mit la couronne sur la tête, comme on le voit en cette Médaille qui a pour inscription *REX PARTHIS DATUS.* Dion parle ainsi de cette action au 68. Livre de son Histoire Romaine en la vie de Trajan : *Ibi apud eos de rebus ab se gestis gloriatur, deindè Parthis Regem Parthamaspaten designat, eique diadema imponit.*

VII.

TRAJAN.

S. P. Q. R. OPTIMO PRINCIPI.

CEtte colomne se voit encore aujourd'huy à Rome ; elle a été dressée en l'honneur de Trajan pour un monument de ses victoires contre les Daces, & pour luy servir de mausolée aprés sa mort, comme Eutrope l'assûre : *Solus intra urbem sepultus est, ossa collocata in urnam auream, in foro quòd ædificavit, sub columna sita sunt, cujus altitudo centum quadraginta pedes habet.* L'ouvrage en est si rare & si magnifique, qu'il a été admiré de tous les siécles suivans, & il le sera toûjours pendant qu'il en restera quelque chose.

VIII.

ADRIEN.

Le Fleuve du Nil.

LA figure d'un homme couché qui porte en sa main gauche un roseau, & en sa droite une corne d'abondance, nous réprésente le fleuve du Nil, sur lequel l'Empereur Adrien, de qui est cette Médaille, navigeant, perdit malheureusement Antinoüs son favory, comme le dit Spartien : *Antinoum suum, dum per Nilum navigat, perdidit ;* & Dion : *In Ægypto quoque civitatem instauravit Antinoi nomine ;* & peu aprés : *Hic Antinoüs cùm in deliciis ejus fuisset, in Ægypto mortuus est, sive quòd in Nilum ceciderit, ut Hadrianus scribit ; sive quòd immolatus, idque verum est, fuerit.* Il y a aussi un crocodile, à cause qu'il se trouve communément sur les rivages de ce Fleuve.

IX.

MARC AURELE.

PROPUGNATOREM.

ON voit en cette Médaille de Marc Aurele, Jupiter qui lance son foudre contre un Parthe terrassé, avec ce mot *Propugnatorem* ; on sous-entend *habuit*,
pour donner à connoître que Jupiter prit en sa protection cet Empereur en la guerre
qu'il entreprit contre les Parthes, & qu'il favorisa ses armes. Jule Capitolin parle de
cette guerre en ces termes : *Profecti sunt ambo paludati Imperatores, Parthis & Marco-
manis omnia turbantibus : perfecto autem bello, uterque Parthicus appellatus est,
quod Marcus repudiavit.*

X.

COMMODE.

NOBILITAS AUGUSTI.

POur montrer l'estime que ce Prince faisoit de la noblesse, il voulut qu'on en
gravât la figure sur ses Médailles ; elle est icy réprésentée debout, portant en
sa main une petite victoire, ou pour mieux dire, le *Palladium*, afin d'insinuer &
de marquer à tout le monde, que la Noblesse la plus illustre de la ville de Rome
étoit celle dont les familles venoient des anciens Troyens, qui étoient venus en
Italie, & y avoient apporté le *Palladium*.

XI.

PERTINAX.

PROVIDENTIÆ DEORUM.

LEs Médailles de Pertinax sont rares en grand bronze. Celle-cy n'est pas une
des moins considerables : on y voit au revers de la tête de cet Empereur,
une femme debout qui tend les bras pour recevoir un globe qui luy est envoyé
du ciel. Ce Prince témoigne par cette figure sa reconnoissance envers les Dieux,
qu'il croioit l'avoir élevé à l'Empire, quoy qu'il fût d'une naissance fort médiocre, & qui ne luy promettoit pas une si haute fortune.

XII.

DIDIUS JULIANUS.

RECTOR ORBIS.

Quoique les Médailles de cet Empereur en grand bronze ne soient pas rares, & qu'il s'en trouve bien plus facilement de cette premiere grandeur, que de la moyenne ; le revers toutefois de celle-cy par laquelle il est nommé Empereur de tout l'Univers, est assez singuliere pour mériter d'avoir place parmy celles que leur rareté rend plus considerables : c'est ce qui nous l'a fait mettre icy. Elle fut frappée sans doute incontinent après son élevation à l'Empire; puisque ses competiteurs luy disputérent cette qualité d'Empereur, qu'ils luy firent bientôt perdre avec la vie.

XIII.

SEVERE.

PARTH. ARAB. PART. ADIAB.

Ce trophée où sont attachez des captifs, est un monument de la signalée victoire que l'Empereur Severe remporta sur les peuples de l'Orient, sçavoir sur les Parthes, les Arabes, & les Adiabeniens qui sont aujourd'huy les Tartares, il en prit aussi le nom de Parthique, d'Arabique, & d'Adiabenien, comme l'inscription nous le marque : *Parthico, Arabico, Adiabenico.* Spartien dit de luy : *Circa Arabiam plura gessit, Parthis etiam in ditionem redactis, necnon etiam Adiabenis.*

XIV.

JULIA PIA.

MAT. AUGG. MAT. SEN. M. PATR.

L'Inscription de cette Médaille de Julia femme de Severe est la plus glorieuse qui ait jamais été attribuée à aucune Impératrice, puis qu'elle la qualifie *Mater Augustorum, Mater Senatûs, Mater Patriæ.* Si on ajoûte à cette Inscription un autre qui luy a encore été donnée, sçavoir *Mater Castrorum,* on trouvera qu'elle a été reconnuë pour la Mere de tous les Etats ; *Mater Augustorum,* par les Empereurs ; *Mater Senatûs,* par le Senat ; *Mater castrorum,* par l'armée ; *Mater Patriæ,* parle reste du peuple.

T

XV.

PHILIPPE.

MILLIARIUM SÆCULUM.

CE pilier appellé *Cippus* en latin, à l'entour duquel on lit cette inscription, *milliarium fæculum*, defigne l'année mil de la fondation de Rome, qui arriva la feconde année de l'Empire de Philippe, en laquelle on fit les Jeux & les fpectacles les plus magnifiques qu'on put imaginer, pour rendre cette année mémorable. Les Anciens fe fervoient autrefois de ces fortes de piliers, pour marquer les chofes les plus confidérables de leur temps : *Quantùm faciet ftatuam Senatus, columnam quæ res tuas loquatur*, dit un ancien Auteur parlant à Scipion.

XVI.

PHILIPPE.

ΦΛ. CAMOCATEΩN MHT. KOM.

LA ville de Samofate fur l'Euphrate, étoit la capitale d'un petit païs dans l'Afie, que l'on nommoit Commagenes, & qui fut changé en Province par les Romains. Cette ville, célébre pour avoir été le lieu de la naiffance de l'impie Lucien, & de Paul Patriarche d'Antioche, herefiarque, fit frapper cette Médaille en l'honneur de l'Empereur Philippes le Pere. L'infcriprion grecque qui eft autour d'une figure de femme qu'on voit affife fur des pierres, qui porte en tête une couronne tourrélée, & un aigle fur fa main droite, & qui appuye fon pied fur un cheval aîlé ou pegafe, fignifie Samofate Métropole de Commagenes.

XVII.

PHILIPPE.

CAMOCATEΩN.

LA figure qui eft fur cette feconde Médaille de Philippes le pere, ne différe de la précédente, qu'en ce qu'elle tient à fa main droite deux épics de bled, & que fon infcription auffi grecque ne fait point mention, que la ville de Samofate foit la capitale du païs de Commagénes.

XVIII.

PHILIPPE LE JEUNE.

SÆCULARES AUGG.

SI jamais il y eut de grandes réjoüiffances à Rome, ce fut à l'occafion des Jeux feculaires qui s'y firent peu de temps aprés que Philippe fut parvenu à l'Empire. Ce Prince n'oublia rien pour les rendre célébres, il fit venir de l'Orient de toutes fortes d'animaux, entre lefquels il y en avoit de fi finguliers, qu'on n'en avoit pas encore vû de femblables à Rome ; l'Hippopotame ou cheval marin qui fe trouve d'ordinaire fur les bords du Nil, fut de ce nombre : Pomponius Lætus nous le marque, *Hippopotamus unus.* La figure de cet animal fe voit affez communément au revers des Médailles d'Otacille, mais tres-rarement à celles de Philippe le Jeune, ainfi qu'on la voit icy. Philippe fon pére l'avoit adopté à l'Empire ; & c'eft la raifon pour laquelle on lit fur cette Médaille *Sæculares Augg.*

XIX.

EMILIEN.

JOVI CONSERVATORI.

AU revers de la tête d'Emilien on voit la figure de Jupiter debout, tenant en fa main un foudre. Ce Dieu a eu chez les Romains beaucoup d'attributs, & a été dépeint fous diverfes figures, & même affez fouvent toutes contraires ; car icy on luy donne le nom de Confervateur (on fous-entend de l'Empereur) *Jovi Confervatori.* On peut dire en paffant, que ce fouhait du peuple Romain ne fut pas de longue durée. Cet Empereur Emilien fut tué trois mois aprés fon élévation à l'Empire ; & on a crû que le peuple eut beaucoup de part à ce meurtre, encore qu'il eût à ce Prince les dernieres obligations, pour avoir donné la chaffe aux Scythes qui ravageoient leurs Provinces. D'autres Médailles nous reprefentent Jupiter qui lance fon foudre, & eft appellé *Ve Jovis,* ou *Jupiter fulminator* ; *Jovi Tonanti* fur une Médaille d'Adrien ; *Jovi fofpitatori* fur une de Caracalle, & l'autre de Geta, &c.

XX.

VALERIEN.

MONETA AUGG.

LE jeune Valerien n'avoit que dix ans, lorfque fon pére l'Empereur Gallien l'envoya dans les Gaules fous la conduite de Pofthume qui y commandoit ſes armées. Ce Général voulant s'emparer de l'Empire, ſçut ſi bien ménager l'eſprit des ſoldats, qu'ils firent mourir ce jeune Prince, autant par la haine qu'ils portoient à ſon pére, que pour élever Poſthume à cette ſouveraine dignité. Cette Médaille qui n'eſt que de billon eſt tres-rare. Son revers nous répréſente les trois monnoyes debout, & l'inſcription eſt une marque que Gallien avoit adopté ce cher fils à l'Empire, *Moneta Augg.*

LES MEDAILLES
LES PLUS RARES
DE MOYEN BRONZE.
I.
JULES CESAR, & AUGUSTE.

A tête de Jules Ceſar couronnée de laurier II. VIR CORINT. & de l'autre côté celle d'Auguſte ſans couronne, avec cette legende M. ANT. HIPPARCO. M. NONNIO BASSO. Cette Médaille qui eſt de moyen bronze a été frappée par la ville de Corinthe en l'honneur d'Auguſte qui regnoit alors, & pour reconnoiſſance envers Jules Ceſar qui l'avoit rétablie, & l'avoit faite Colonie Romaine, aprés qu'elle eut été ruinée par L. Mummius : d'où vient qu'on en a vû pluſieurs autres Médailles des Empereurs ſuivans, qui portent cette Inſcription C. L. I. C. *Colonia laus Julia Corinthus.* Voicy le témoignage qu'en rend Dion en la vie de Jules Ceſar au 43. Livre de ſon Hiſtoire Romaine. Il fit auſſi rebâtir les fameuſes & anciennes villes de Carthage & de Corinthe, que les Romains avoient détruites, & les repeupla par le moyen des Colonies qu'il y envoya : ce qui fit que ces deux villes qui avoient été toutes ruinées, commencérent à devenir plus floriſſantes que jamais. Marcus Antonius Hiparcus, & M. Nonnius Baſſus étoient les Duum-virs, ou les deux Collegues qui gouvernoient alors la ville de Corinthe.

II.

DRUSUS.

ΔΡΟΥΣΟΣ ΚΑΙΣΑΡ, ΓΕΡΜΑΝΙΚΟΣ ΚΑΙΣΑΡ ΑΔΕΛΦΟΙ. Druſus Ceſar, Germanicus Ceſar freres. C'eſt Druſus fils de Tibére, & Germanicus neveu du même Empereur, qui l'avoit auſſi adopté pour ſon fils ; d'où vient qu'il a été appellé le frere de Druſus. Celuy qui tient le *Simpulum*, qui eſt la marque du Souverain Pontife, eſt ſans doute le même Druſus qui exerçoit cette Charge, comme il paroît par ſes Médailles. DRUSUS CÆSAR. TI. F. AUG. PONT. L'autre qui tient le *Lituus*, ou le bâton augural, eſt Germanicus, qui étoit Prince des Augures : ils ſont tous deux revêtus de longues robes que les Romains appelloient *Togæ*, & ils ſont aſſis ſur des chaires curules.

On

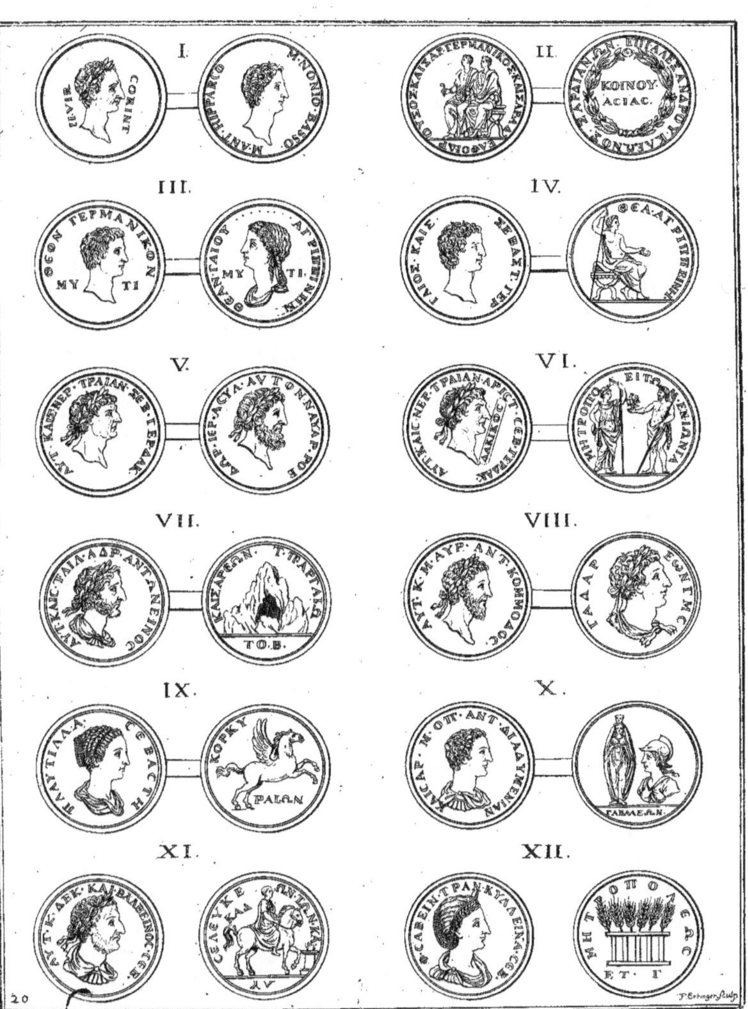

On lit au revers : ΕΠΙ ΑΛΕΞΑΝΔΡΟΥ ΚΛΕΩΝΟΣ ΣΑΡΔΙΑΝΩΝ, ſous Alexandre Cleon Preteur de Sardes, ce qui fait voir que cette Médaille a été frappée en cette ancienne ville de Sardes, lorſque Alexandre Cleon en étoit Preteur, & par un conſentement de toutes les villes d'Aſie, qui preſentent à ces deux jeunes Princes une couronne de laurier, au milieu de laquelle on voit la preuve de ce que je viens de dire : ΚΟΙΝΟΥ ΑΣΙΑC.

III.

GERMANICUS.

LA tête de Germanicus ſans couronne, & autour ΘΕΟΝ ΓΕΡΜΑΝΙΚΟΝ, & aux côtez de ce buſte : ΜΥΤΙ ; c'eſt à dire, ΜΥΤΙΛΙΝΑΙΩΝ.

Au revers on lit ces mots : ΘΕΑΝ ΓΑΙΟΥ......ΑΓΡΙΠΠΙΝΗΝ. Je croy qu'on doit ſuppléer, ΜΗΤΕΡΑ, & l'on doit ſous-entendre un mot grec, pour dire en latin *habuit*. Cette Médaille de moyen bronze a été frappée, du vivant de l'Empereur Caligule en l'honneur du Dieu Germanicus, & de la Déeſſe Agrippine qu'il eut pour pere & mere, par ceux de la ville de Mitylene, en memoire de la deſcente que Germanicus & Agrippine avoient faite dans leur iſle de Leſbos lors qu'ils alloient en Syrie, où même cette Princeſſe acoucha de ſa derniere fille, qui fut nommée Julia, comme Tacite le témoigne au ſecond Livre de ſes Annales : *Petita inde Eubœa, tramiſit Leſbum, ubi Agrippina noviſſimo partu Juliam edidit.*

IV.

CALIGULE.

ON voit la tête de Caligule ſans couronne, & cette legende autour, ΓΑΙΟΣ. ΚΑΙΣ. ΣΕΒΑΣΤ. ΓΕΡ. Caius Ceſar Auguſte Germanique.

Au revers une femme demy nuë tenant de ſa gauche une patere, avec ces mots : ΘΕΑ ΑΓΡΙΠΠΙΝΗ, la Déeſſe Agrippine. Cette Médaille de moyen bronze eſt une maniére de conſecration que quelque ville de Grece a dreſſée à Agrippine mere de Caligule, comme ceux de Mitylene avoient fait pour plaire à cet Empereur, qui affecta de rendre tous les honneurs poſſibles à cette Princeſſe aprés ſa mort : il alla querir luy-même ſes os, & ceux de ſes freres, pour les rapporter à Rome, au rapport de Dion, & les fit enterrer ſolemnellement auprés de ceux d'Auguſte.

V

V.

TRAJAN.

LA tête de Trajan couronnée de laurier: ΑΥΤ. ΚΑΙΣ. ΝΕΡ. ΤΡΑΙΑΝ. ΣΕΒ. ΓΕΡ. ΔΑΚ. L'Empereur Cesar Nerva Trajan Auguste Germanicus Dacicus.

Au revers une tête de Jupiter, avec ce mots: ΔΩΡ. ΙΕΡ ΑϹΥΛ. ΑΥΤΟΝ ΝΑΥΑΡ. ΡΟΕ. *Doræ sacræ asyli sui juris navium præfecturam habentis.* Cette Médaille fut frappée en l'honneur de Trajan par ceux de Dora, ville maritime de la Phœnicie, située à trois ou quatre lieuës du Mont Carmel. On luy attribuë icy la qualité de ville sacrée & d'azile, exempte & privilegiée, & on la désigne comme le lieu de la residence du Général des vaisseaux. Cette derniere prerogative qui appartenoit proprement à la ville de Sydon, dont les peuples avoient été les premiers inventeurs des vaisseaux, semble avoir été communiquée à Dora, à cause qu'elle étoit une Colonie de Sydon. Quant aux autres immunitez marquées en cette Médaille, Joseph au chap. 8. du quatorziéme Livre de son Histoire des Juifs, nous
» apprend qu'elle les a cuës de Pompée. Voilà ses paroles : Pompée voulut que les
» villes maritimes demeurassent libres, & fissent partie de la Province, sçavoir
» Gaza, Joppé, Dora, & la tour de Straton ; ce qui arriva en l'an 691. de la fondation de Rome, lors qu'il réduisit la Syrie en Province. Ajoûtant donc ces trois lettres numérales marquées sur cette Médaille P. O. E. qui font cent soixante-quinze années à 691, vous tomberez comme l'a remarqué M. Vaillant, en l'année 866. de la fondation de Rome, & en la 17. de la puissance de Tribun de Trajan, en laquelle cette Médaille fut frappée en son honneur par ceux de Dora, qui avoient Jupiter en vénération, dont ils ont mis icy la tête.

VI.

TRAJAN.

C'EST encore une Médaille de l'Empereur Trajan, qui a presque la même inscription que la précédente, hormis le mot, ΑΡΙϹΤΟϹ, tres-bon, ajoûté à celle-cy. C'étoit l'épithete ordinaire de ce Prince, OPTIMO PRINCIPI. On voit à côté de la tête une contremarque qui porte ce mot, ΔΑΚΙΚΟϹ, Dacicus.

Sur le revers nous est representé le Génie de la ville métropole de l'Ionie, ΜΗΤΡΟΠΟΛΕΙΤΩΝ ΕΝ ΙΩΝΙΑ. C'est une figure de femme qui est debout, portant en tête une couronne tourrelée : Jupiter à demy nud luy présente son aigle en gage de la protection qu'il luy promet. Les Geographes placent cette ville entre Ephese & Smyrne. Elle étoit autrefois episcopale sous l'Archevêché d'Ephese. La contremarque, ΔΑΚΙΚΟϹ, nous fait connoître que l'usage d'en mettre sur les Médailles en a été chez les Grecs, aussi-bien que parmy les Latins.

VII.

ANTONIN.

LA tête d'Antonin couronnée de laurier AYT. KAIC. T. AIΛ. AΔP. ΑΝΤΩΝΕΙΝΟC. L'Empereur Cefar Trajan Ælius Adrien Antonin.
On voit au revers de cette Médaille le Mont Argée, avec fon antre & cette infcription ΚΑΙΣΑΡΕΩΝ ΤΩΝ ΠΡΟΣ ΑΡΓΑΙΟΝ. Les habitans de Cefarée auprés du mont Argée en Capadoce firent faire cette Médaille en l'honneur de l'Empereur Antonin. Cette ville s'appelloit Mazaca, & étoit la métropolitaine du Royaume ; elle changea de nom, lors qu'Archelaüs qui en étoit Roy, ayant été attiré à Rome par les promeffes de Tibére, l'an 769. de la fondation de la ville, cet Empereur, pour le gratifier, érigea fon Royaume en Province romaine, & appella fa ville principale, Cefarée. Ce nom ne luy a pas été donné par Augufte, ou par Claude, comme quelques Auteurs ont écrit, ou par Archelaüs même, lors qu'Augufte luy reftitua fon Royaume, aprés avoir fuivy le party d'Antoine. Dion en parle au 5. Livre de fon Hiftoire Romaine. Il ôta, dit-il, aux « Princes & aux Rois les villes & les bourgs qu'Antoine leur avoit données. Amynthas « & Archelaüs furent les feuls à qui il permit d'y demeurer. Le mont Argée qui fe « voit icy, étoit en grande vénération parmy les peuples de ce païs-là, particuliérement à caufe d'un Temple fameux qu'ils y avoient bâty ; il fe voit fur quelques Médaillons. Il y avoit au milieu une caverne, dans laquelle Metaphrafte dit que S. Blaife fe cacha, fuyant la perfécution, du temps de Diocletien.

VIII.

COMMODE.

CEtte Médaille nous répréfente d'un côté la tête de l'Empereur Commode couronnée de laurier, avec cette legende : AYT. KAIC. M. AVP. ANT. ΚΟΜΜΟΔΟC. L'Empereur Cefar Marc Aurele Antonin Commode.
De l'autre côté la tête d'un jeune Hercule couronné, ayant la dépoüille d'un Lion noüée à l'entour du col, avec cette infcription : ΓΑΔΑΡΕΩΝ Γ. M. C. par ceux de la ville de Gadara, l'an 243. Je croy que cette ville de Gadara eft celle qui n'eft pas beaucoup éloignée du lac de Genefaret en Paleftine, dont fes habitans firent frapper cette Médaille en l'honneur de Commode, qui affectoit de paroître en Hercule, l'an de leur ære 243. Cette ære commença quand la Syrie fut réduite en Province par Pompée : ce fut l'an 691. de la fondation de Rome. Jofeph parlant de Pompée le confirme par ces paroles : la ville de Ga- « dara ayant quelque temps auparavant été ruinée, il la fit rebâtir en faveur de « Demetrius fon affranchi, qui en étoit originaire. Si on ajoûte 243. ans marquez « fur la Médaille, qui ont couru depuis la réduction de la Syrie en Province par Pompée, à 691. ans de la fondation de Rome, il fe trouvera qu'elle a été faite l'an 934. de la même ville, & de la feptiéme puiffance de Tribun de Commode.

I X.

PLAUTILLE.

CEtte Princeſſe, dont on vóit autour de la tête le nom en grec : ΠΛΑΥ-ΤΙΛΛΑ CEBACTH, Plautille Auguſte, étoit femme de l'Empereur Caracalle.

Sur le revers de cette Médaille eſt un Pegaſe, avec ce mot ΚΟΡΚΥΡΑΙΩΝ. Les habitans de l'iſle de Corfou appartenant à preſent à la Republique de Veniſe, l'avoient fait frapper en l'honneur de Plautille fille de Plautien natif de ce lieu; le Pegaſe nous apprend que comme Corfou étoit une Colonie de Corinthe, ceux de cette iſle frappoient auſſi leur monnoye de la même marque que cette ville : car Julius Pollux au chapitre 6. du neuviéme Livre de ſon Dictionnaire, marque expreſſément que la monnoye de Corinthe ſe nommoit *Pullus*, un poulain, à cauſe qu'on y voyoit gravé deſſus en relief la figure d'un Pegaſe.

X.

DIADUMENIEN.

LA tête de Diadumenien fils de Macrin M. ΟΠ. ΑΝΤ. ΔΙΑΔΥΜΕΝΙΑΝ ΚΑΙCΑΡ, Marc Opel. Antonin Diadumenien Ceſar.

Au revers eſt la figure d'une Junon dite Pronuba, avec ſon grand voile, & au-prés d'elle le buſte d'une Pallas caſquée, avec ce mot, ΓΑΒΑΛΕΩΝ, par ceux de la ville de Gabala. Cette ville qui eſt dans la Celoſyrie, & qui étoit autrefois Epiſcopale, a fait battre cette Médaille en l'honneur de Diadumenien, lors qu'il étoit avec ſon pere en Syrie pour faire la guerre à Artaban IV. du nom, & der-nier Roy des Parthes, avant que ces peuples euſſent été défaits par l'armée d'E-lagabale. Pallas & Junon dite Pronuba, étoient révérées en cette ville-là. Cette Déeſſe eſt dépeinte avec ſes ornemens ordinaires, ſçavoir ſon grand voile nup-rial & ſon ornement de tête appellé en latin, *Tutulus*.

X I.

BALBIN.

LA tête de Balbin couronnée de laurier, avec cette inſcription grecque : ΛΥΤ. Κ. ΔΕΚ. ΚΑΙ. ΒΑΛΒΕΙΝΟC CEB. L'Empereur Ceſar Decius Cælius Balbin Auguſte.

Pour revers, cette Médaille de moyen bronze a une ſtatuë equeſtre, avec un petit autel devant le cheval, & ces deux mots à l'entour, CEΛEΥΚEΩΝ ΤΩΝ ΚΑΛΥΚΑΔ, par ceux de Seleucie ſur le fleuve Calycadnus. Ammien Marcellin parle de cette ville de Seleucie en Cilicie, & de ce fleuve Calycadnus

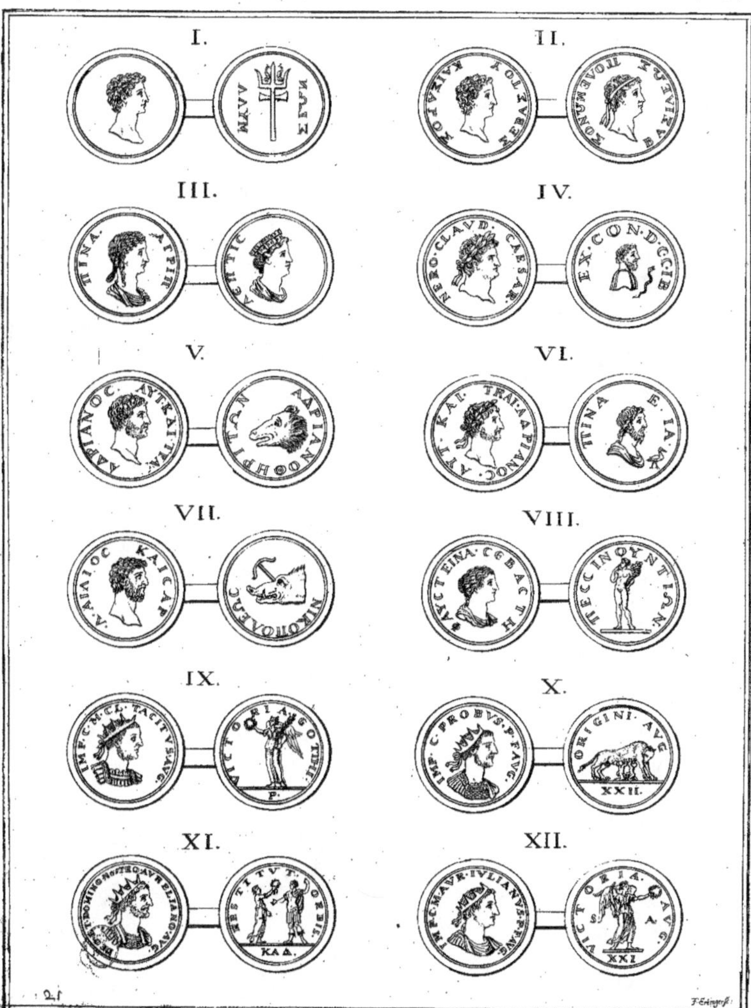

au chap. 8. de son quatorziéme Livre ; en ces termes : *Superatis Tauri montis ver-*
ticibus qui ad solis ortum sublimiùs attolluntur, Cilicia spatiis porrigitur latè disten-
tis, dives bonis omnibus terra ; ejusque lateri dextro adnexa est Isauria, pari forte
uberi palmite viret, & frugibus multis : quam mediam navigabile flumen Calycadnus
interscindit ; & hanc quidem præter oppida multa duæ civitates exornant Seleucia
& Claudiopolis. Ce furent donc les habitans de Seleucie qui firent frapper cette
Médaille en l'honneur de Balbin, qui avoit gouverné l'Asie avant que d'être
Empereur. Cet autel désigne les sacrifices que l'on fit pour luy, lors qu'on apprit
la nouvelle que Pupien, qui étoit son collégue à l'Empire, avoit défait & tué
Maximin, qui avoit été déclaré ennemy du peuple Romain.

XII.

TRANQUILLINE.

CEtte Princesse étoit femme de l'Empereur Gordien le Jeune. On lit autour de
sa tête, Φ. CABIN. ΤΡΑΝΚΥΛΛΕΙΝΑ CEB, Furie Sabine Tranquilline Auguste.

Au revers on voit un grand pannier avec des épics de bled, & ces mots à l'entour :
ΜΗΤΡΟΠΟΛΕΩΣ ΕΤ. Γ. La ville de Metropolis située dans la Lydie a fait
frapper cette Médaille en l'honneur de Tranquilline fille de Misithée. Ce pannier
plein d'épics marque la fécondité du terroir propre à porter du froment, dont il
y avoit abondance en ce païs. Les lettres Ε Τ. Γ. marquent l'année troisiéme ou
de l'Empire de Gordien, ou de son mariage avec Tranquilline, que cette
Médaille fut frappée.

LES MEDAILLES

LES PLUS RARES

DU PETIT BRONZE.

I.

AUGUSTE.

LA tête du jeune Auguste, sans couronne & sans inscription.
Au revers on lit ce mot, ΜΥΛΑΣΕΩΝ ; entre les dents
d'un Trident se voyent deux Dauphins avec une double hache.
Ceux de Mylasa, ville libre de la Carie, bâtie par Mylasus
fils de Chrysaoris, ont fait frapper cette Médaille en l'honneur
d'Auguste, lors qu'il vint hyverner dans l'isle de Samos. Pline au 29. chap. du
cinquiéme Livre de son Histoire, parle de cette ville de Mylasa en ces termes :

Caria interiorum nominum famu prænitet: quippe ubi funt oppida, Mylafa libera, *Antiochia, &c.* il y a plufieurs villes célébres dans le païs de Carie, entre lefquelles font la ville libre de Mylafa, & celle d'Antioche. Ce Trident avec les Dauphins marque quelque domination qu'elle avoit fur la mer, & cette hache qui fervoit d'ordinaire aux Amazones, fait conjecturer qu'elle pourroit bien avoir été autrefois fous leur gouvernement. Elle a été auffi ville Epifcopale depuis qu'elle eut embraffé le Chriftianifme. Gregoire, un de fes Evêques, foufcrivit au Concile de Nicée.

II.

AUGUSTE.

ON voit d'un côté de cette Médaille la tête d'Augufte, avec cette infcription: ΚΑΙΣΑΡΟΣ ΣΕΒΑΣΤΟΥ, de Cefar Augufte. Le revers répréfente la tête de Polemon Roy de Pont, ornée d'un diadéme. Ce Roy fit frapper cette Médaille en l'honneur d'Augufte, aprés avoir fait fa paix avec cet Empereur, qui non feulement luy pardonna de ce qu'il avoit fuivy le party d'Antoine, & de ce qu'il luy avoit envoyé des troupes, comme dit Plutarque, en la vie du même Antoine; mais encore il le mit en poffeffion du Royaume de l'Armenie mineure; le déclara amy & affocié du peuple Romain; & enfin le gratifia du Royaume de Pont, en luy faifant époufer la Veuve du dernier Roy de cette Province.

III.

AGRIPPINE

LA tête de cette généreufe Princeffe paroît d'un côté fur cette Médaille, avec fon nom en grec ΑΓΡΙΠΠΙΝΑ.

Sur le revers on voit la tête tourrelée d'une femme, & le mot ΛΕΠΤΙC. Cette Médaille fut frappée en l'honneur d'Agrippine par la ville de Leptis en Afrique, lors qu'elle vint accompagner Germanicus fon mary en cette Province. Il y en a une de la même ville au Cabinet du Roy, qui eft de grand bronze, avec la tête de Mercure. On trouve deux villes qui ont le nom de Leptis; l'une au Royaume de Tripoli, appellée aujourd'huy Lebeda, qui a un pont tres-commode & une forterefle bien munie; l'autre eft dans le Royaume de Tunis, appellée communément dans le païs Lempta, & par les Francs Monaftero: elles ont été toutes deux Epifcopales, mais la derniere appellée Leptis-la-petite, a été une ville libre & privilégiée.

IV.

NERON.

C'Eft la tête de l'Empereur Neron, couronnée de laurier: NERO CLAUD. CÆSAR.

Au revers on voit la tête d'un vieillard, avec un serpent, ce qui nous fait connoître que ce pourroit bien être celle d'Esculape. La legende, EX CON D C CIB. Pour son explication, souffre deux opinions différentes : la prémiére est de M. Patin en son Trésor des Médailles, qui mettant des points entre les lettres, croit qu'il les faut lire de la sorte : EX. CON. D. C. CIB. *Ex consensu Decurionum Coloniæ Cibaris*, du consentement des Decurions de la Colonie de Cibaris, voulant que cette Médaille ait été faite à Cibaris ville de la Lycaonie : l'autre opinion est de M. Vaillant, qui estime qu'il faut ponctuer ces lettres en cette sorte : EX CON. D. C. C. I. B. *Ex consensu Decurionum Coloniæ Campestris Julia Balba.* Je suis d'autant plus volontiers son sentiment, qu'il l'appuye sur six Médailles du Cabinet du Roy, trois de Claude, & trois de Neron, qui sont ponctuées en cette maniere. C'est donc la ville de Balba de Mauritanie Cesarienne, faite ou restituée par Jules, Colonie des Romains, laquelle a fait frapper celle-cy en l'honneur de Neron. Pline nous apprend qu'elle étoit appellée *Julia campestris*, sans en dire la raison ; & un Concile d'Afrique tenu l'an 484. dit qu'elle étoit Evêché, puisque Jngenuus un de ses Evêques y assista & y souscrivit. La tête d'Esculape nous montre que cette Divinité étoit particuliérement adorée en cette ville, avant que ses habitans eussent embrassé le Christianisme.

V.

A D R I E N.

LA tête d'Adrien : AYT. KAI. TPA. AΔPIANOC, l'Empereur Cesar Trajan Adrien.

Sur le revers est une tête d'Ours, avec ce mot à l'entour : AΔPIANO ΘHPITΩN. Cette Médaille a été faite par les habitans de cette ville en l'honneur de l'Empereur Adrien, qui luy donna son nom aprés l'avoir bâtie. Ce Prince prit plusieurs fois le divertissement de la chasse en ce païs, & la tête d'Ours qui se voit icy est en memoire de celuy qu'il y tua. Spartien en parle en la vie de cet Empereur : *Oppidum Adrianotheras in quodam loco, quòd illic esset feliciter venatus, & ursum occidisset aliquando, constituit.*

VI.

A D R I E N.

C'Est une autre Médaille d'Adrien ; l'inscription qui est autour de sa tête, est semblable à la précédente.

Le revers est chargé d'une tête de Jupiter, & de l'oiseau appellé par les Egyptiens Ibis. On y voit aussi ces lettres E. IA. ΠINA, toutes ces choses nous font connoître que cette Médaille a été frappée en Egypte, où on adoroit Jupiter sous le nom de Serapis. Le mot ΠINA est, comme je croy, le commencement du nom d'une ville appellée ΠINAMYΣ, par Stephanus, dont aucun autre Geographe que luy n'a fait mention : il est assez ordinaire aux Médailles des villes grecques de n'avoir que le commencement du mot, E P M O ; pour dire *Ermopolis*, C E B E N. *Cebennitus*; O Ξ Y P. *Oxyrinthus*, & plusieurs autres qu'il seroit inutile de rapporter.

V I I.

Æ L I U S.

LA tête d'Ælius ; Λ. A I Λ I O C K A I Σ A P, Lucius Ælius Cesar. On voit au revers la tête d'un sanglier percée d'une espéce de javelot, avec ce mot, N I K O Π O Λ E Ω Σ. Toutes les villes qui portent le nom de Nicopolis dans les Médailles , sont distinguées par quelque épithéte particuliére : N I K O Π O Λ I C Π P O C I C T P O N, pour la ville de Nicopolis de la Mesie supérieure ; celle de Thrace, N I K O Π O Λ I C Π P O C M E C T O N ; & celle qu'Auguste fit bâtir dans l'Epire prés d'Actium, à qui il donna ce nom aprés la célébre bataille qu'il gagna sur Marc-Antoine, ne porte d'ordinaire aucun titre, si ce n'est celuy d'I E P A C, & encore rarement. C'est pourquoy j'estime que c'est plûtôt cette Nicopolis d'Epire qu'aucune autre, qui a fait frapper cette rare Médaille en l'honneur d'Ælius adopté par Adrien ; & en mémoire de ce prodigieux sanglier que l'Empereur Adrien tua étant à la chasse, avec tant d'adresse, que Dion en a fait mention en l'Histoire de sa vie.

V I I I.

F A U S T I N E.

ON voit d'un côté de cette Médaille la tête de la jeune Faustine femme de Marc Aurele , avec son nom en grec , Φ A Y C T E I N A C E B A Σ T H, Faustine Auguste ; & de l'autre la figure d'Harpocrate, Dieu du Silence chez les Egyptiens , qui met son doigt sur sa bouche, & tient une corne d'abondance. Le mot de Π E C C I N O Y N T I Ω N témoigne que les habitans de Pessinus ville de Galatie , ont fait cette Médaille au nom de la jeune Faustine , & y ont mis la figure du Dieu Harpocrate qu'ils adoroient.

I X.

T A C I T E

LA tête de l'Empereur Tacite couronnée de laurier , I M P. C. M. CL. T A C I T U S A U G.

Pour revers il y a une Victoire qui tient en sa main droite une couronne, & une palme en sa gauche avec cette legende, *V I C T O R I A G O T T H I*, en mémoire de la victoire que cet Empereur remporta sur les Goths, les Sarmates, & sur les autres peuples qui demeuroient aux environs des marais Méotides, qui

ayant

ayant armé, fous prétexte d'aider Aurelien en la guerre qu'il avoit contre les Perfes, ravageoient toutes ces contrées-là. Voicy ce qu'en dit Vopifcus : *Quoniam à Mæotide multi barbari irruperant, hos eofdem confilio atque viribus, ut eò redirent, compulit.* Zozime en fait auffi mention au prémier Livre de fon Hiftoire. Saint Ifidore au quatriéme chapitre du quatorziéme Livre de fes Origines dit, que la Gothie eft voifine de la Scythie, & des marais Meotides : *Prima Europæ regio Scythia inferior, quæ à Mæotidis paludibus incipiens, inter Danubium & Oceanum Septentrionalem ufque ad Germaniam porrigitur : quæ terra generaliter propter barbaras gentes, quibus inhabitatur, Barbarica dicitur. Hujus pars prima Alania eft, quæ ad Mæotidas paludes pertingit. Poft hanc Dacia, ubi & Gothia : deinde Germania, &c.* On trouve qu'un Evêque de cette Province de Gothie nommé Theophile, a figné au prémier Concile de Nicée ; il prend même la qualité de *Gothiæ Metropolis.*

X.

PROBUS.

LA tête de Probus avec la couronne à rayons : IMP. C. PROBUS. P. F. AUG.

On voit au revers la louve qui alaitte Romulus & Remus, avec ces mots : ORIGINI AUG. Si Probus étoit originaire de Pannonie, ainfi que Vopifcus, & Sextus Victor l'ont écrit, il y a fujet de s'étonner que l'on ait mis cette louve qui a nourry les Fondateurs de Rome, pour l'origine de la famille de Probus, *Origini Augufti* ; cela m'oblige à fuivre le fentiment de Paul Diacre compilateur d'Aurelien Victor, qui a changé les mots de cet Auteur, *Delmatio fanguine* en ceux de *Delmatio nomine*, & dire avec luy que Probus s'appelloit Delmatius, & que peut-être étoit-il né à Rome, quoique fon pére vint de Pannonie, veu même que le nom de Probus femble être plûtôt Romain qu'Etranger. Ce n'eft qu'une conjecture que je laiffe au jugement du Lecteur. On peut donner encore une autre explication à cette Médaille, en difant que comme la louve qui alaitta ces deux Fondateurs de Rome, eft l'origine de l'Empire, par conféquent elle l'eft auffi de l'Empereur.

XI.

AURELIEN

CEtte infcription qui fe lit autour de la tête d'Aurelien : *DEO ET DOMINO AURELIANO AUG.* eft une efpece de confécration en l'honneur de cet Empereur.

Sur le revers font deux figures, dont l'une eft une femme qui préfente une couronne à l'autre qui eft l'Empereur, avec cette legende : *RESTITUT. ORBIS.* Saint Amant & Patin ont donné en leurs livres la figure de cette Médaille différente en quelque chofe de celle-cy, en ce que le prémier de ces deux Auteurs met une Fortune tenant d'une main fon gouvernail, & préfentant de l'autre une couronne à Aurelien ; & le fecond, fçavoir M. Patin, veut que ce

Y

foit une victoire qui préſente à cet Empereur une couronne, il eſt aiſé de voir
ſur nôtre Médaille que cette figure debout qui préſente à l'Empereur une couronne, n'eſt point une Fortune, non plus qu'une Victoire, puis qu'elle ne tient
point de gouvernail, & n'a point d'aîles ; mais ce pourroit bien être la ville de
Rome, qui vient tant en ſon nom qu'en celuy de tout l'Univers, dont elle étoit
le chef, témoigner ſes reconnoiſſances à ce Prince, des bienfaits qu'elle a reçûs
de luy ; elle le flatte en luy donnant la qualité de Réparateur de tout le monde,
Reſtitutori Orbis. On trouve en effet deux inſcriptions en l'honneur de cet Empereur ; l'une l'appelle *Reſtitutor orbis* ; & l'autre, *Reparator orbis.* Vopiſcus luy
adreſſant ces paroles dit la même choſe. *Ergo Therſitem, Sinonem, cæteraque illa
prodigia vetuſtatis, & nos benè ſcimus, & poſteri frequentabunt : divum Aurelia-
num clariſſimum Principem, ſeveriſſimum Imperatorem, per quem totus Romano no-
mini orbis eſt reſtitutus ; poſteri neſcient ? Deus avertat hanc amentiam.*

X I I.

J U L I E N.

LA tête de Julien le Tyran, ornée d'une couronne d'Empereur : *I M P. C.
M. A V R. J V L I A N V S P. F. A V G.* l'Empereur Ceſar Marc Aurele
Julien, pieux, heureux, Auguſte. Il fut proclamé Empereur en Italie par quelques
ſoldats de ſa faction aprés la mort de Carinus, au même temps que Carauſius
en France, & Achilleus en Egypte, comme Aurelius Victor le témoigne : *Hoc
tempore Carauſio in Galliis, Achilleus apud Ægyptum, Julianus in Italia Imperatores effecti, diverſo exitu periére, è quibus Julianus, acto per coſtas pugione,
in ignem ſe abjecit.* Voilà enfin la vie malheureuſe de ce Tyran, qui regna fort
peu ce qui a rendu ſes Médailles ſi rares, qu'à peine s'en trouve-t'il quelques-
unes.

Sur le revers eſt une victoire que ſes ſoldats luy attribuérent plûtôt par préſomp-
tion que par raiſon ; puis qu'il perdit la bataille contre Diocletien, & qu'il ſe
tua luy-même.

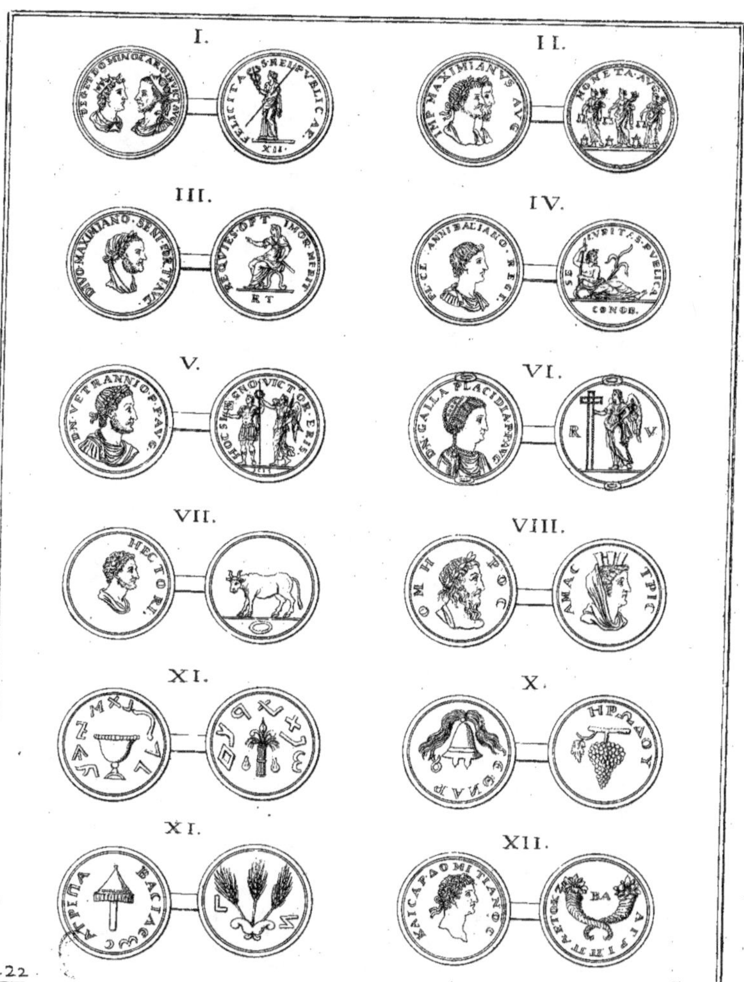

LES MEDAILLES
LES PLUS RARES
DU BAS EMPIRE.

I.
CARUS.

 A tête de l'Empereur Carus couronnée de rayons, ayant en regard la tête du Soleil, qui est ornée de la même maniére. On lit à l'entour de ces deux têtes affrontées : *DEO ET DOMINO CARO INVICTO AUG.* Cette Médaille est un monument des victoires que Carus remporta sur les Perses, & sur d'autres peuples d'Orient qui adoroient le Soleil. On voit icy cet astre, parce que ce Prince croyoit qu'il étoit redevable au Soleil de ses grandes victoires. On attribuoit souvent l'épithéte d'Invictus au Soleil : cela se vérifie par les Médailles des Empereurs qui ont suivy Carus, sur plusieurs desquelles se lit *SOLI INVICTO COMITI* ; ces Empereurs suivoient en cela les Perses qui se glorifioient d'adorer les plus puissans des Dieux, à sçavoir le Soleil & le Feu qui consument toutes choses. Le titre de *Dominus* a été aussi donné à Carus, avant qu'aucun autre Empereur l'ait portée ; Diocletien & Maximien, aussi-bien que les enfans de Constantin, le prirent depuis à l'imitation de Carus.

Sur le revers est une figure de femme debout, qui tient en sa main droite un caducée, avec ces mots : *FELICITAS REIPUBLICÆ.* Ils marquent le bonheur de la Republique Romaine sous le gouvernement d'un Seigneur si bon, si juste, & si vaillant.

II.

MAXIMIEN.

CEtte Médaille est de Maximien avec deux têtes, que Tristan de S. Amant dit être celles de cet Empereur, & d'Hercules. On sçait assez qu'il eut tant de vénération pour Hercules, qu'il voulut porter son nom, se faisant appeller *Maximianus Herculius* : il faisoit aussi souvent graver la figure de ce Heros, ou plûtôt la sienne propre, revétuë de ses dépoüilles, sur les Médailles qu'il faisoit battre.

On voit au revers trois femmes, qui sont les trois monnoyes, portant leurs balances pour péser les trois métaux qu'elles réprésentent, sçavoir l'or, l'argent & le cuivre, dont on les fabriquoit. L'inscription le témoigne assez, *Moneta Aug.* Les trois autels qui sont à leurs pieds, font connoître qu'on leur faisoit des sacrifices, & par conséquent qu'elles étoient des divinitez.

III.

MAXIMIEN

LA tête de Maximien couronnée de laurier, *DIVO MAXIMIANO SENI FORTI AUG.*

Au revers on voit cet Empereur voilé ; il est assis dans une chaire curule, & on lit autour cette legende : *REQUIES OPTIMORUM MERITORUM.* Cette Médaille qui est plus curieuse que rare, fut frappée aprés que Maximien eut quitté le gouvernement de l'Empire, plûtôt pour se conformer à Diocletien, & luy complaire, que pour le dégoût qu'il en eut ; les flatteurs ne laisserent pas de le loüer du mépris qu'il en faisoit, comme d'un acte de vertu héroïque, en sorte que son Panegyriste luy dit : *Te verò in quo adhuc sunt integræ, solidæque vires, hic totius corporis vigor, hic Imperatorius oculorum ardor, immaturum otium superasse miramur.* C'est par une semblable flatterie que cette Médaille luy a été faite ; l'on y remarque qu'il tient en bas le sceptre impérial, pour témoigner qu'il a renoncé au gouvernement, afin de joüir d'un paisible repos dans une vie privée, qui luy est accordée pour la récompense de ses grands mérites : *Requies optimorum meritorum.*

IV.

ANNIBALIEN

C'EST la tête de ce Prince, qui étoit neveu & gendre du grand Constantin. Il le créa Roy de Pont, en luy donnant sa fille Constantine en mariage : *FL. CL. ANNIBALIANO REGI*, au Roy Flavius Claudius Annibalien. L'Auteur Anonyme de la vie de Constantin dit : *Regem Regum & Ponticarum gentium eum constituit* ; que l'Empereur Constantin l'établit le Roy des Rois, je croy que c'est à dire qu'il luy donna les Royaumes de l'Armenie mincure, du Pont & de Cappadoce, avec la ville de Cesarée en Cappadoce pour capitale de son Etat.

Sur le revers est la figure d'un homme demy nud couché auprés d'un roseau, ayant auprés de luy un vase qui jette de l'eau. On croit que ce type d'un fleuve est le fleuve de l'Euphrate, ou de quelqu'autre qui couloit dans les Etats de ce Roy, dont le gouvernement est désigné par le sceptre qu'il tient ; il y a à l'entour, *Securitas publica* ; & au bas en l'Exergue, *Conob*, que quelques-uns expliquent, *Constantinopoli obsignata*, en sous-entendant le mot de *Moneta* ; c'est le sentiment de Tristan de S. Amant : d'autres, *Constantinopolitanum obrizum*, de l'or pur de Constantinople ; mais il n'y a qu'à en faire fondre, pour connoître la fausseté de cette explication : d'autres enfin prenant chaque lettre en particulier, *Civitates omnes nostræ obediant benerationi*, ou *venerationi.* La prémiére explication semble la plus naturelle, quoique la derniére soit de Cedrenus.

V.

V.

VETRANIO.

ON voit fur un côté de cette Médaille la tête de Vetranio, qui fut proclamé Empereur à Sirmium par les Légions de Pannonie & de l'Illyrie qu'il commandoit. Cette armée Romaine de Pannonie fit choix de cet Empereur à l'imitation de l'armée Romaine, qui étoit dans les Gaules, laquelle avoit élû pour Empereur Magnentius. Vetranio fe voit icy couronné de laurier, & autour de fa tête font ces mots : *D. N. VETRANIO P. F. A.*

Sur le revers eft cet Empereur debout, qui tient en main le labare où eft le monograme ☧. & une Victoire qui le couronne, avec cette pieufe infcription : *HOC SIGNO VICTOR ERIS.* Ce revers inventé par des Chrétiens, fe voyoit déja fur la monnoye de Conftantin. Nous en avons plufieurs dans nôtre Cabinet. Il fait allufion à l'apparition de la Croix, qui arriva à cet Empereur le grand Conftantin. Zonare la rapporte fort au long, difant que ce Prince vit à l'entour de ce figne de nôtre falut, EN TOYTΩ NIKA, *in hoc vince*, & dit qu'il fit graver depuis cette figure fur fon cafque ; on trouve en effet encore beaucoup de fes Médailles, fur lefquelles ce monogramme fe voyoit gravé fur fon cafque : On le trouve auffi, mais de cette autre maniére ☧, fur les Médailles des Empereurs qui ont regné aprés Conftantin. Vetranio fe fert icy de ce monogramme de Chrift, dans l'efpérance d'être favorablement affifté d'en haut contre Conftantius ou contre Magnentius, par la vertu de ce glorieux & victorieux figne, comme Conftantin l'avoit été contre Maxence & Licinius. S. Amant dit que les lettres qui font dans l'Exergue, *P. SIS.* fignifient, *Percuffa Sifciæ*, que cette Médaille ou monnoye avoit été frappée à la ville de Sifcia en la Pannonie, qui étoit fa patrie.

VI.

GALLA PLACIDIA.

C'Eft un fceau de plomb de Galla Placidia fille du grand Théodofe, & fœur des Empereurs Arcade & Honorius. Orofe prétend que cette Princeffe demeuroit avec ce dernier, quand la ville de Rome fut prife par Alaric ; il dit même qu'elle devint fa captive. D'autres affûrent que cela n'arriva que fous Atolphe fon fucceffeur au Royaume des Gots, qui époufa cette vertueufe Princeffe. Ce fceau de plomb eft de la grandeur d'une Médaille d'or ou d'argent des Empereurs Romains. Il y a un trou au travers dans l'épaiffeur, par où on paffoit un lacs qui retenoit ce fceau. On n'auroit peut-être pas crû que l'invention de pendre les fceaux ou balles de plomb à des Lettres patentes ou autres piéces, fût fi ancienne. Nos Rois de France n'ont commencé à fceller en lacs, qu'à la troifiéme race. Louis le Jeune a été le prémier qui s'en eft fervy ; encore n'étoient-ils que de cuir : Les fceaux de tous fes prédéceffeurs dans la premiere & feconde race, étoient en placard fur le parchemin. Il s'en voit plufieurs fort autentiques & fort curieux dans les Abbayes de S. Denis en France, & de S. Germain des Prez. R. & V. peu-

Z

vent fignifier *Regina Vifigothorum.* Le type de ce fceau tant pour la tête que pour le revers, eft femblable aux Médailles d'or de cette Princeffe, qui fe voyent dans le Cabinet du Roy.

VII.

HECTOR.

LA tête d'un homme, avec ce mot, *HECTORI.* Cette Médaille paroît avoir été reftituée en l'honneur d'Hector, par quelque Conful Romain, à caufe qu'il étoit fils de Priam Roy des Troyens, qui étoient reconnus pour les ancêtres des Romains, de même qu'Augufte fit graver en une de fes Médailles, Enée qui étoit le beau-frere d'Hector.

Sur le revers eft la figure d'un taureau fans aucune infcription. On y voit au deffous une patére, qui fignifie qu'on faifoit à Hector des facrifices comme à un Heros, & à un demy-Dieu.

VIII.

HOMERE.

CEtte tête couronnée de laurier, qui répréfente un vénérable vieillard, eft celle du Poëte Homére ; fon nom OMYPOC qui fe lit à l'entour, le témoigne affez. Cette Médaille a été frappée en fon honneur par les peuples de la ville d'Amaftris, qui prétendoient qu'il en étoit originaire, quoique ceux de l'ifle de Chio, auffi-bien que plufieurs autres lieux, leur difputaffent cet honneur. Il y a dans le même cabinet une autre Médaille, où l'on voit d'un côté Homére affis, avec fon nom à l'entour ; & au revers le fphinx qui étoit le fymbole de cette ifle, avec ces mots, KOINΩ XIΩN. Ces infcriptions différentes ont donné lieu au Livre qui a été fait par *Leo Allatius, de patria Homeri.*

IX.

Le Quart d'un Sicle.

CEtte monnoye eft des Juifs ; fa valeur eft le quart d'un ficle de cuivre. On voit deffus d'un côté une coupe, avec des caractéres famaritains qui fignifient l'année quatriéme ; & au revers une gerbe de bled, avec de femblables caractéres, qui s'interprétent l'année quatriéme de la redemption de Job ; la coupe & la gerbe répréfentent la fertilité en bled, en vin & en huile de la terrre promife. Cette infcription femble infinuer que cette monnoye avoit été faite par Job, l'année quatriéme d'aprés fon rétabliffement dans la profpérité ; fi ce n'eft qu'on aime mieux la prendre dans un fens allegorique, & entendre par l'année quatriéme de la délivrance de Job, la quatriéme année, aprés que les Juifs furent délivrez de la perfécution d'Antiochus.

X.

HERODES.

LEs trois Médailles suivantes sont Juifves, & des trois Herodes ; celle-cy est d'Herodes Ascalonite, qui fit mourir les Innocens : elle a d'un côté un casque garny de pannaches de crin de cheval, à la mode des Anciens, avec ce mot grec E ⊙ N A P. . . .

Le revers a une grappe de raisin, avec le nom de ce Roy à l'entour en lettres grecques, H P Ω Δ O Y, d'Herodes. La figure de raisin étoit fort en usage parmy les Juifs, & particuliérement aux ornemens du Temple, en mémoire de ce prodigieux raisin que Josué & Caleb apportérent de la Terre promise ; d'où vient que les Romains qui ne connoissoient pas ces mystéres, accusoient les Juifs d'adorer Bacchus.

X I.

HERODES AGRIPPA.

CEtte seconde piéce de monnoye des Juifs est d'Herodes Agrippa ; ce fut luy qui se mocqua de Nôtre Seigneur Jesus-Christ, lorsque Pilate le luy envoya pour le juger. C'est aussi ce même Herodes, qui ayant été fait prisonnier à Rome par l'Empereur Tibére, fut mis en liberté par l'ordre de Caligule, si-tôt qu'il fut parvenu à l'Empire. Ce Prince le renvoya en ses Etats, en luy faisant un présent d'une chaine d'or, du poids de celle de fer qu'il avoit portée en sa prison. On voit d'un côté un pavillon, avec ce mot, B A C I Λ E Ω C A Γ P I Π Π A, qui réprésente la fête des Tabernacles qui se faisoit en Automne : c'étoit durant cette fête, que les Juifs étoient obligez de coucher, & de demeurer l'espace de sept jours sous des tantes & des pavillons dressez dans la campagne ; elle étoit appellée pour ce sujet *Scenopegia*, à cause qu'on fichoit en terre les tabernacles.

Au revers sont trois épics de bled, qui signifient la fête de Pâques. Car au second jour de cette fête, les Juifs présentoient des épics & des gerbes d'orge, qui vient au Printemps en Palestine, suivant ce qui étoit ordonné au chap. 23. du Levitique : *Cùm ingressi fueritis terram, quam ego dabo vobis, & messueritis segetem, feretis manipulos spicarum, primitias messis vestræ, ad Sacerdotem : qui elevabit fasciculum coram Domino, ut acceptabile sit pro vobis, &c.* On voit donc les deux fêtes principales des Juifs, réprésentées par cette Médaille ou monnoye, celle de Pâques & des Tabernacles, qui duroient chacune sept jours, dont l'une se célébroit au Printemps, & l'autre en Automne.

XII.

AGRIPPA.

LA troisiéme Médaille qui a la tête de Domitien, a pour revers deux cornes d'abondance, entre lesquelles il y a ces deux lettres B A, qui signifient

ΒΑCIΛΕΥC, & à l'entour on lit ce mot ΑΓΡΙΠΠΑ, qui est le nom d'A-
grippa fils d'Hérodes Agrippa, qui prit le party de Vespasien, Tite & Domitien,
en la guerre contre les Juifs, & qui fut amy des Romains. Joseph en rend témoignage sur la fin de sa propre vie qu'il a écrite. Voicy ses termes en françois :
» Peu de temps aprés Vespasien arriva à Tyr, accompagné du Roy Agrippa, & les
» habitans luy firent de grandes plaintes de ce Prince, disant qu'il étoit également
» leur ennemy & celuy du peuple Romain, & que Philippe Général de son armée,
» avoit par son commandement trahy la garnison Romaine de Jerusalem, & ceux
» qui étoient dans le Palais Royal. Vespasien les gourmanda fort, d'oser outrager
» de la sorte un Roy amy des Romains, & conseilla à Agrippa d'envoyer Philip-
» pes à Rome, rendre raison de ses actions. Il gagna non seulement les bonnes
graces de Vespasien ; mais il s'insinua si avant dans l'amitié de son fils Domitien,
qu'il luy fit le plus grand honneur que jamais les Empereurs Romains ayent fait
aux Rois leurs alliez, en luy permettant de mettre sa tête & son nom au revers
de quelques-unes de ses Médailles & de quelques-unes de ses monnoyes, comme
Auguste le fit en faveur de Rhoëmetalces Roy de Thrace, Marc Aurele, Lucius
Verus, & Gordien, des Abgares ; & Aurelien en faveur de Vabalatus.

LES MEDAILLES

PADOUANES.

AVERTISSEMENT.

*JE n'avois pas d'abord pris le dessein de donner au Public la connoissance des Mé-
dailles, ou, pour mieux dire, des creux des Médaillons que l'on nomme Padoüans,
& que nous avons depuis l'année 1670. par la libéralité de Monsieur Thomas Lecointe
Antiquaire du Roy. Beaucoup de mes amis m'ont engagé à en parler, & m'ont assûré
que ce que j'en dirois seroit d'une grande utilité aux nouveaux Curieux, & même
à quelques-uns qui étant plus versez en la science des Médailles, ne laissent pas d'y
être quelquefois trompez ; soit parce que les bords leur en semblent bons, ayant été
frappez sur de vieilles & antiques Médailles ; ou parce qu'ils ne peuvent se mettre
dans l'esprit qu'on eût fait une dépense de plus de quarante loüis d'or pour un coin,
dont on n'auroit pas été assûré de rien retirer. Je me suis rendu à leurs sentimens,
persüadé que je suis, qu'on peut facilement être surpris à l'égard de ces sortes
de Médailles : je dois dire icy, sans nommer personne, qu'on m'en a apporté
quelques-unes, qu'on vouloit faire acheter par SA MAJESTE', & qu'on
estimoit vingt-cinq loüis d'or piéce, comme étant des Médailles antiques qui n'é-
toient cependant rien moins. Il auroit été facile d'y surprendre ceux qui n'auroient
pas eu la connoissance de ces creux. Je puis assûrer le Public, qu'en jettant les yeux
sur ces empreintes, il est tres-aisé de distinguer l'antique d'avec le moderne ; car j'ay
fait dessiner & graver ces Médaillons avec toute l'exactitude possible, tant pour la*
grandeur,

grandeur, que parce qu'il n'y manque pas un seul iota. Je ne me suis point étendu sur l'explication des revers des Médaillons de ces excellens graveurs Alexandre Bassian, & Jean Cauvin, surnommez les Padoüans, ou à cause qu'ils avoient pris naissance en la ville de Padoüe, ou, au moins, qu'ils y avoient travaillé à ce bel ouvrage; parce que les ayant copiez sur les antiques, plusieurs Auteurs en ont déja écrit d'une maniere tres-sçavante. J'ay crû néanmoins ne pouvoir me dispenser d'en mettre un mot, à peu prés comme je l'ay trouvé dans le manuscrit de la main propre de feu Monsieur Lecointe. Ceux qui sont instruits en cette connoissance, seront bien aisés de se rafraîchir la mémoire des choses qu'ils ont lûës autrefois, & de trouver icy en abrégé ce qui est traité en plusieurs livres qu'ils n'ont peut-être pas: Et ceux qui n'en seroient pas d'ailleurs informez, y trouveront aussi ce qui est nécessaire pour se faciliter les moyens d'entrer plus avant en cette connoissance.

EXPLICATION

DES REVERS DE MEDAILLONS

ET DE MEDAILLES,

Gravez & frappez aprés les Médailles antiques des Empereurs Romains, par Jean Cauvin, & Alexandre Bassian son associé, en la ville de Padoüe en Italie l'an 1565.

PREMIERE PLANCHE.

I.

JESUS LIBERATOR ET SALVATOR.

A prémiére Médaille réprésente l'image de Nôtre-Seigneur JESUS-CHRIST, tenant sa main droite élevée, comme pour donner sa bénédiction. Au bas de son buste se lit le nom de l'Auteur, JOAN. CAVINUS F. qui nous donne ce prémier creux, comme le chef-d'œuvre de tout son travail. Nous verrons dans la suite celuy de son associé.

DEUS TRINUS ET UNUS.

POur revers, Dieu est réprésenté assis sur les nües, sa tête composant trois faces; il porte un triangle, & il a ses pieds appuyez sur un globe; deux Cherubins à ses côtez, deux autres à ses pieds. Son inscription porte, Trois en un; cela ne signifie autre chose, que la Tres-sainte Trinité.

II.

JULES CESAR.

LA tête de cet Empereur, couronnée de laurier, un bâton augural pour marque de grand Prêtre, & une étoile qui fut vûë aprés sa mort, & qui fut la cause pour laquelle il fut résolu de le mettre au nombre des Dieux. On lit autour de ce Médaillon, C. CÆSAR. DICT. PERPETUO. *Caio Cæsari Dictatori perpetuo.*

Le revers nous réprésente un globe pour marque du dessein qu'il avoit de réduire tout le monde sous l'Empire Romain. Le caducée, avec les talaires emplumez signifient la Paix ; les deux mains jointes, la Concorde ; la hache, qui se mettoit au milieu des faisseaux que l'on portoit devant les Consuls, la Justice. Ce sont les qualitez qui ont été attribuées à ce grand Prince.

III.

AUGUSTE.

L'Empereur Auguste dont on voit sur cette Médaille la tête couronnée de laurier, fut adopté par son oncle Jules Cesar ; sa vie est trop connuë, pour s'arrêter icy à la rapporter. Il suffit de remarquer, en passant, que l'inscription qui se lit à l'entour de sa tête, luy donne la qualité de *Divus*. DIVUS AUGUSTUS PATER.

COS. III.

SUr le revers est le même Auguste assis sur un trophée d'armes, & à qui une Victoire met une couronne de laurier sur la tête. Le Dieu Mars se présente aussi debout devant luy, pour luy faire hommage. En l'Exergue est écrit COS. III. qui nous marqueroit, si cette Médaille étoit véritable, qu'elle auroit été frappée durant qu'il étoit Consul pour la troisiéme fois.

IV.

TIBERE.

CE Prince ne seroit jamais parvenu à l'Empire, si sa mere Livie, qu'Auguste avoit épousée, n'eût eu assez d'adresse pour cacher à son mary les débauches de ce fils qu'elle avoit eu de Tibére Neron. En effet, Auguste l'adopta, & le déclara son successeur. Sitôt qu'il fut maître de tout le monde, son méchant naturel, sa cruauté & ses débauches devinrent en horreur au peuple Romain, & il ne les quitta qu'avec la vie. Sa tête sans couronne se voit sur cette Médaille, avec cette inscription à l'entour, TI. CÆSAR AUGUSTI F. IMPERATOR V. *Tiberius Cæsar Augusti filius Imperator quintùm.*

ROM. ET AUG.

ON voit au revers un autel, fur lequel, aux deux extrémitez, font deux Victoires, qui tiennent en leur main droite des couronnes, & des palmes en leur gauche ; au bas on lit ces paroles, ROM. ET AUG. *Romæ & Augufto.* Cet autel luy fut dédié par les peuples d'Afie, en reconnoiffance de ce qu'ayant été affligez d'un fi grand tremblement de terre, que la plûpart des villes en périrent, ce Prince les fit rétablir à fes dépens. Cette Médaille eft rare en grand bronze, & il faut bien l'examiner quand on la rencontre, & qu'on la veut acheter.

V.

CAIUS CALIGULA.

LA tête de cet Empereur, couronnée de laurier, avec cette infcription, C. CÆSAR. DIVI. AUG. PRON. AUG. P. M. TR. P. III. P. P. *Caius Cæfar Divi Augufti Pronepos, Auguftus, Pontifex maximus, Tribunitiâ poteftate tertiùm, Pater Patriæ.* Quelques Auteurs ont crû que Tibére adopta Caligula, pour fe faire regretter aprés fa mort : car il fut encore plus débauché que luy : il affecta de fe faire paffer pour un Dieu. Jofeph au dix-huitiéme & dix-neuviéme Livre de fon Hiftoire des Juifs, décrit bien au long la vie & la mort de ce méchant Prince, qui fut affaffiné par Caffius Chereas, affifté de plufieurs autres conjurez, quatre ans aprés qu'il eut été déclaré Empereur.

ADLOCUT. COH.

CE même Caligule paroît au revers, debout fur une eftrade, haranguant les foldats qui font au bas de cette eftrade, armez de boucliers, & qui tiennent les Enfeignes romaines. Ces mots, *Adlocutio cohortium*, en font la preuve infaillible.

VI.

CAIUS CALIGULA.

C'Eft une autre Médaille de ce Prince, fur laquelle on voit d'un côté la Piété affife & voilée, tenant en main une patére, & s'appuyant l'autre bras fur une figure debout ; l'infcription qui eft autour eft entiérement femblable à celle qui fe voit ci-deffus à fa tête, finon qu'on y lit *quartùm* pour *tertiùm* ; & en l'Exergue, PIETAS, qui n'eft pas fur la précédente.

DIVO AUG.

A Cet autre revers eft un Temple de fix colomnes, orné fur fon fronton ou tympan d'un char tiré par quatre chevaux. On voit dans le milieu Apollon

radié, & au haut de la corniche font plufieurs petites figures qui fervent auffi
d'ornement : au bas eft un facrifice, où l'Empereur paroît, avec fon habit de
grand Prêtre, facrifiant fur un autel, avant que d'immoler un taureau : le Victimaire eft devant cet animal, qui attend l'ordre pour luy décharger un coup de
maffuë fur la tête : derriére l'Empereur fe voit un de ces jeunes garçons que les
Romains appelloient Camilles, qui tient un vaiffeau pour recevoir le fang de cette
victime. Les deux lettres *S. C.* qui fignifient *Senatus confulto*, marquent que cette
Médaille fut frappée par Arrêt du Senat, à la piété de ce Prince, qui n'en avoit toutefois guere, ayant toûjours paffé pour un homme fort méchant, & tres-vicieux.

VII.

CLAUDE.

SA tête couronnée de laurier, comme fes prédéceffeurs, avec cette infcription,
.TI. CLAUDIUS. CÆSAR. AUG. P. M. TR. P. IMP. P. P.
*Tiberius Claudius Cæfar, Auguftus, Pontifex maximus, Tribunitiâ Poteftate, Imperator,
Pater Patriæ.* L'Empereur Claude ne s'attendoit pas à être élevé à l'Empire, aprés la
mort de fon neveu Caligule. Il avoit au moins cinquante ans, lorfque les foldats
Romains l'obligérent de l'accepter ; il ne faifoit rien fans le confeil de fes affran-
chis, & de fa femme la jeune Agrippine qui étoit fa Niéce, & mere de Neron.
Elle eut tant de pouvoir fur l'efprit de l'Empereur fon mary, qu'il le préféra pour
luy fuccéder à fon propre fils Britannicus.

NERO CLAUDIUS DRUSUS GERMANI. M. P.

CEtte Médaille porte pour revers un arc de triomphe dreffé en l'honneur de
Drufus pére de cet Empereur Claude, en mémoire des victoires qu'il remporta en Allemagne, où ce Prince donna tant de marques de fon courage, en
foûmettant ces peuples revoltez, qu'on luy en donna le nom de Germanicus.
On le voit fur cet arc à cheval entre deux trophées d'armes ; il mourut fort jeune,
c'eft à dire à l'âge de trente ans, par une chûte de cheval. Il eft facile de connoître que c'étoit un homme d'un grand mérite, par la douleur qu'en eurent
Augufte fon beau-pere, & fon frere Tibére, lefquels firent tous deux des harangues funébres à fa loüange.

VIII.

AGRIPPINE.

CEtte grande & chafte Princeffe méritoit bien d'avoir place parmy ces Médailles. Elle avoit époufé Germanicus, qui fut les délices du peuple Romain,
& duquel elle eut plufieurs enfans. L'Empereur Caligule, & la jeune Agrippine
mére de Neron, furent du nombre. On lit autour de fa tête AGRIPPINA.
M. F. MAT. C. CÆSARIS AUGUSTI.

IX.

S. P. Q. R. MEMORIÆ AGRIPPINÆ.

LE revers nous répréfente un petit chariot traîné par deux mules , que les Romains appelloient *Carpentum* , dans lequel on portoit les images des Dieux & des Déeffes. Ce fut l'honneur que luy décerna fon fils Caligule , aprés la mort de Tibére , qui avoit rélégué Agrippine fa mére en l'ifle de Pandaire ; il fe tranf-porta en cette ifle pour rendre à fa memoire les derniers devoirs , & en faire ap-porter avec grande pompe les cendres à Rome.

IX.

NERON.

C'Eft la téte de ce cruel Empereur , qui étant parvenu à l'Empire , ne garda pas long-temps la réfolution qu'il avoit prife d'imiter Augufte en fon gou-vernement ; car cinq ans aprés il changea tellement de conduite , qu'il devint en abomination au peuple Romain. Il fut obligé de fe donner luy-même la mort , fe voyant fur le point d'être pris pour être facrifié à la vengeance publique.

DECURSIO.

ON voit au revers deux cavaliers qui courent à bride abbatuë , & qui nous marquent le divertiffement que ce Prince prenoit en fa jeuneffe , aux jeux que les Romains nommoient Troyens : le mot *DECURSIO* qu'on y lit en l'E-xergue , ne nous permet pas d'y donner une autre explication.

X.

NERON.

C'Eft une autre tête de Neron qui paroît plus âgé que fur la précédente Mé-daille. L'infcription qui fe lit autour eft entiérement femblable , fçavoir , NERO CLAUD. CÆSAR AUG. GER. P. M. TR. P. IMP. P. P. *Nero Claudius Cæfar , Auguftus , Germanicus , Pontifex maximus , tribunitiæ Poteftatis , Imperator , Pater patriæ.*

POR. OST. AUGUSTI.

LE revers nous répréfente le Port d'Oftie , qui fut commencé par Jules Ce-far , & achevé par cet Empereur ; il renferme fept vaiffeaux ou galéres. On voit au haut de la hune de celuy du milieu , le Dieu Mars tenant fa picque en main. A l'embouchûre de ce Port eft la figure de Neptune , couchée , & tenant un gouvernail en fa droite , embraffant de la gauche un Dauphin ; ce qui nous marque la tranquillité de la mer en cet endroit , ou , pour mieux dire , la fûreté de ce Port.

DEUXIÉME PLANCHE.
XI.
GALBA

IMP. SER. SULP. GALBA CÆS. AUG. TR. POT.

C'Eſt la tête de l'Empereur Galba, couronnée de laurier. Ce Prince qui prétendoit deſcendre de Jupiter, eut bien de la peine à parvenir à cette grande
dignité, ſon prédéceſſeur ayant eu par pluſieurs fois le deſſein de le perdre, il
ne la garda que ſept mois ; car Othon cabala ſi puiſſamment parmy les ſoldats,
qu'il fut aſſaſſiné avec Piſon, qu'il avoit adopté à l'Empire.

Le revers nous répréſente le même Galba debout ſur une hauteur, ou un balcon, faiſant une harangue à ſes ſoldats Legionaires qui portent en main les principales Enſeignes des Romains. Le mot, *ADLOCUTIO*, qui ſe lit dans l'Exergue, eſt la preuve de l'explication de cette Médaille.

XII.
OTHON

L'Empereur Othon étoit d'Etrurie, ou Toſcan, né d'une famille Conſulaire.
Neron l'aimoit, parce qu'il aimoit, comme luy, les débauches ; il s'atta-
cha à Galba, qui ſuccéda à Néron, dans l'eſpérance qu'il l'adopteroit ; mais
Piſon luy ayant été préféré, il ſçut ſi bien ménager l'eſprit des ſoldats qu'ils le
proclamerent Auguſte, aprés avoir maſſacré Galba & Piſon. Vitellius que l'armée
d'Allemagne avoit auſſi élevé à l'Empire, le vainquit en Italie, où de deſeſpoir
il ſe tua de ſa propre main.

SECURITAS P. R.

A U revers on voit debout ce Prince, donnant la main & le commandement
tout enſemble à Apponius ſon Lieutenant, qui commandoit l'armée de
Myſie, avec laquelle il défit les Sarmates. Un autel encore tout fumant eſt en
bas à leurs pieds, tant pour invoquer les Dieux, que pour témoigner la
confiance qu'il prend en ſes ſoldats qui ont en main les Enſeignes militaires ; il
leur dit même que le bonheur du peuple Romain dépend de leur courage :
Securitas populi Romani.

XIII.
OTHON.

IMP. OTHO. CÆS. AUG. P. M. COS. II.

L Es Auteurs de ces Médailles Padoüanes ſçavoient trop bien la rareté des
Médailles en grand bronze de l'Empereur Othon, pour ſe contenter d'en fa-

briquer pour une. En voicy donc une seconde tête qui ne ressemble pas beaucoup à la prémiére, en ce que le visage n'en paroît pas si long : elle est aussi couronnée de laurier, & marquée de son second Consulat ; ce qui ne s'observe point sur la précédente.

SPES AUGUSTA.

AU revers sont trois soldats debout, ausquels la figure de l'Espérance donne la main, en les assûrant, par cette inscription : *Spes Augusta*, que l'Empereur Othon appuye sur leur valeur toute sa confiance.

XIV.

VITELLIUS.

A. VITELLIUS GERMANICUS. IMP. AUG. P. M. TR. P.

Vitellius étoit de tres-basse extraction ; il s'étoit introduit par son infame flaterie dans l'esprit de Caligule, de Claude, & de Neron qui l'élevérent à plusieurs Charges de l'Etat. Il fut reconnu pour Empereur aprés la défaite d'Othon ; & son élevation à l'Empire ne luy servit que pour contenter ses passions ; on peut voir dans Suetone, que l'une de ses plus grandes étoit la bonne chere ; mais sa cruauté surpassa sa gourmandise ; & il y a sujet de croire que les grands défauts de ce Prince furent la cause de la revolte de l'armée Romaine, qui se choisit Vespasien pour Empereur. Vitellius continuant dans ses débauches, fut déchiré par les soldats, & traîné dans le Tibre par le peuple ; onze mois aprés avoir été proclamé Empereur.

Au revers de cette Médaille est la figure de Mars, qui revient victorieux de la guerre, & chargé des dépouilles des ennemis que cet Empereur, qui nous est réprésenté par cette Déité, avoit défait avant qu'il fût parvenu à l'Empire : je croy que c'est la bataille qu'il donna à Othon prés de *Bebriacum*, village situé entre Cremone & Verone.

XV.

VESPASIEN.

IL suffit de lire l'Histoire des Juifs, par Joseph, pour connoître le mérite & la grandeur de courage de l'Empereur Vespasien ; il étoit en Syrie, lorsque ses soldats l'obligérent, l'épée à la main, de prendre le gouvernement de l'Empire. Il vint à Rome, où il fut reçû avec des acclamations générales de tout le monde, qui conçût de grandes espérances de voir rétablir toutes choses pendant le régne d'un Prince estimé aussi sage que vaillant. On ne se trompa point ; car si on excepte la seule avarice, dont il a été accusé par plusieurs Auteurs, il seroit difficile de trouver un meilleur & plus grand Prince que Vespasien.

ROMA RESURGES.

LE revers nous fait voir la Déeſſe *Roma* agenoüillée devant cet Empereur, qui luy donne la main. Elle luy témoigne, par la joye qui paroît ſur ſon viſage, & par ces deux mots qui ſont écrits ſur cette Médaille, *Roma reſurges*, que cette grande ville devoit reſſuſciter ſous ſon régne, aprés les malheurs que ſes prédéceſſeurs avoient cauſez à l'Empire. Mars eſt pour ce ſujet debout au côté de cette Déeſſe, qui luy fait offre de ſon ſecours.

XVI.

VESPASIEN.

JUDÆA CAPTA.

ON voit d'un côté de cette Médaille de Veſpaſien, une femme aſſiſe ſur ſes propres dépoüilles, qui nous répréſente la Judée, auſſi-bien qu'un captif debout, qui a les mains liées derriére le dos, auprés d'un palmier. Cet arbre qui croît particuliérement en la Paleſtine, nous marque encore la grande victoire que ce Prince remporta ſur les peuples de cette Province : elle fut ſi entiere, qu'on luy en ordonna dans Rome un triomphe, & à ſon fils Tite qui prit Jeruſalem, ville capitale de tout le païs.

HONOS ET VIRTUS.

A L'autre côté ſont deux figures debout, l'une de l'honneur, & l'autre de la vertu. Les Anciens les joignoient toûjours enſemble, & on n'entroit à Rome dans le Temple de l'honneur, que par celuy de la vertu.

XVIII.

TITE.

CEt Empereur que l'on nommoit les Délices du genre humain, eut beaucoup de part à toutes les victoires que ſon pére Veſpaſien remporta : il en avoit hérité toutes les belles qualitez, & il n'eut rien tant à cœur pendant ſon régne, qui ne fut que de deux années, que de ſe montrer affable, & de ſe rendre libéral envers tout le monde. C'eſt de luy dont parle l'Hiſtoire, quand elle rapporte qu'ayant paſſé une journée ſans rien donner, il dit aux perſonnes qui l'environnoient : Mes amis, nous avons perdu ce beau jour.

DIVO AUG. T. DIVI VESP. F. VESPASIAN.

LE revers de cette Médaille nous fait voir ce Prince aſſis ſur les dépoüilles des Juifs ; il tient en ſa main un rameau, ou branche de laurier, pour
marque

marque de la victoire qu'il avoit remportée en leur païs. Nous avons dit en la précédente Médaille, qu'il en mérita à Rome l'honneur du triomphe, avec son pére Vespasien.

XVIII.

TITE.

IMP. T. CÆS. VESP. AUG. P. M. TR. P. P. P. COS. VIII.

C'Eſt une ſeconde tête de l'Empereur Tite, qui eſt entiérement ſemblable à la prémiére, tant par ſon inſcription, que parce qu'elle eſt dattée du même Conſulat.

Au revers on voit le coliſée ou amphithéatre qui ſubſiſte encore aujourd'huy à Rome. Son pére l'avoit commencé, & ce fut luy qui y donna la derniére perfection : il eſt vray que quelques Auteurs n'en demeurent pas d'accord, & qu'ils veulent que ce bel ouvrage doive ſa perfection à ſon frére Domitien. Il eſt bon de remarquer qu'on peut joindre enſemble ces deux revers de Tite, de la maniére qu'on les trouve dans l'antique.

XIX.

DOMITIEN.

C'Eſt la tête de Domitien, couronnée de laurier ; cet Empereur qui fut le dernier des douze Ceſars étoit le ſecond fils de Veſpaſien : il ne reſſembla guere à ſon frere aîné l'Empereur Tite, car il quitta bien-tôt aprés ſon événement à l'Empire, les bonnes réſolutions qu'il avoit priſes de ſe rendre agréable en tout au peuple Romain : il ſe plongea dans des infames débauches ; il prit le nom de Dieu & de Seigneur, & voulut qu'on le luy donnât dans toutes les Requêtes qu'on luy preſentoit. Il étoit cruel, & on prétend qu'il ſe préparoit à d'étranges cruautez, lors qu'il fut aſſaſſiné par des Officiers de ſa chambre, aprés avoir regné quinze ans.

PONT. MAX. TR. P. VIII. LUD. SÆC. SUF. P. D.

A U revers on voit le même Domitien aſſis au milieu d'un Temple, donnant à la figure la plus élevée, quelque billet qui contenoit ſes libéralitez; l'autre petite figure étend les bras pour recevoir auſſi la largeſſe de ce Prince. La coûtume étoit en ce temps, que les Empereurs faiſoient diſtribuer au peuple, en leur préſence, du froment, du vin & de l'huile ; & c'eſt à ce ſujet qu'on remarque deux meſures ſur le bord de l'eſtrade où Domitien eſt aſſis ; ces paroles qui ſont écrites en abregé ſur ce balcon, *Suffimenta populo data*, ſervent de preuve à ce que je viens de dire. Ce revers nous marque encore, que ce Prince donna les Jeux ſeculaires : *Ludos ſæculares fecit.*

Cc

XX.
NERVA.

L'Empereur Nerva étoit de Narni en Italie, d'une tres-noble famille ; il avoit bien soixante-cinq ans, ou même selon Eutrope, soixante-onze ans, lors qu'aprés la mort de Domitien, il fut salüé Empereur. Il n'oublia rien pour mettre l'Empire dans son lustre ; il fit cesser la persécution contre les Chrétiens; & on luy aura toûjours l'obligation d'avoir choisi, pour luy succéder , un aussi grand Prince qu'étoit Trajan.

CONGIAR. P. R.

CE revers de Médaille qu'on appelle Congiaire , nous réprésente tout ce qui se faisoit, quand les Empereurs faisoient des largesses au peuple. On y voit premiérement Nerva assis au milieu d'une haute estrade, une figure debout qui appelle le peuple, & qui le convie à venir recevoir les libéralitez du Prince; plus bas est assise la personne qui est commise pour les distribuer. Sur les dégrez de la petite échelle, on voit monter ceux qui sont venus pour les recevoir. Il y a encore à une extrémité de la même estrade une autre figure debout, qui tient en main le *Tessera frumentaria*. J'ay dit que ces distributions se nommoient Congiaires, parce que les mesures dans lesquelles on mettoit le vin, l'huile, ou le bled s'appelloient des Conges. Si on veut sçavoir combien tenoit cette mesure , on le trouvera en la page 43. de cet Ouvrage.

TROISIÉME PLANCHE.
XXI.
TRAJAN.

CE Prince étoit d'Espagne , selon quelques Auteurs. Les belles qualitez de son esprit, & la grandeur de son courage le mirent sur le trône ; elles commencérent à éclater dans la guerre que les Romains eurent contre les Juifs, où Trajan servit utilement Vespasien & son fils Tite ; il y commandoit la douziéme Légion. Pour sçavoir le détail de ses belles actions , il suffit d'avoir la moindre connoissance des Médailles , & de jetter les yeux sur le beau panégyrique que Pline le jeune en a fait. Il mourut d'hydropisie, aprés avoir regné vingt ans.

S. P. Q. R. OPTIMO PRINCIPI.

SUr le revers se voit dans un demy cercle une grotte enfoncée, où est la figure d'un homme couché. Cet homme qui appuye son bras sur une urne renversée de laquelle il sort de l'eau, & qui tient en sa main droite un roseau , n'est autre chose que le fleuve du Tybre. On luy frappa cette Médaille à Rome , en reconnoissance de ce qu'il y avoit fait venir de l'eau de fort loin , & à ses frais, par des acqueducs qui luy coûterent des sommes immenses. Cette eau qui en sortoit en porta le nom , ainsi qu'il se lit dans l'Exergue, *Aqua Trajana*. Les lettres *S. C.* qui signifient *Senatûs Consulto*, marquent que cette Médaille fut frappée par Arrêt du Senat.

XXII.

ADRIEN.

PLotine femme de l'Empereur Trajan eut bonne part à l'adoption que son mary fit d'Adrien, pour luy succéder. Il étoit à Antioche, quand il apprit que le Sénat avoit confirmé ce choix. On dit de ce Prince, que pendant son régne, qui dura prés de vingt ans, il ne déclara la guerre à aucune nation ; le grand nombre de Médailles qui nous restent de luy, sur lesquelles sont ces mots, *Adventui Augusti Galliæ, Africæ, Judeæ &c.* nous font connoître qu'il visita toutes les Provinces qui étoient soûmises à son empire ; & celles où sont ces autres mots : *Restitutori Galliæ, Africæ, Hispaniæ, Asiæ &c.* qu'il laissa à chacune de ces Provinces des marques de ses libéralitez. Il mourut d'une hydropisie, le 12. Juillet de l'an 138. de l'Ere chrétienne.

FID. EXERCITUS.

AU revers de ce buste de l'Empereur Adrien, on le voit sur une estrade haranguant trois soldats qui sont debout, & qui élevent leurs enseignes militaires. Les deux mots, *Fides exercitûs*, qui se lisent dans l'Exergue, signifient qu'il fondoit le bonheur de son régne sur la fidélité, la valeur & le courage des Officiers & des soldats qui composoient ses armées.

XXIII.

ADRIEN.

C'Est une seconde Médaille d'Adrien qui ne différe en rien de la précédente, au moins quant à la tête, sinon qu'elle désigne que ce Prince étoit dans son troisiéme Consulat, lors qu'elle fut frappée ; au lieu que la prémiére n'en fait aucune mention, & se contente de le nommer Auguste, sans y ajoûter cette belle qualité pour un Empereur, de Pére de la Patrie, qui nous est marquée par ces deux *P. P.* qui veulent dire, *Pater Patriæ.*

FELICITATI AUG. COS. III. PP.

SUr le revers est une galeasse, avec les voiles tendus, qui est garnie de sa chiourme. En la poupe est assis le Pilote, derriére lequel sont deux enseignes militaires. Le Dieu Neptune paroît à la proue, armé de son Trident, pour faire offre de son assistance à ce Prince, & l'assûrer d'une heureuse fortune en ses navigations. Cette Médaille d'Adrien fut frappée en mémoire des voyages qu'il entreprit dans les Provinces les plus éloignées de son empire : l'inscription, *Felicitati Augusti*, donne à connoître qu'il prenoit plaisir à voyager.

XXIV.

Æ L I U S.

L'Empereur Adrien fentant fes forces diminuer , fongea à trouver un homme propre à luy fuccéder ; il jetta pour cet effet les yeux fur Lucius Ælius, qu'il créa Cefar , & orna de la puiffance de Tribun ; mais il n'eut pas la confolation de le laiffer aprés luy ; car ce Prince qui étoit d'une complexion foible & délicate , ayant pris une médecine trop forte pour fon tempérament , mourut avant même d'avoir pû remercier Adrien dans le Senat , de l'avoir adopté à l'Empire

PANNONIÆ CURTA ÆL.

ON voit au revers Ælius affis. La Déeffe de l'abondance luy préfente d'une main une victoire , & de l'autre une corne remplie d'épics de bled & de fruits. Il y a bien de l'apparence que les peuples de la Pannonie firent frapper cette Médaille , pour compláire à l'Empereur Adrien , qui avoit donné le gouvernement de leur Province à Ælius.

XXV.

Æ L I U S.

L. ÆLIUS CÆSAR.

CEtte feconde tête d'Ælius eft prefque femblable à la précédente. Son revers n'eft pas la même chofe , car il n'y a fur celui-cy qu'une figure ; c'eft une Victoire affife fur une chaife curule , tenant en fa droite une palme qui panche fur fes épaules ; elle tient de l'autre main un bouclier qu'elle appuye fur fes genoux ; à fes pieds font des trophées d'armes. Ce bouclier ne porte aucune infcription , parce qu'on le referve pour y graver les conquêtes que ce Prince devoit remporter étant Empereur ; mais nous avons dit qu'il mourut avant d'être parvenu à cette prémiére dignité du monde.

XXVI.

ANTINOUS.

ΟϹΤΙΔΙΟϹ ΜΑΡΚΕΔΔΟϹ Ο ΙΕΡΕΥϹ ΤΟΥ ΑΝΤΙΝΟΥ.

CE rare Médaillon eft grec ; il nous répréfente la tête d'Antinoüs, mignon d'Adrien , pour lequel il eut tant d'amour & de paffion pendant fa vie , qu'aprés fa mort il fit bâtir une ville qui portoit fon nom. Les Grecs le mirent entre les Dieux , en foûtenant qu'il avoit rendu des oracles , mais que l'Empereur avoit luy-même compofez : on érigea auffi dans la Grece des Temples en fon honneur.

TOIϹ

TOIC AXAIOIC ANEΘHKE.

AU revers eft un Mercure avec fes talaires, tenant d'une main la bride d'un Pegafe, qui s'élance pour courir ; & de l'autre, fon caducée. L'infcription qui fe voit à l'entour, marque que les habitans du Peloponefe ou de la Gréce firent frapper cette Médaille en l'honneur d'Antinoüs, comme avoient fait quelque temps auparavant ceux de la ville de Corinthe. Le Pegafe & le Mercure pouroient bien avoir été mis icy pour faire plaifir à l'Empereur Adrien, qui préféroit à toutes les chofes du monde Antinoüs, que l'on compare au Dieu Mercure, & un cheval que l'on compare, à caufe de fa viteffe, à un Pegafe. TOIC AXAIOIC ANEΘHKE, *pofuit Achæis*, on fous-entend, *Hoftilius Marcellus*, qui fut Prêtre d'Antinoüs lors qu'on luy eut érigé un Temple. Le nom s'en voit à l'autre côté de la Médaille.

XXVII.

ANTONIN.

APrés la mort d'Ælius, Adrien jetta les yeux fur Antonin, & l'adopta à l'Empire, à condition toutefois qu'il préféreroit même à fes propres enfans Marc Aurele qui étoit fils de fa belle fœur, & Lucius Verus fils d'Ælius, pour luy fucceder. Nous verrons par la fuite, que ce Prince fut tres-religieux obfervateur de fa parole ; fon régne fut fort tranquille ; il entretint la paix dans tous fes Etats ; il fit du bien à tout le monde, & s'acquit par là le nom de Debonnaire, & de Pere de la Patrie, ainfi que le marque l'infcription qui eft autour de fa tête : *ANTONINUS AUGUSTUS PIUS P.P. TR. P. XVI.* Antonin Augufte, Pieux, Pére de la patrie, en la feiziéme année de fa puiffance de Tribun. Paufanias dit auffi de luy : *Hunc Romani pium cognomine nominaverunt, quòd unus omnium Religionum ftudiofiffimus fuerit.*

ANNONA AUGUSTI CERES.

ANtonin ne fe contenta pas d'entretenir la paix parmy fes fujets, il prit encore le foin dans une grande difette qui arriva durant fon régne, de faire venir des païs étrangers des vaiffeaux chargez de bled, & d'autres chofes néceffaires à la vie ; c'eft ce qui nous eft répréfenté par l'infcription de ce rare Médaillon, *Annona Augufti Ceres*, fur lequel fe voyent les figures de Cerés & de l'Abondance ; toutes les deux font accompagnées de leur type.

XXVIII.

MARC AURELE.

LE caractére d'efprit de Marc Aurele, qu'on nomme le Philofophe, étoit la douceur & la juftice. Il n'avoit que dix-huit ans, lorfque l'Empereur Antonin le deftina à l'Empire, en le créant Céfar, & luy faifant époufer la jeune Fauftine fa fille. Il furpaffa encore en fageffe & en bonté fes prédéceffeurs, en forte que je m'étonne qu'on voie fi peu de fes Médailles, qui portent cette belle épithéte, qu'on donnoit aux bons Princes, *Optimo Principi* ; vû qu'aucun ne l'a possedée à plus juste titre que luy. Sa justice ne fut pas moins recommandable : Pour en voir un trait, il suffit de rapporter la réponse qu'il fit aux personnes qui luy conseilloient de répudier sa femme la jeune Faustine, à cause de ses débauches : Il faudra donc que je luy rende l'Empire, puis qu'elle me l'a apporté en mariage. Il mourut âgé de cinquante-huit ans, aprés en avoir regné dix-huit.

Au revers de ce Médaillon est le Dieu Jupiter assis sur une roche, à qui Marc Aurele fait hommage pour toutes les victoires qu'il avoit obtenuës par son secours. Derriére ce Prince paroît une Pallas debout, qui, comme la Déesse de la guerre, montre, par une couronne de laurier qu'elle luy met sur la tête, que toutes les signalées victoires qu'il a remportées sur les Sarmates & les Allemans méritent qu'on luy décerne des triomphes.

XXIX.

MARC AURELE.

M. ANTONINUS AUG. TR. P. XXIX.

CEtte autre tête de Marc Aurele est couronnée de laurier, & elle a bien moins de relief que la précédente. Son inscription nous marque qu'elle fut frappée, lorsque ce Prince étoit dans la vingt-neuviéme année de sa puissance de Tribun.

Son revers sur lequel est la figure d'une Victoire assise sur les dépoüilles des Sarmates, avec ces mots écrits dans un bouclier qu'elle tient, *Victoria Augusti*, est la meilleure preuve de ce que nous avons dit ci-dessus au Medaillon de cet Empereur.

XXX.

FAUSTINE

FAUSTINA AUG. ANTONINI AUG. PII FIL.

LA jeune Faustine étoit fille d'Antonin le Debonnaire ; elle eut assez de soin qu'on le marquât sur les Médailles qu'on faisoit frapper en son honneur, afin qu'on sçût qu'elle ne tiroit pas sa qualité de son mary à qui elle se vantoit d'avoir apporté l'Empire pour sa dot.

Sur le revers est un Temple, avec un dôme, au milieu duquel se voit une petite figure debout. Au bas sont plusieurs personnes qui offrent de l'encens à cette petite figure qui nous réprésente, comme je croy, la jeune Faustine. Son mary Marc Aurele la fit mettre au rang des Déesses aprés sa mort ; encore qu'elle eût été fort débauchée pendant sa vie, la Philosophie luy ayant appris à conserver la réputation de sa femme, ce qu'il fit en la déifiant, & en la publiant la plus vertueuse de toutes les Dames Romaines.

QUATRIÉME PLANCHE.
XXXI.
LUCIUS VERUS.

L. VERUS AUG. ARM. PARTH. MAX. TR. P. VIIII.

L'Empereur Marc Aurele, aprés la mort d'Antonin, suivant l'intention d'Adrien, non seulement créa Cesar L. Verus qui étoit fils d'Ælius, mais encore le déclara Auguste, & l'associa à l'Empire. Il luy fit épouser sa fille Lucille : c'étoit un Prince bien fait, qui avoit un air grand, & qui marquoit beaucoup d'esprit. Sa vie toutefois étoit molle, & ses débauches qui déplurent toujours à son beau-pére, n'empêcherent pas qu'aprés sa mort il ne luy fit rendre les mêmes honneurs qu'à sa propre femme la jeune Faustine, en le mettant au nombre des Dieux. Il mourut d'une apoplexie, en passant les Alpes, vers l'an de Jesus-Christ 169.

Au revers de la tête de Lucius Verus est une porte de ville, proche de laquelle est un homme assis sur une pierre, levant, ce semble, une ancre pour le mettre dans un vaisseau qui est répresenté par cette proüe de navire. Une figure de Pallas luy vient annoncer, ainsi qu'il paroît par l'inscription qui est sur son bouclier, *Victoria Augusti*, la victoire que Verus venoit de remporter sur les Armeniens & sur les Parthes : cette victoire fut le sujet du nom qu'on luy donna, & qui se voit sur la tête de cette Médaille, d'Armenicus & de Parthicus. La proüe de Navire, & cette ancre qu'on leve, signifient que la navigation alloit être bien plus libre aprés cette victoire.

XXXII.
COMMODE.

CEt Empereur qui n'avoit pas plus de dix-neuf ans, lorsque son pere Marc Aurele mourut, fut pendant toute sa vie fort déréglé, cruel & impie. Il envoya sa mére en éxil ; il fit mourir sa sœur Lucille ; il n'y a point d'affront qu'il ne fit aux Senateurs & aux Matrones Romaines, jusqu'à ce qu'enfin ses violences & sa tyrannie luy ayant attiré la haine de tous ses sujets, on conspira contre luy ; & aprés qu'un poison qu'on luy avoit donné, n'eut rien fait, on l'étrangla. Son miserable régne ne laissa pas de durer prés de treize années.

P. M. TR. P. X. IMP. VI. COS. III. P. P. SALUS.

JE suis obligé d'avertir icy qu'on doit bien examiner ce rare Médaillon, quand on le rencontre ; c'est le revers de la tête de Commode, sur lequel est représenté une femme assise, donnant à manger à un serpent entortillé autour d'un pampre de vigne. On y voit encore une petite colomne qui porte une petite figure que je croy être celle du Dieu Esculape adoré par les Romains, comme le Dieu de la santé. Le livre qui est au bas, désigne la science de la Médecine.

XXXIII.

PERTINAX.

IMP. CÆS. P. HELV. PERTINAX AUG.

Ætus Capitaine des gardes de Commode, & qui eut beaucoup de part à sa mort, rendit de tres-bons offices à Helvius Pertinax, pour le faire déclarer Empereur par le Senat. Il avoit alors plus de soixante ans, lors qu'il fut élevé à cette haute dignité ; il étoit de basse naissance, mais il avoit bien du cœur, & il avoit passé par les plus petites Charges de la milice au Consulat & au gouvernement des plus considérables Provinces de l'Empire. C'étoit un parfaitement honnête homme ; il ne regna que quatre mois. Ses soldats de qui il ne pouvoit souffrir la mauvaise vie, & qu'il punissoit sévérement, l'assassinérent, lors qu'on avoit tout sujet d'espérer beaucoup de son régne.

Au revers on voit une figure de femme ou Déesse debout, élevant ses mains au Ciel pour recevoir un globe qui en descend. Ce globe réprésente l'Empire de tout le monde, que ce Prince croyoit tenir uniquement d'en-haut, s'imaginant que c'étoient les Dieux qui luy avoient fait ce grand présent.

XXXIV.

DIDIUS JULIANUS.

IMP. CÆSAR. M. DID. SEVERUS JULIAN. AUG. P.P.

LA ville de Milan fut le lieu de la naissance de Didius Julianus. Son argent, plûtôt que son mérite, l'éleva à l'Empire ; il promit, pour ce sujet, de grandes sommes d'argent aux soldats Romains qui le conduisirent au Senat, où il fut revêtu de la puissance de Tribun, & son élection confirmée. Mais il fut bien-tôt dépoüillé de ces dignitez ; car n'ayant pas tenu sa parole à ses soldats, soit qu'il ne fût pas en son pouvoir de le faire, soit pour autre raison, il fut assassiné deux mois & cinq jours aprés son élevation ; ce fut le 29. Septembre de l'année 193. de l'Ere chrétienne.

COS. II.

SUr le revers est un char de triomple, sur lequel est cet Empereur, tenant les resnes de quatre chevaux qui le traînent ; il tient de l'autre main une grande verge, comme les voulant presser de doubler le pas, & de courir au devant d'une Victoire qui paroît en l'air, & qui vient luy présenter une couronne. Je croy que ce revers de DIDIUS JULIANUS est fait à plaisir, parce que nous ne voyons point qu'il ait remporté de victoire ; & il est assez difficile de prouver qu'il ait été deux fois Consul, ainsi que le porte l'inscription de l'Exergue.

XXXV.

XXXV.

ALBINUS.

CLOD. SEPT. ALBIN. CÆS.

Lbin étoit d'Adrumete en Afrique. L'Empereur Sévére , avant que d'aller en Orient contre Pefcennius Niger qui s'y étoit fait aufſi proclamer Empereur, le créa Cefar , & l'adopta à l'Empire ; la fuite fit connoître qu'il n'avoit élevé ce Prince à ces hauts titres d'honneur , que pour gagner du temps , & pour le détourner de la penſée de venir, pendant ſon abſence, ſe rendre maître de la ville de Rome, à la tête d'une puiſſante armée qu'il commandoit : car aprés avoir défait Pefcennius , n'ayant pû faire tomber Albin dans pluſieurs embû- ches qu'il luy dreſſa, il s'en vint à Lyon où il étoit ; il s'y donna une fan- glante bataille , où Sévére eut tout l'avantage poſſible. Albin ſe voyant perdu, dans la crainte de tomber vif entre les mains de ſon Ennemi, ſe paſſa ſon épée au travers du corps.

ITALIA.

U revers de cette Médaille d'Albin eſt la figure de Rome , ou d'une Pallas qui eſt la même choſe , aſſiſe , & portant dans ſa main une Victoire qui luy veut mettre une couronne de laurier ſur la tête. On lit dans l'Exergue ce mot ITALIA , & on voit ſur un bouclier une louve qui alaitte Remus & Ro- mulus. Ces deux choſes ſignifient que toute l'Italie , dont Rome étoit la capitale , reconnoiſſoit Albin pour ſon Empereur, aprés que Sévére l'eut aſſocié à l'Empire.

XXXVI.

SÉVERE.

'Ay déja parlé de l'Empereur Sévére dans la vie d'Albin , je me contenteray de dire icy qu'il étoit de la ville de Leptis , Colonie Romaine en Afrique ; que ſon mérite le fit paſſer par les plus importantes Charges de l'Empire. Aprés la mort de *Didius Julianus* il entra dans Rome , revêtu de la pourpre, & avec un magnifique appareil. Il fit mourir les amis de cet Empereur , & ceux qui étoient les auteurs de la mort de Pertinax. Sévére avoit de l'eſprit ; il aimoit les gens de lettres ; il ſçavoit bien les mathématiques ; il étoit guerrier & tres-libéral , ſur tout envers les ſoldats. Les Bretons ou Anglois s'étant revoltez , il y alla avec ſes deux enfans, il réduiſit ces peuples à la raiſon , & y finit ſes jours à York en la ſoixante-cinquiéme année de ſon âge , & en la 17. de ſon régne.

DIVI. M. PII. F. P. M. TR. P. IIII. COS. II. P. P.

N voit au revers une grande figure coloſſale du Dieu Mars qui tient une pique en ſa main droite, & qui appuye ſa gauche ſur ſon bouclier. A ſes pieds eſt un corps de cuiraſſe debout. Je croy que Sévére fit frapper ce Médail- lon à l'honneur de Mars, le Dieu de la guerre , pour luy témoigner ſa recon- noiſſance de luy avoir été favorable dans ſon expédition de la grande Bretagne , où, par son secours il avoit réduit ces peuples mutins à leur devoir. La legende qui est autour, est la suite de ce qui est écrit du côté de la tête ; on la doit expliquer de la sorte : *Severus Divi Marci Pii filius , Pontifex maximus , Tribunitiâ potestate quartùm , Consul secundùm , Pater Patriæ.*

XXXVII.

CARACALLE.

LEs Auteurs qui ont parlé de Caracalle , disent que ce fut un fort méchant Prince. Il étoit fils de Julia & de Septimius Severus, qui l'avoit déclaré par son testament son successeur à l'Empire, avec son frere Geta. Quand il s'en vit le Maître, il fit sentir à tout le monde les effets de ses cruautez ; il fit mourir son beau-pére Plautianus, & sa fille Plautille qu'il avoit époufée, & dont il avoit eu deux enfans ; il massacra son frére Geta entre les bras de Julie leur mére ; en un mot, il ne s'étoit pas encore vû d'Empereur si sanguinaire que luy. Il fut tué dans la Mesopotamie entre Edesse & Carras, par un Centenier qui le perça d'un coup de poignard, pendant le temps qu'étant descendu de cheval, il s'étoit éloigné de ses gardes pour aller à quelque nécessité naturelle. Son régne ne fut que de six années, & sa vie, selon Spartien , de 43. Il est bon de sçavoir qu'il avoit nom Antonin Bassian, & que le nom de Caracalle luy fut donné, à cause qu'il fut le prémier qui porta, & introduisit la mode de porter de grandes robes qui descendoient sur les talons.

IMP. II. COS. IIII. P. P.

AU revers de ce Médaillon est le même Empereur Caracalle couronné de laurier , dans un char de triomphe tiré par quatre chevaux. Il tient en sa main un sceptre ; & sur son char paroissent plusieurs figures gravées en relief qui en font l'ornement. Ces figures pouroient bien aussi nous réprésenter les victoires qu'il avoit remportées durant son régne : Il est facile de voir que ces deux lettres P. P. qui signifient *Pater Patriæ* , & d'autres beaux titres d'honneur que l'on trouve au revers des Médailles de ce cruel Prince , luy ont été donnez , parce qne c'étoit la coûtume de ce temps-là de les mettre sur les Médailles des Empereurs ; car il sera toûjours vray de dire que Caracalle ne méritoit aucune loüange, & que pour luy rendre justice, il le faudroit nommer l'Ennemi du peuple Romain.

XXXVIII.

GETA.

L'Empereur Septimius Geta étoit le cadet de Caracalle. Son pere Sévére le créa Cesar , & luy donna le nom d'Antonin , aprés la victoire qu'il remporta avec son frére Bassian sur les Parthes. Nous avons dit que le même Sévére les déclara tous deux par son testament ses successeurs à l'Empire ; il falut le leur partager , n'ayant pû le gouverner de concert. L'Asie & l'Orient fut le partage de Geta ; l'Europe & les parties méridionales, celuy de Caracalle. Ce fut à l'occasion de cette division que Julie leur mére leur dît : Vous avez trouvé , mes

enfans, de la terre, & une mer pour vous féparer, il faut auſſi que vous trou-
viez moyen de me diviſer ; car je ne puis pas demeurer en même temps avec
vous deux. Cet accord ne fut pas de longue durée ; Caracalle devint jaloux de
l'amour que le peuple portoit à ſon frére, il tâcha de le faire périr par le poiſon,
& n'y ayant pû réüſſir, il le maſſacra entre les bras de ſa mére.

ADLOCUTIO.

CE beau Médaillon de Geta nous répréſente cet Empereur ſur un balcon
fort élevé, faiſant une harangue à cinq de ſes ſoldats, qui portent ſur leurs
épaules leurs enſeignes militaires. Ces ſortes de harangues ſe faiſoient ordinairement avant que d'éxécuter quelques grandes entrepriſes. On y prenoit le ſerment
des Legions ; on les animoit au combat, en leur mettant devant les yeux les
exemples de leurs genereux Ancêtres : Enfin on leur promettoit de grandes ré-
compenſes, ſi on remportoit par leur moyen la victoire. Je ne ſçay point à quelle
occaſion Geta fit cette harangue ; on voit autour de ſa tête qu'il étoit déja Empereur.

XXXIX.

ELIOGABALE.

MArc Auréle Antonin ſurnommé Eliogabale, étoit fils de l'Empereur Caracalle, ſelon quelques Auteurs. D'autres aſſûrent qu'il eut pour pére un
certain Antonin inconnu ; quoi qu'il en ſoit ce fut un Prince abominable à tout
le monde. Sa vie fut ſoüillée de tant de crimes, qu'il fut appellé le Sardanapale
de Rome ; il vendit les charges de la Milice, & celles de la République à ceux
qui luy offrirent le plus d'argent ; il fit mourir pluſieurs Sénateurs, pour n'avoir
pas voulu admettre un Sénat de femmes pour juger les cauſes de celles de leur
ſexe ; en un mot, il ſe rendit ſi odieux, même à ſes ſoldats, que ceux de ſa garde
le tuérent avec ſa mére ; ils jettérent ſon corps dans le Tibre, aprés l'avoir traîné
par les rües de Rome, afin qu'il fût privé de l'honneur de la ſepulture. Il n'avoit
alors que vingt ans, & ſon régne ne fut au plus que de cinq.

SACERD DEI SOLIS ELAGAB.

AU revers on voit Eliogabale debout, habillé en grand Prêtre ; il ſemble
vouloir ſacrifier ſur un autel qui eſt à ſes pieds, duquel ſort un ſerpent. Il
eſt à préſumer qu'il faiſoit ce ſacrifice au Soleil en action de graces de ſa ſanté
obtenuë par le ſecours de cette Déité qu'il adoroit. On ſçait aſſez, ſans qu'il ſoit
beſoin de le dire, qu'il faiſoit porter l'image de cet Aſtre par tout où il alloit ;
& que ſon nom d'Eliogabale luy fut donné, parce qu'avant ſon élection à l'Empire, il avoit exercé la charge de Prêtre du Soleil. L'inſcription *Sacerdos Dei Solis Elagabali*, marque qu'il ne quitta jamais cette prétenduë dignité.

XL.

Une Tête d'Hercule.

CEtte tête d'Hercules est d'un tres-gros relief. Elle porte une couronne de feüilles de chesne, & autour du col la dépoüille du lion Nemeen.

Le revers nous réprésente la fatale & empoisonnée chemise que Dejanire sa femme luy envoya ; on y voit aussi ce Heros debout, tenant sa massuë d'une main, & de l'autre la peau de ce même lion. Dans l'Exergue sont ces deux lettres H & B jointes ensemble, & un petit aigle. J'aime mieux dire que je n'en sçai pas l'explication, que de l'inventer : je ne serois pourtant pas tout-à-fait éloigné du sentiment d'un de mes amis, qui croit que ces lettres ne signifient rien autre chose sinon, *Hercules Bassiani*, l'Hercule & le chef-d'œuvre de Bassian ; c'étoit l'associé de Jean Cauvin pour la fabrique de ces coins que nous nommons Padoüans.

CINQUIÉME PLANCHE.

XLI.

HOMERE.

ON ne s'étonnera pas de voir icy la tête d'Homére, & son nom sur ce Médaillon grec, quand on sçaura l'estime que les Anciens ont toûjours fait de ce célèbre Poëte. Elle fut autrefois si grande, que sept villes se disputérent l'honneur de l'avoir mis au monde. Il est assûrément difficile de rien déterminer à ce sujet, aussi-bien que de sçavoir au juste le temps auquel ce grand homme vivoit ; car il se trouve presque autant de sentimens différens, qu'il y a d'Auteurs qui en ont parlé. On dit qu'il prit le nom d'OMHPOC, qui signifie *Cæcus*, à cause qu'il étoit devenu aveugle. C'étoit un bel esprit, ses merveilleux ouvrages en font foy, ils sont encore à présent le sujet de l'estime & de l'admiration des Sçavans.

Comme je ne sçai si ce revers appartient à ce Médaillon d'Homére, & que d'ailleurs j'en ignore l'explication, je me contenterai de rapporter les figures qui y sont réprésentées : Il y en a six, dont la prémiére est un Jupiter assis, tenant en sa main une pique ; la seconde est une petite Victoire qui semble venir au-devant de luy ; la troisiéme est une Cerés, ou la Déesse de l'abondance, accompagnée de son type ordinaire. Au milieu on y voit le Dieu Mars, & un aigle à ses pieds : Enfin les deux derniéres figures qui sont au bas de la Médaille qui est coupée en deux, nous font voir les symboles de deux différens fleuves ; ce sont deux hommes couchez de leur long, qui ont proche d'eux, ou les animaux qui habitent les païs qu'ils arrousent, ou les poissons qu'ils renferment dans leur sein, & qui les font distinguer des autres riviéres.

XLII.

MITHRIDATE.

C'Eſt la tête de Mithridate Roy de Pont, ſi renommé par les guerres qu'il ſoûtint contre les Romains, & par les grands avantages qu'il remporta ſur eux ; il vivoit vers l'an ſix cens ſoixante-ſix de la fondation de Rome. Velleius Paterculus dit de ce Prince, qu'il étoit ardent à la guerre ; que ſi quelquefois il étoit redevable à la fortune de ſes victoires, ſa valeur & ſon courage y avoient toûjours la meilleure part ; qu'il étoit auſſi bon ſoldat, que propre à commander. Il fut toûjours pendant ſa vie, comme un autre Annibal, l'ennemi irréconciliable des Romains, qui le défirent enfin l'an 689. ſous la conduite de Pompée, & l'obligérent de ſe retirer en Armenie auprés de ſon gendre Tigranne. Ce fut en ce lieu qu'ayant appris que ſon propre fils Pharnacez s'étoit fait déclarer Roy de Pont, il ſe perça le ſein de deſeſpoir, aprés avoir tenté inutilement de s'empoiſonner, tant il s'étoit accoûtumé à prendre du poiſon.

Le revers de ce Médaillon, ſur lequel ſe lit le nom de Mithridate écrit en grec, répréſente un jeune cerf paiſſant, & cherchant quelque herbe qui luy ſoit ſalutaire. Pline veut que le dictame a la vertu de faire ſortir du corps de cet animal la fléche dont il a été bleſſé ; le ſimple avec ſa graine, qui forme une couronne à l'entour de ce cerf, ſignifie que Mithridate avoit une grande connoiſſance de la vertu des plantes, ſur tout de celles qui ſont bonnes contre les venins : c'eſt auſſi de luy qu'eſt venu ce contrepoiſon, qui porte encore aujourd'huy ſon nom de Mithridate.

XLIII.

J. CAUVIN & ALEX. BASSIEN.

V Oicy les têtes de ces excellens Ouvriers Jean Cauvin & Alexandre Baſſien. Ce ſont les deux Auteurs de ce bel ouvrage de Médailles, que les Curieux nomment Padoüans, & que je donne au public. J'ay dit que ces Graveurs ſe diſoient de la ville de Padoüe, ou parce qu'ils y avoient pris naiſſance, ou parce qu'ils y avoient paſſé la meilleure partie de leur vie à travailler à leur métier de Graveur. On ne ſçait rien autre choſe d'eux ; je diray ſeulement qu'on doit me diſpenſer de m'étendre ſur le mérite de leur ouvrage, dautant qu'il ſuffit d'avoir tant ſoit peu de goût pour les Arts, & de jetter les yeux ſur quelques-unes des Médailles de ces deux excellens hommes, pour avoüer qu'il ne ſe trouve rien juſqu'à leur temps de plus parfait.

LEGIFERÆ CERERI.

P Our le revers de leur tête ils gravérent une grande figure de femme, qui marque par les deux cornes d'abondance qu'elle tient, & par les épics de blé & les grappes de raiſin qui ſortent de ces cornes d'abondance, que c'eſt la Déeſſe Cerés. Elle porte en l'autre main un livre, pour ſignifier que par tout où fleuriſſent les ſciences & les beaux Arts, là, les richeſſes & les autres commoditez de la vie doivent s'y trouver.

XLIV.

FRANÇOIS QUIRIN.

JE ne trouve rien de ce François Quirin, dont on voit icy le buste fait de la main propre de ces bons ouvriers Jean Cauvin & Alexandre Bassien, sinon qu'il y a de l'apparence que c'étoit un homme tellement infatué de son nom de Quirin, qu'il ne plaignit pas l'argent pour se faire frapper une Médaille, qui apprît à tout le monde qu'il descendoit de Romulus. On sçait qu'on donna ce nom à ce prémier Fondateur de Rome, d'une lance qu'il portoit toûjours en main, & que le mot de Quirin en langue Sabine signifie une lance. On voit deux Auteurs du nom de Quirin dans un Bibliotécaire nommé George Mathias Konigius : l'un se nommoit Thadée Quirin, qui s'appliqua à composer des Oraisons ; l'autre avoit nom Antoine Quirin, qui fit un discours intitulé, *Dissertatio ad Rempublicam Venetam* ; ce dernier pourroit bien être du temps, & parent de nôtre François Quirin : mais je n'ay pas lieu d'assûrer qu'il poussa sa généalogie si loin, & qu'il se crut d'une famille si ancienne.

PERPETUA SOBOLES.

JE n'ay fait graver ce revers que pour la preuve de ce que je viens de dire de l'idée de ce François Quirin, qui prétendoit descendre de Romulus. Il y fit mettre à ce sujet la louve alaittant les deux Fondateurs de Rome, avec cette inscription, *Perpetua soboles*, afin de marquer que leur postérité qui ne devoit jamais finir, subsistoit en sa personne.

XLIIII.

LUCAS SALVIONUS.

C'Est la tête d'un Jurisconsulte de Padoüe, nommé Lucas Salvionus, ainsi que l'inscription qui est à l'entour de son buste nous l'apprend. Je n'ay rien pû trouver de luy ni dans les Bibliotécaires, ni dans les Eloges de Thomasin : je ne sçay aussi si le revers de sa Médaille est la tête de Marcus Mantua ; vû que j'en ay une en main qui porte pour revers celuy que j'ay mis aux bustes d'Alexandre Bassien & de Jean Cauvin, & que d'ailleurs je trouve dans Thomasin deux revers aux Médailles de ce Marcus Mantua. Je l'ay toutefois mis, n'en ayant point d'autres, & parce qu'il se trouve de la sorte dans l'écrit que m'en a laissé M. le Cointe.

MARC MANTUA BONAVITIUS.

MAntua étoit un citoyen de la ville de Padoüe, & le plus célèbre Jurisconsulte qui soit sorti de cette Université. Son père qui se nommoit Jean Pierre Benavidius, & que je trouve sur ce Médaillon écrit Bonavitius, eut soin de le faire instruire en toutes sortes de sciences, & particuliérement au Droit, où ce fils fit de si grands progrés, qu'il suffit de jetter les yeux sur le grand nombre de beaux traitez qu'il en a composez, pour luy donner un des prémiers rangs parmi les Jurisconsultes. Il suivit dans sa jeunesse le Barreau ; ce fut là que la vivacité de son esprit se fit remarquer, & où sa piété parut dans la dé-

fenfe qu'il entreprit des orphelins & des pauvres. Il s'acquit l'amitié de tout le
monde, & fur tout de fes compatriotes. Il enfeigna à Padoüe l'efpace de foixante-
deux années tantôt le Droit Canon, tantôt le Droit Civil avec tant de fuccés,
que l'Univerfité de Bologne luy offrit de tres-fortes penfions pour y venir ré-
genter, mais il n'en tint conte, non plus que des priéres que luy firent le Roy
de Portugal, & le Pape Paul III. d'accepter la Charge d'Auditeur de Rote.
Pie IV. Charles V. & Ferdinand luy firent de grands préfens, & le comblérent
de titres d'honneur. La République de Venife ayant égard à fon mérite, luy
donna la place de Profeffeur, qu'ils appellent *Locum fupraordinarium*. Si on veut
en fçavoir davantage de ce grand homme Marcus Mantua Bonavitius, & les
ouvrages qu'il a compofez, il n'y a qu'à lire ce qu'en a écrit Jacques Philippe
Thomafin en fon livre intitulé, *Elogia Virorum illuftrium*. On y verra fon portrait, qu'il dit avoir tiré aprés cette Médaille de Cauvin. Bonavitius mourut à
Padoüe au mois d'Avril de l'année 1582. âgé de plus de quatre-vingt-douze ans.

XLV.

M· ANT. PASSERUS·

MArc Antoine Pafferus ou de Pafferibus, vint au monde à Padoüe. Sa famille qui étoit tres-illuftre & tres-ancienne, tiroit fon origine de Man-
toüe ; elle quitta cette ville pour s'aller établir à Gennes, & dans la fuite à
Padoüe. Ces changemens de païs furent la caufe qu'on appella les defcendans de
cette famille indifféremment des noms de Pafferinus, de Pafferus & de Genua.
Marc Antoine Pafferus avoit un tres-bel efprit, & une mémoire fi heureufe,
qu'il paffa de fon temps pour un prodige de l'un & de l'autre. Il s'appliqua
particuliérement à la Philofophie, qu'il profeffa jufqu'à la fin de fes jours. La
République de Venife perfuadée de fon mérite, luy donna la place de prémier
Profeffeur honoraire, & luy augmenta fes gages. Il compofa plufieurs traitez,
fçavoir des Commentaires fur les livres *de Anima, in libros Phyficorum, in libros
de cœlo & generatione, in Metaphyficam, &c.* Il mourut âgé de foixante-douze
ans.

SUPER ASPIDEM.

AU revers eft une femme debout élevant les mains au Ciel, comme pour
recevoir le Soleil qui fe préfente à elle. On la voit auffi qui foule aux
pieds un afpic, avec ces paroles qui font à l'entour de cette Médaille, *Super
afpidem.* Je ne fçay à quoy fait allufion ce revers, c'eft pour cette raifon que
j'aime bien mieux avoüer ne le pas fçavoir, que d'inventer une chofe qui n'ap-
procheroit peut-être aucunement de la verité, c'eft à dire, de l'application de
ce revers à la perfonne de Pafferus.

XLVI.

ΜΑΥΣΩΛΕΙΟΝ·

C'Eft cet admirable tombeau qu'Artemife Reine de Carie, & femme de
Maufole, fit élever à ce Prince fon cher époux aprés fa mort. Elle l'aima

ſi tendrement, qu'elle voulut immortaliſer ſa mémoire par cet édifice, qui a paſſé pour une des ſept merveilles du monde, & qui a mérité que tous les autres ouvrages de cette nature ſoient appellez des Mauſolées. Je ne m'arrêteray pas à faire la deſcription de ce ſuperbe bâtiment, on la peut voir au chapitre cinquiéme du trente-ſixiéme livre de l'Hiſtoire naturelle de Pline. Cet Auteur a pris plaiſir à en rapporter toutes les proportions, & dit que le Roy Mauſole mourut en la deuxiéme année de la centiéme Olympiade, c'eſt à dire vers l'année 375. de la fondation de Rome.

XLVII.

ANTONIA.

CEtte Médaille de moyen bronze, dont je n'ay pas le creux du revers, nous repréſente la tête d'Antonia. Elle étoit fille de Marc Agrippa, & d'Octavie ſœur d'Auguſte. Son petit fils l'Empereur Caius l'honora du titre d'*Auguſta*; il ne luy fit point néanmoins frapper de Médailles d'or, dautant que ſon affection pour cette Princeſſe ſa mére, ſe convertit en une ſi grande haine, que des Auteurs veulent qu'elle mourut de chagrin; & d'autres, que ce fils dénaturé la fit empoiſonner. Elle ne voulut jamais paſſer à des ſecondes nôces aprés la mort de Druſus Nero ſon mary, qui la laiſſa fort jeune veuve, avec deux enfans qui furent Germanicus, & l'Empereur Claude.

XLVIII.

OTHON.

IMP. OTHO CÆSAR. AUG. TR. P.

JEan Cauvin & Alexandre Baſſien étoient trop bien informez que les Médailles de l'Empereur Othon étoient rares, pour ſe contenter d'en faire ſeulement deux coins pour le grand bronze. En voicy donc un troiſiéme, mais qui n'eſt que de moyen, & duquel je n'ay pas même le revers. Il eſt tres-facile de reconnoître qu'on a pris la reſſemblance de la tête de ce Prince ſur les Médailles d'or & d'argent qui ſe trouvent de luy; car elle s'y voit, comme icy, preſque tôûjours ſans couronne, & avec des cheveux creſpus.

XLIX.

CICERON.

CE petit creux qui a été fait pour frapper des Médailles en or & en argent, nous donne en relief la figure de la tête de ce grand Orateur & Conſul de Rome Ciceron. L'inſcription qui eſt autour *M. T. CICERO*, *Marcus Tullius Cicero*, ne nous permet pas d'en douter. Il porte en tête une couronne de laurier à la maniére des Empereurs, ou des Conquerans, pour nous marquer que ſon éloquence l'élevoit au deſſus de toutes les perſonnes qui exerçoient la même profeſſion que luy, & ſembloit le rendre digne de leur commander.

L.

L.

DOMITIA.

ON voit fur ce petit creux, pour battre des Médailles d'or & d'argent, l'Impératrice Domitia, une des femmes de Domitien, qu'il avoit enlevée à fon mary L. Ælius Lamias. Cet Empereur en eut un fils qui mourut fort jeune. Suétone dit que Domitien la répudia, ayant reconnu qu'elle aimoit paffionné-ment un certain Hiftrion nommé Paris, & qu'il la reprit peu de temps aprés, feignant que le peuple le fouhaitoit. Elle étoit fille de ce grand homme Domitius Corbulon, fi renommé pendant fa vie par fes beaux faits. Sa mémoire dure en-core en Hollande, par ce canal de cinq ou fix lieuës de long, qu'il fit tirer entre la Meufe & le Rhin contre les inondations de l'Océan. Les Latins le nom-ment *Foffæ Gorbulonis*. Cette petite Médaille de Domitia eft une de celles qu'on doit le plus examiner, quand elle nous tombe entre les mains. Je n'en ay pas le revers.

L I.

DIADUMENIEN.

C'Eft la tête de Diadumenien fils de l'Empereur Macrin, de pareille gran-deur, & pour les mêmes métaux que la précédente. Ce jeune Prince fut proclamé Cefar par les foldats qui luy donnérent le beau nom d'Antonin. On trouve dans Lampride le remerciment qu'il leur en fit. Il fut enveloppé dans le meurtre de fon pére, lors qu'il avoit tout au plus atteint l'âge de feize ans ; car Lampride veut qu'il n'en avoit que douze.

LII.

AUGUSTE.

ON rencontre fi peu de coins antiques, que je n'aurois pas ofé donner ce nom à celui-cy, ni aux deux fuivans, fi plufieurs de mes amis, qui ont un goût merveilleux pour connoître l'antique, ne m'avoient affûré qu'il l'étoit infailliblement. Il y a donc bien de l'apparence que ce petit creux a été fait du temps de l'Empereur Augufte (dont il répréfente la tête) pour frapper une de fes Médailles en or & en argent. La légende qui en eft frufte, ou fort ufée, peut encore fervir de marque de fon antiquité.

LIII.

SUr ce petit revers qui eft auffi antique, on voit un Empereur en un char de triomphe, tenant un foüet en main pour faire avancer quatre chevaux qui le traînent. Derriére luy eft le type d'une Victoire, qui luy met fur la tête une couronne de laurier. Les lettres COS. II. qui fe lifent dans l'Exergue de cette Médaille, marquent qu'elle fut frappée en l'année que ce Prince étoit dans fon fecond Confulat.

Gg

LIV.

CONSTANTIUS.

CE troisiéme coin antique n'eſt que du bas Empire. J'ay même eu beſoin de ſecours pour y lire deſſus le nom de Conſtantius, l'écriture en étant preſque effacée à force de ſervir. Je croy que c'eſt la tête de Conſtantius Chlorus, mary de Sainte Helene, & pére du grand Conſtantin. Son pére qui étoit d'une trcs-noble famille de Rome, ſe nommoit Eutrope, & ſa mére Claudia étoit fille de Criſpus frére des Empereurs Claude & Quintillus. Conſtantius étoit un Prince tres-accomply; il ſe faiſoit aimer de tout le monde, parce qu'il étoit affable, & de facile abord. Maximien & Diocletien l'adoptérent à l'Empire; il eut de grandes guerres avec les Allemans qu'il vainquit, aprés avoir rallié ſes troupes qui avoient eu du deſſous dans un prémier combat; il ſoûmit l'Angleterre qui s'étoit revoltée; & enfin il mourut à York le 23. Juillet de l'an 306.

LV.

Une Figure de Nôtre Seigneur.

VOicy le dernier creux ou la derniére matrice des Médailles Padoüanes que nous avons en nôtre Cabinet. Il nous répréſente la tête de nôtre Seigneur, mais différente de la prémiére que j'ay miſe au commencement de cet ouvrage, tant pour l'air de la tête, que pour l'inſcription qui eſt à l'entour. L'année 1581. ſe voit au bas de ce buſte; ce qui eſt une marque que ce creux eſt un des derniers morceaux de ces excellens ouvriers Jean Cauvin & Alexandre Baſſien; puiſque j'ay dit qu'ils commencérent à travailler vers l'an 1565. Il étoit bien juſte qu'ils finiſſent leur travail, comme ils l'avoient commencé, par la figure du Sauveur; afin de faire connoître qu'il étoit le principe & la fin de toutes les choſes d'icy bas, & que ce Dieu en trois perſonnes étoit le même qui éclairoit tout le monde : *EGO SUM LUX MUNDI.*

Au revers de ce Médaillon eſt une croix toute ſimple, ſans aucune inſcription.

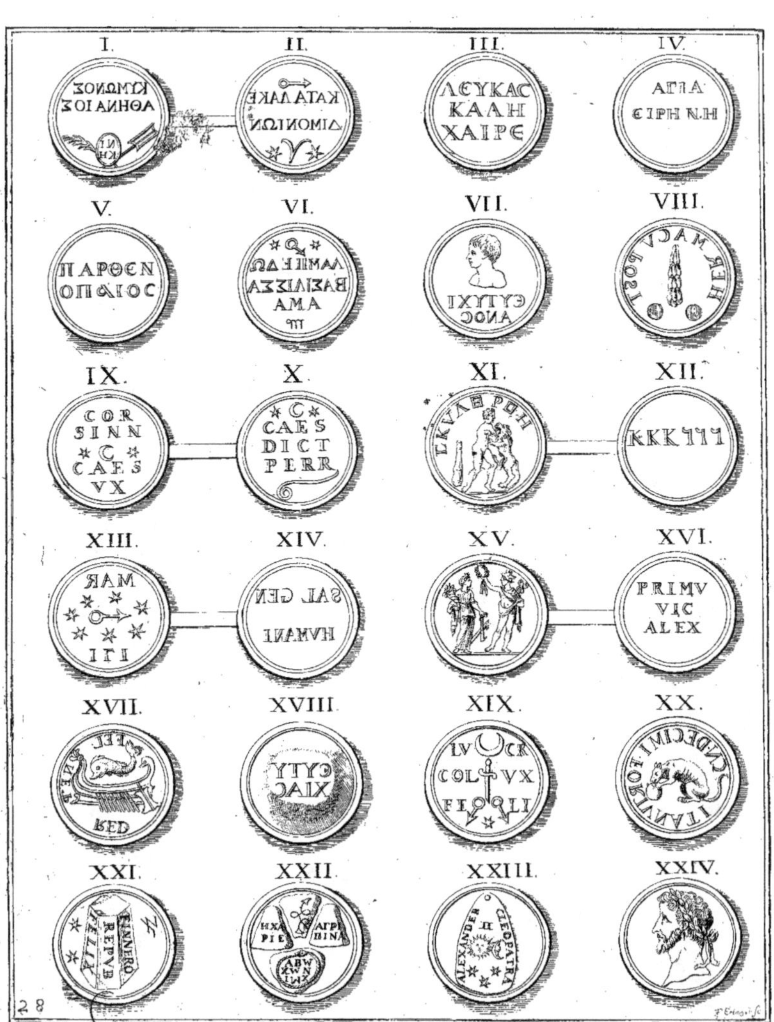

LES
PIERRES ANTIQUES
GRAVÉES.

A coûtume de graver des pierres précieuses pour les enchaffer dans des bagues, eft tres-ancienne: On les gravoit à deux fins, ou pour fervir de cachet, ou pour tirer quelque utilité de la vertu de ces pierres. Les prémiéres s'enchaffoient dans des anneaux qu'on portoit au doigt; les autres fe mettoient auffi au col, au bras, & s'appelloient pierres conftellées, ou Talifmans. Les annulaires étoient les plus communes parmy les Romains. Les femmes en portoient auffi bien que les hommes, puifque Cicéron dit que fa mére avoit coûtume de fceller des bouteilles de vin de fon anneau: *Sicut olim matrem noftram facere memini, quæ lagenas etiam inaneis obfignabat, ne dicerentur inanes aliquæ fuiffe, quæ furtim effent exficcatæ. Ep. ad Tironem 26. lib. 16. Ep.* Augufte aprés avoir été guery d'une maladie dangereufe par Mufa fon Médecin, luy donna, & à tous ceux de fa profeffion, le privilége de porter l'anneau qu'avoient les Chevaliers & les Senateurs Romains. Chacun y mettoit telle figure que bon luy fembloit. Augufte y fit graver au commencement un fphinx, puis la tête d'Alexandre. Neron y avoit un Marfyas qu'Apollon écorchoit, & l'Empereur Commode une Amazone. On faifoit ces gravûres fur toutes fortes de pierres précieufes.

Les pierres gravées de nôtre Cabinet, qui font environ au nombre de mille, viennent de ce grand recüeil qu'avoit fait au commencement de ce fiécle Loüis Chaduc Confeiller au Préfidial de Riom en Auvergne; il les avoit diftribuées par claffe fur des tablettes. La prémiére regardoit la Religion Chrétienne. La feconde contenoit les Images des faux Dieux. La troifiéme, les têtes des Empereurs, & autres. La quatriéme étoit des pierres hiftoriques. La cinquiéme, des revers de Médailles. La fixiéme, des aftronomiques & magiques. La feptiéme, des hierogliphiques des Egyptiens. La huitiéme, les infcriptions. La neuviéme, les geographiques des villes. La dixiéme, des barbares. La onziéme, des mélanges. La douziéme enfin étoit des étrangeres. Non feulement une bonne partie de ces pierres font venües au Cabinet de fainte Geneviéve, mais encore le livre manufcrit original que ce fçavant homme en avoit fait, & qu'il defiroit donner au public. Il est *in folio* divisé en deux parties ; la prémiére comprend vingt tables différentes pour trouver chaque pierre , sa déscription & son explication , quoique succinte. La seconde contient la figure de chaque pierre que l'Auteur avoit déja fait graver pour servir à l'impression de cet ouvrage. Parmy cette grande quantité de pierres gravées de nôtre Cabinet, qui consistent en onix, sardoines, jaspes, lapis, ametystes, hyacinthes , cornalines , & autres ; j'en ay choisi environ une cinquantaine pour les faire dessiner icy , il s'y en trouve particuliérement de deux sortes , sçavoir les inscriptions latines & grecques , puis les Talismans astronomiques, hieroglyphiques & magiques.

I.

UNe agathe qui a d'un côté cette inscription grecque Κ Υ Μ Ω Ν Ο Σ Α Θ Η Ν Α Ι Ο Σ, avec un bouclier en bas, accompagné d'une palme & d'un gouvernail, sur lequel est gravé ce mot ΝΙΚΗ, *Victoria* , donne à connoître que c'est un monument d'une victoire navale de Simon, Archonte, ou Prince d'Athenes.

II.

LE revers de cette pierre a cette inscription grecque Κ Α Τ Α Λ Α Χ Ε Δ Ι Μ Ω Ν Ι Ο Ν , *adversùs Lacedemones* , pour montrer que cette victoire navale que Simon remporta , fut contre les Lacédémoniens. Le signe du Belier qui est au bas, marque que ce fut au mois de Mars.

III.

CEtte pierre est un jaspe rouge , sur lequel ces mots grecs sont gravez en fort beau caractére, Λ Ε Υ Κ Α C Κ Α Λ Η Κ Α Ι Ρ Ε , *Lychas pulchra , salve.* Il y a de l'apparence qu'elle a été faite pour mettre dans une bague que quelque jeune homme vouloit envoyer à sa maîtresse.

IV.

SUr ce jaspe blanchâtre sont gravez ces lettres grecques , Α Γ Ι Α Ε Ι Ρ Η Ν Η , *Sancta Pax.* Elle peut avoir été faite pour un présent d'un mary à sa femme, afin de souhaiter la paix & la concorde dans leur famille. La paix est appellée sainte , parce que parmy les Anciens qui luy ont dédié des Temples , elle étoit estimée une Divinité. On voit encore à Rome des restes de ce Temple magnifique que Vespasien luy avoit fait bâtir, & dont il y a aussi des Médailles.

V.

C'Est un jaspe verdâtre, sur lequel on lit ce mot grec, Π Α Ρ Θ Ε Ν Ο Π Α Ι Ο C , *Parthenopæus* , ou *Neapolitanus* , à cause que la ville de Naples s'appelloit en son origine Parthenope, du nom d'une Sirene. On pourroit dire, ce me semble , que ce *Parthenopæus* , dont on voit icy le nom, est Virgile , soit à cause que ses cendres furent portées à Naples aprés sa mort, suivant ce distique :

Mantua me genuit , Calabri rapuére , tenet nunc
Parthenope , cecini pascua , rura , duces.

soit à cause qu'étant presque le seul Poëte des Anciens , dont les Vers soient chastes.

chaftes. On luy a donné le nom de *Vates Parthenius*, ou *Parthenopæus*, du mot grec ΠΑΡΘΕΝΟΣ, qui signifie *Virgo*.

VI.

JE croy que cette pierre vient d'une Reine des Amazones, appellée *Lampedo*, ainsi que l'inscription qu'on lit au deſſus en fait foy, ΛΑΜΠΕΔΩ ΒΑΣΙΛΙΣΣΑ ΑΜΑ, *Lampedo Regina Amazonum*. Le ſigne de la Planete de Mars, qui ſe voit ſur cette pierre, qui eſt une prime d'émeraude, marque la valeur & le courage de cette femme. C'eſt peut-être cette Amazone qui a porté ſes conquêtes juſques ſur la Méditerranée, & a donné le nom à l'iſle de Lampedoſa prés Malthe.

VII.

ON voit ſur cette pierre qui eſt une Cornaline rouge, la tête d'un jeune enfant fort bien faite, avec cette inſcription au bas, ΕΥΤΥΧΙΑΝΟϹ, *Eutychianus*. C'étoit peut-être le nom de cet enfant, que ſa mére avoit fait graver en ſon cachet, à cauſe que c'étoit ce qu'elle avoit de plus cher au monde.

VIII.

UNe maſſuë accompagnée de deux globes, gravées ſur un lapis, avec ces mots, HER. MACU. POST. *Herculi Macuſano Poſthumus*. Nous avons des Médailles de Poſthume, qui ſe fit déclarer Empereur dans les Gaules aprés Valerien & Gallien, qui ont pour type Hercule appuyé ſur une maſſuë, avec la même inſcription, *Herculi Macuſano*. Triſtan de S. Amant parlant de cette Médaille, avoüe qu'il n'a pû découvrir la raiſon de ce titre qu'on attribuë à Hercule. Il eſt néanmoins juſtifié par une inſcription ancienne qui eſt en la Bibliotéque des Jeſuites de Bruxelles, où il y a de même, *Herculi Macuſano*.

IX.

C'Eſt une autre pierre auſſi de lapis, où on lit cette legende, CORSINN. C. CÆS. VX. *Corſinna Caij Cæſaris uxor*. Il eſt aſſez difficile de ſçavoir qui eſt cette femme de Jules Ceſar, qui avoit nom Corſinna, puiſque juſqu'à preſent on ne luy en a donné que quatre, Coſſutia, Cornelia, Pompeia, & Calpurnia. Il ſe peut faire qu'il en a eu encore quelqu'une que les Hiſtoriens n'ont pas marquée, ou que cette Corſinna ſoit la même que Coſſutia, puiſque nous voions que ces Dames ont eu quelquefois deux noms, témoin *Livia*, qui s'appelloit auſſi *Julia*.

X.

AU revers de ce beau lapis en ovale, on y voit parfaitement bien gravé ces mots, C. CÆS. DICT. PERP. *Caius Cæſar Dictator perpetuus*. C'eſt en mémoire de Jules Ceſar auquel on donna le prémier titre de Dictateur perpetuel, l'an de la fondation de Rome 707. ou 708. Le bâton Augural qui eſt au bas, déſigne ſon ſouverain Pontificat.

X I.

UN jaspe rouge sur lequel est gravé un Hercule qui étoufe un lion , avec ce mot barbare, CKYΛEPOH, & une massuë à côté. Gorlæus dit que c'est une pierre magique, qui a la vertu de guerir la colique : *Sunt ex Medicis qui plurimùm hiscè annulis ad remedia tribuunt , inter quos Alexander Trallianus non postremæ notæ Medicus , qui tradit imaginem Herculis supinè jacentis leonemque strangulantis , annulo inclusam , digitóque gestatam , peculiare amuletum esse ad dolorem colicum.* Le mot qui est à l'entour étant barbare , on ne peut en donner l'explication.

X I I.

C'Est le revers de cette pierre de jaspe rouge , sur lequel il y a trois *Kappa* & trois *Gamma.* Gorlée décrit cette pierre de la sorte , mais n'en donnant point l'explication , j'aime mieux dire que j'ignore ce que ces six lettres signifient , que de vouloir les deviner.

X I I I.

CEtte pierre qui est une cornaline , semble être constellée , puis qu'on y voit le signe de la Planete de Mars , entourée de sept étoiles , qui est la constellation appellée *Septem-Triones* , d'où est venu le mot de Septentrion. Le mot M A R. qui est au dessus , confirme qu'elle appartient à Mars , & que par conséquent sa vertu regarde la guerre.

X I V.

LE revers de la même pierre semble être d'Auguste , puisque cet Empereur est le prémier auquel on a attribué cette belle inscription qui se lit icy , *SALVS GENERIS HVMANI.* Elle luy applique la qualité de Sauveur du genre humain , qui n'étoit duë qu'à Jesus-Christ , le veritable Empereur de tout l'Univers , lequel vint au monde sous son régne , pendant que la paix étoit par toute la terre.

X V.

SUr ce jaspe brun sont deux figures de Déitez , toutes les deux debout , avec leurs attributs : l'une est de la Fortune , qui tient d'une main un gouvernail , & de l'autre , une corne d'abondance : l'autre est d'un Mercure , avec son caducée , qui semble vouloir mettre une couronne sur la tête de quelque Vainqueur.

X V I.

CE vainqueur est Alexandre le Grand , comme il est remarqué au revers par cette inscription , P R I M U S   V I C.   A L E X. *Primus Victor* , ou , *Vicit Alexander.* C'est un monument tres-glorieux de la victoire qu'Alexandre le Grand remporta sur les Perses , qui se vantoient de n'avoir jamais été battus , & un remerciment qu'il fait à sa bonne fortune ; & à Mercure , de l'avoir assisté si favorablement en cette guerre.

X V I I.

ON voit sur cette pierre , qui est un jaspe brun , une galére , & au dessus un Dauphin , avec cette inscription à l'entour : F E L.   N E P.   R E D. *Feli-*

citas Neptuno reduci. Nous voyons le type d'une Médaille d'Adrien , qui est presque semblable , il y a une galére avec le mot *Felicitas* , au dessus. C'étoit le symbole du bonheur chez les Romains , comme l'on dit encore en France d'un homme qui est heureux, qu'il a le vent en poupe. Le Dauphin est le symbole de la tranquillité , à cause que paroissant en mer , il présage la bonace. C'étoit le cachet de quelque Officier de la Marine, qui faisoit des vœux à Neptune pour avoir un heureux retour en son païs. Nous voions des Médailles du même Adrien, où il y a un Neptune qui porte un Dauphin sur la main , avec ces deux mots : *Neptuno reduci.*

XVIII.

C'Est une agathe onix qui a été autrefois enchassée dans une bague , elle servoit à une Dame de Gréce, qui s'appelloit Eutychie , E Y T I X I A C ; ou bien on a fait graver ce mot grec pour souhaitter & procurer quelque bonne fortune à celuy qui portoit cette pierre.

XIX.

ON lit ces mots sur cette pierre qui est un jaspe rougeâtre, LUCR. COL. VX. FELI , *Lucretia Collatini uxor felix.* Il y a au milieu un poignard , au haut un croissant, & au bas le signe de la Planete de Mars. C'est un monument de la générosité de cette Dame Romaine Lucréce femme de Collatinus , tant estimée parmi les Païens pour s'être tuée d'un poignard , aprés avoir été deshonorée par Tarquin.

XX,

C'Est une sardoine , sur laquelle on voit gravé un rat qui ronge une pomme, avec cette legende autour, CN. DECIMI FORTUNATI. C'étoit apparemment le cachet, dont se servoit Cneius Decimus Fortunatus , qui étoit enchassé dans un anneau. Le type qui est un petit grotesque , est un témoignage, qu'on faisoit toutes sortes de gravures sur ces pierres , qui devoient servir de cachet, selon le caprice d'un chacun.

XXI.

VOicy une pierre, aussi-bien que les deux suivantes , qui n'ont pas été gravées pour mettre à des bagues , ni pour les porter au doigt. Ce sont des Talismans , ou des pierres constellées qui ont été faites à quelque fin. Celle-cy est une agathe orientale, longue de plus d'un demy pouce, & grosse de quatre lignes ; elle est exagone, ou à six faces , dans trois desquelles il y a des étoiles , & dans les trois autres on lit ces mots : FIN. NERO. REPUB. FELIX, que j'interpréte de la sorte, *Fine Neronis Republica felix.* Il y a de l'apparence que ce Talisman a été fait pour procurer la mort de Neron, que chacun souhaittoit comme le plus grand bonheur qui pouvoit arriver à la République.

XXII·

CEtte pierre est une agathe rouge triangulaire qui se termine en pointe. Elle a sur l'une des trois faces ce mot grec A Γ P I Π Π I N A , sur l'autre HXAPIC, & sur la troisiéme un las d'amour , qui a un dard au bout. Sur le cube est un serpent tourné en rond, qui mord sa queuë, au milieu de ce serpent sont des caractéres grecs qui ne font aucun sens. Tristan de S. Amant qui a fait graver cette même pierre, en fait estime, & dit qu'il l'avoit euë de M. Fouquet, & qu'Agrippine la jeune la fit faire pour se faire aimer de son propre frére l'Empereur Caligule, avec lequel en effet elle eut des commerces tres-infames.

XXIII.

C'Est une Cornaline un peu jaunâtre, laquelle tant par sa figure platte, que par la maniére qu'elle est percée en haut, paroît avoir été portée au col. Au milieu on voit le soleil & la lune ; vers le bas sont trois étoiles. On lit aux deux côtez ces deux noms en latin, CLEOPATRA, & ALEXANDER. C'est aussi un Talisman, que je croirois volontiers avoir été fait par Alexandre fils de Cleopatre Reine d'Égypte, pour se concilier les bonnes graces & l'amitié de sa mére, qui en avoit si peu pour luy, que ne le pouvant souffrir, elle le chassa de son Royaume.

XXIV.

SUr la derniére pierre de cette planche, qui est une cornaline, est la tête de l'Empereur Antonin si ressemblante, qu'on y remarque facilement ce caractére de douceur qui le faisoit distinguer de tous ses prédécesseurs. C'est cette douceur qui luy avoit acquis le nom de Debonnaire. On gravoit les têtes des Empereurs sur les pierres annulaires ; c'étoit aussi quelque chose de si sacré, qu'il n'étoit pas permis de faire aucunes actions deshonnêtes en les portant, ni même de les avoir aux doigts, ni autre part dans les lieux que la bien-séance ne permet pas de nommer.

LES TALISMANS
DES EGYPTIENS
EN PIERRES GRAVÉES.

ON a emprunté des Arabes, qui ont été autrefois de grands Philosophes, le nom de Talismans, que nous appellons en latin, *Amuleta astronomica*, a la différence des caractéres qui se font par pacte avec le démon, qu'on nomme *Amuleta magica*. Je ne parle point de ceux-cy qui sont condamnez par tout le monde ; mais des astronomiques qui sont reçûs par la plûpart des Sçavans, & qui ne sont autre chose que des pierres ou des métaux gravez de certaines figures celestes qui marquent la vertu qu'ils communiquent à ceux qui les portent.

Les premiers Auteurs de ces Talismans astronomiques ont été les Chaldéens & les Hebreux, ces peuples ont été les prémiers du monde pour les sciences & les
connoissances

I.
ΣΤΡΑΠΤΩΝΑΠΟΚΑΙΝΕΙΑΛΛΥΧΝΟΥΙΔΡΩΣΕΛΟΡΧΝΩ
ΑΕΗΙΟ
II.
ΤΑΕΞΟΝΤ
ΗΝΜΗΤΡΑΝ
ΤΗΣΔΕΙΝΑΕΙΣ
ΙΟΝΙΔΙΟΝΤΟ
ΠΟΝΟΤΟΝΚΥΚ
ΛΟΝΤΟΥΗΛΕΙ
ΟΥ
III.
ΛΑΧΑΜΙ
ΦΑΔΑΝ
ΦΕΞΒ
ΛΑΧΑΜΙ
ΦΜΑΛΙΑΔΙ
Φ ΘΙΧΟ
ΞΖΒ
IV.
ΙΟΥΔΑΣ
V.
ΑΡΛΒΑ
ΟΥ
ΙΩ
ΝΟ
ΛΕ
VII.
ΙΑ Ω
ΑΒΡΑΣΑC
ΑΔΩΝΑΙΑ
ΔΔΕΞΙΑΙΔΥ
ΝΑΜΙΣΦΥΛ
ΑΖΑΤΕΟΥΣ
ΒΙΑΝΠΑΥ
ΔΕΙΝΑΝ
VIII.
ΑΠΟ
ΠΑΝΤ
ΟΣΚΑΚ
ΟΥΔΑΙ
ΜΟΝ
ΟC
IX.
ΗΟΝ
ΡΑ ΤR
Β Ι Β
XII.
ΙΑ
Ε
XV.
ΙΑWΗΕ

connoiſſances naturelles qu'ils avoient appriſes par tradition des Patriarches & des deſcendans de Noë, qui les tenoient des enfans d'Adam. C'eſt de là que ces Chaldéens & ces Hebreux avoient appris la Philoſophie qu'ils ont enſeignée de-puis aux Egyptiens ; ceux-cy aux Grecs, qui l'ont communiqué aux Romains, & à tout le monde ; ce ſont, dis-je, les Chaldéens qui ont les prémiers enſeigné les mouvemens des cieux, le cours & la vertu des planetes & des conſtella-tions, la ſympathie qu'elles avoient avec les corps ſublunaires ; ce qui leur a donné occaſion d'appliquer les choſes actives aux paſſives qui leur étoient pro-pres, pour en recevoir les influences, & en retenir les vertus.

Ils ont reconnu que les ſept Planetes étoient ces principaux agens, & les prin-cipes de ces influences ſupérieures ; qu'il y avoit ſept pierres & ſept métaux qui y avoient rapport, & par conſéquent de la diſpoſition pour recevoir leurs qualitez, ſçavoir le plomb, le jaſpe & l'onix à Saturne ; l'airain, le ſaphir & l'émeraude à Jupiter ; le fer, la hyacinthe, l'ametiſte & l'aimant à Mars ; l'or, le rubis & l'eſ-carboucle au Soleil ; l'étain, la turquoiſe & l'aigue-marine à Venus ; le cuivre & le vif argent, l'agathe & la chryſolite à Mercure ; l'argent & la perle à la Lune.

Je trouve de trois ſortes de Taliſmans, les aſtronomiques, les gnoſtiques & les caballiſtiques. Les premiers ſont ſur des pierres & ſur des métaux ; les ſeconds ordinairement ſur des pierres, & les troiſiémes pour l'ordinaire ſur les métaux. J'ay fait deſſiner les plus curieux que j'ay rencontré de toutes les trois ſortes, en-tre plus d'une centaine qu'on garde dans nôtre Cabinet.

Quant à leurs effets c'eſt une choſe fort problématique, les uns les rejettent abſolument comme des ſuperſtitions condamnées par l'Egliſe, ou des illuſions chimériques. Les autres y donnent toute créance, comme à des effets naturels des influences celeſtes. J'eſtime qu'il y faut garder un milieu ; car aprés qu'Albert le Grand, S. Thomas, & pluſieurs ſçavans hommes avec eux, les ont approu-vez, il y auroit, ce ſemble, de la témérité de les condamner tout-à-fait : mais de croire auſſi que les figures des Planetes, des conſtellations, & d'autres choſes plus ridicules agiſſent phyſiquement ſur les hommes, pour les guérir des mala-dies, leur faire trouver des tréſors, leur procurer la faveur des Grands, exciter de l'amour, rendre heureux au jeu & dans la marchandiſe, être victorieux en guer-re, n'y être point bleſſé, & d'autres effets ſemblables qu'on attribuë à ces figures ; je ne croy pas que cela ſoit poſſible, puis qu'il n'y a aucune reſſemblance ni ſympathie de cette figure de Mars ♂ par exemple, ou de celle-cy d'*Aries* ♈ à la compoſition de certaines étoiles qui forment cette conſtellation ; ou à l'aſtre qui eſt au ciel, qu'on appelle Mars, pour en attirer l'influence ſur une pierre, ou ſur une piéce de cuivre.

Je demeure bien d'accord que la pierre & le métal ont de la ſympathie avec des Planetes, ainſi que je le viens de dire, mais j'eſtime auſſi que les figures qu'on met au deſſus ne contribuënt en rien à leur action, & ne ſervent tout au plus que pour ſignifier leurs effets ; par exemple, cette figure de Mars ♂ montre que le Taliſman où elle ſe rencontre eſt fait pour la guerre, & ainſi des autres.

Ce ſentiment eſt celuy des plus ſages & des plus judicieux, & le milieu, ce me ſemble, qu'il faut tenir ; c'eſt celuy particuliérement que nous enſeigne le P. Kircher, qui a fort étudié cette matiére, lequel, aprés en avoir amplement diſcouru, conclud que la vertu des Taliſmans eſt attachée à la matiére, & non à la figure qui ne fert qu'à marquer l'effet. Plufieurs de ceux qui font de cet avis, difent que tout de même que quand un enfant vient au monde, & prend l'air au fortir du ventre de fa mére, ce prémier air agit fur luy pour faire fon tempérament & fon humeur, felon les influences & les qualitez des aftres qui dominent en ce prémier moment de fa naiffance. Saturne rend un homme ter-reftre & faturnique ; Jupiter fait un fanguin & un jovial ; & Mars un bilieux & un guerrier ; que fi alors cette planete fe rencontroit au mois de Juillet dans la maifon du lion, ce feroit pour former un tempérament tout de feu, qui rendroit un homme hardy, généreux, capable de grandes entreprifes ; c'eft fur ce prin-cipe que les Aftrologues confultent les aftres qui dominent au moment de la naiffance d'un enfant, pour tirer fon horofcope ; ils en raifonnent de même par proportion, des pierres & des métaux, & tiennent que lorfque celles-là font fé-parées de leurs roches, & les autres détachez de leurs mines, le prémier air qu'ils prennent, leur imprime non feulement les qualitez de leur planete fym-pathique, comme la vertu du foleil à l'or & au rubis, mais encore les influen-ces des autres aftres qui font alors en conjonction avec le foleil qui eft le domi-nant.

Si cela eft ainfi, quel moyen de fçavoir & de marquer diftinctement la vertu d'une piéce d'or ou d'argent qui aura été tirée de la mine, il y aura plus de mille ans, & aura été cent & cent fois fonduë, toutes lefquelles fois elle aura contrac-té de nouvelles & différentes qualitez des aftres qui dominoient alors. Je conclud donc de tout ce que je viens de dire, qu'encore que les Talifmans contractent quelque vertu des Planetes à caufe de leur métail, encore qu'ils reçoivent quel-que influence particuliére des conftellations qui dominent, & qui font en l'air afcendant, lors qu'ils font fondus ou gravez, à caufe de la chaleur, la fufion & la gravûre qui donnent lieu à la pénétration des influences celeftes dans ces corps qui les retiennent en les refroidiffant ; je croy néanmoins qu'il eft tres-difficile d'en faire aucun, de la bonté & de la vertu duquel on puiffe être affûré, & dont par conféquent on puiffe retirer infailliblement l'effet qu'on prétend, fi ce n'eft que l'expérience l'ait fait rencontrer par hazard dans un long ufage.

I.

Es Chaldéens & les Egyptiens qui fe font fort appliquez à la connoiffance des aftres, fe font beaucoup fervis des Talifmans, & de ces pierres myf-térieufes. On voit en celle-cy un ferpent en ovale qui mord fa queuë, qui eft la figure du temps. Le ferpent du milieu, l'Ofiris & l'Horus qui font à fes côtez ont tous rapport au foleil, & nous montrent que cette pierre eft conftellée fous cette Planete. L'écriture qui eft à l'entour, compofée de caractéres grecs & barba-res, nous en pourroit apprendre l'ufage, fi on les eût pû déchiffrer ; mais l'inf-cription du revers qui eft plus lifible, nous fera connoître quelque chofe.

I I.

L y a à l'infcription du revers ces mots grecs, ΤΑΟΟΟΝ ΤΗΝ ΜΗΤΡΑΝ ΤΗΣ ΔΕΙΝΑ ΕΙΣ ΤΟΝ ΙΔΙΟΝ ΤΟΠΟΝ Ο ΤΟΝ ΚΥ-ΚΛΟΝ ΤΟΥ ΙΛΕΙΟΥ, *Pone vulvam illius mulieris in proprium locum cir-culum folis* ; ce qui donne affez à connnoître que ce Talifman a été fait fous la Planete du foleil, pour fervir de remede à quelques maladies de femmes.

III.

C'Eft auffi une pierre de touche, fur laquelle on voit la figure d'un homme qui a une tête de lion. J'eftime que c'eft un Talifman qui a été fait pour avoir de la valeur & du courage en guerre, afin d'obtenir la victoire de fes ennemis. La tête du lion qu'il porte, répréfente le foleil au figne du lion, qui infpire de la force & du cœur, auffi tient-il la tête de fon ennemi qu'il a défait : nous en pourrions apprendre davantage des caractéres qui font gravez deffus, s'ils étoient lifibles.

IV.

O N ne lit fur le revers de cette pierre que ce mot grec, I O Y Δ A C, *Judas;* c'eft probablement le nom d'un Juif, en faveur duquel ce Talifman a été fait pendant qu'il étoit captif en Egypte ; car les Ifraëlites ayant été mêlez parmi les peuples idolâtres, fe laifférent quelquefois aller à leurs fuperftitions : *Commixti funt inter gentes, & didicerunt opera eorum.*

V & VI.

C'Eft une chimére gravée fur une pierre de parangon, devant laquelle fe préfente un homme tout effaré qui apprehende d'en être maltraitté. Le mot A P A B A, & les autres qui s'y lifent font barbares. Il femble que ce Talifman ait été fait pour n'être point devoré des bêtes farouches. Le revers a des caractéres, dont l'explication ne fe peut deviner.

VII.

U Ne pierre d'aimant fur laquelle il n'y a aucune figure, mais une infcription qui fait un fens continu des deux côtez. Sur le plus large on lit ces mots grecs, I A Ω A B P A C A C A Δ O N A I A T......Δ. Δ E Ξ I A I Δ Y N A M E I C Φ Y Λ A Ξ A T E O Y Δ B I A N Π A Y Λ E I N A N, *Jao Abraxas Adonai. A.....quatuor dextra virtutes fervate Ulpiam Paulinam.*

VIII.

L E revers contient le refte de cette infcription, A Π O Π A N T O C K A K O Y Δ A I M O N O C, *Ab omni malo dæmone ;* ce qui fait voir que ce Talifman gnoftique a été fait pour délivrer ou préferver une femme nommée *Ulpia Paulina,* de la poffeffion du démon. Ces deux mots *Jao Abraxas,* dont je parleray plus bas, convainquent que cette pierre a été ainfi écrite par les Gnoftiques ou autres hérétiques femblables.

IX.

C Ette figure gravée fur une cornaline rouge, nous répréfente ce monftre fabuleux des Egyptiens qui étoit en partie femme, & en partie lion, ce qui n'étoit pas fans myftére, car comme cette figure étoit donnée d'ordinaire à de groffes pierres qu'on mettoit au bord du Nil, pour en marquer la creüe qui fe faifoit aux mois de Juillet & d'Août, pendant que le foleil étoit au figne du lion & de la vierge : ils les taillérent, dis-je, fous la figure d'un animal, qui répréfentoit ces deux fignes enfemble. Il a icy des aîles, à caufe qu'ils adoroient le fphinx pour une Divinité qu'ils croioient le génie du Nil.

X.

LE revers témoigne que cette pierre a été pareillement confacrée à Bacchus, à caufe de la grappe de raifin, & de ces mots, HON. PATR. BIB. *Honori Patris Biberi*, ou *Liberi*. J'ay la penfée que d'un côté c'étoit un Talifman Egyptien pour faire croître le Nil, & qu'étant venu depuis à Rome, on en a gravé un autre derriére en l'honneur de Bacchus, pour avoir pleine vendange.

XI.

CEtte figure d'un enfant qui n'a qu'un pied & deux têtes, eft celle du Dieu *Horus*, qui étoit fils d'*Ofiris* & d'*Ifis*, & par conféquent du foleil & de la terre, c'eft à dire la vertu productive de toutes chofes, qui confifte dans la chaleur du foleil & l'humidité de la terre, qui en font les principes. Il eft jeune, parce que cette vertu ne vieillit point, mais fe renouvelle tous les ans. Il a deux faces qui regardent deux années, la paffée où l'on a femé le grain, & la nouvelle en laquelle on fait la moiffon ; il a un pied pour montrer la ftabilité de la nature qui eft toûjours conftante, & ne manque point tous les ans à produire de nouveaux fruits.

XII.

ON lit au revers de cette pierre qui eft un jafpe oriental, ce mot IAΩ, qu'on eftimoit être le nom de Dieu chez les Bafilidiens, & autres femblables Gnoftiques qui ont gravé, ce femble, cette pierre, pour obtenir la fecondité de la terre.

XIII. & XIV.

UNe pierre de touche qui eft commune en Egypte, on y voit deffus la Fortune gravée, avec un gouvernail & une corne d'abondance, telle que les Romains la répréfentoient tant fur les Médailles qu'ailleurs. Le revers contient ces lettres I A Ω H E, qui eft le même nom de Dieu que *Jao*, quoique la fuperftition des Gnoftiques y ait ajoûté deux lettres. J'expliqueray ce nom plus amplement dans la fuite.

X V.

C'Eft le Dieu *Harpocrates* affis fur la fleur du lotus gravé fur une pierre d'aymant. J'ay déja dit que les Egyptiens eftimoient qu'Harpocrate étoit le même qu'*Horus* qu'ils prenoient pour le Soleil levant ; d'où vient le mot *Hora*, une heure. Plutarque en fon Traité de Ifis & Ofiris, le confirme par ces paroles : Les Egyptiens ne penfent pas qu'il forte du lotus un petit enfant qui ne fait que de naître ; mais ils peignent ainfi le Soleil levant, pour donner à connoître que le Soleil fortant des eaux, fe vient à rallumer. Il faut fçavoir que le lotus eft une herbe qui croît dans le Nil, & qu'elle eft dédiée au Soleil, parce qu'elle a cette proprieté, que non feulement fa fleur s'épanoüit aux rayons de cet aftre, & qu'elle fe referme à mefure qu'il fe retire de deffus l'horifon, mais encore fa plante s'abaiffe infenfiblement, fe cache la nuit fous les eaux de ce fleuve, d'où elle fort le lendemain, auffi-tôt que le foleil

commence

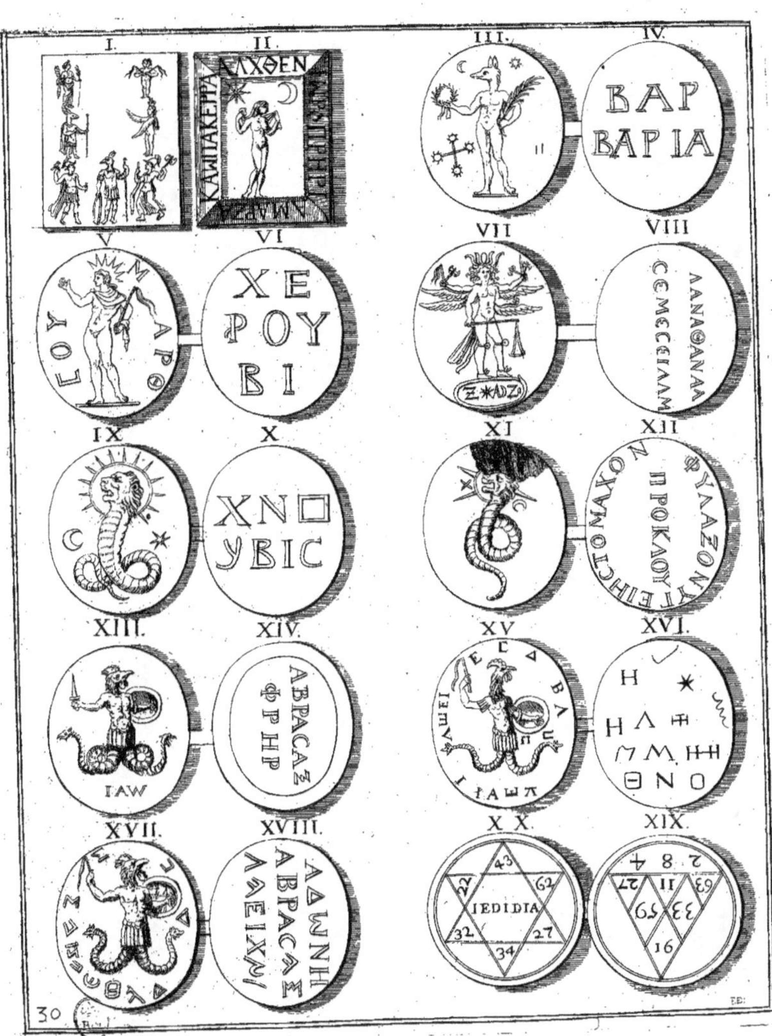

commence à paroître ; c'est pourquoy les Egyptiens ont feint qu'*Horus* ou Harpocrate qui étoit le Soleil levant, sortoit du sein des eaux, où il s'étoit couché sur cette fleur, ainsi que cette pierre le réprésente. Il met le doigt sur la bouche, à cause, comme j'ay déja dit, que quéques peuples d'Orient adoroient le Soleil levant, en mettant le doigt sur la bouche ; il tient une verge ou un foüet pour chasser les chevaux du Soleil. Nous avons plusieurs Médailles romaines, sur lesquelles on le voit à son levé comme un jeune homme qui a un foüet à la main, avec ce mot *Oriens*.

XVI.

J'Ay aussi parlé du Dieu Anubis, & j'ay fait voir la raison pour laquelle on luy donnoit une tête de chien. J'auray encore occasion d'en parler dans la suite ; je diray seulement icy qu'on luy met en main un flambeau, à cause qu'il éclairât la Déesse *Isis*, lors qu'elle alla chercher Osiris qu'elle avoit perdu ; c'est la remarque de Plutarque.

XVII.

IL n'y a rien de plus commun parmi les symboles des Egyptiens que le Scarabée, qui est un vilain insecte qui naît de l'excrément des chevaux. Les Anciens n'ont pas laissé de le comparer au soleil, Eusebe le rapporte, tant ils étoient aveuglez & superstitieux. Les Egyptiens ont coûtume de l'honorer comme la vraie réprésentation du Soleil. Pline en donne cette raison, parce que ces insectes avoient rapport aux opérations du Soleil : *Ægypti magna pars Scarabæos inter numina colit, curiosa Apionis interpretatione, quâ colligat Solis operum similitudinem huic animali esse, ad excusandos Gentis suæ ritus, cap. 11. lib. 30. hist. natur.* On trouve que ces Scarabées étoient d'ordinaire percez comme celui-cy l'est, à cause que les soldats les portoient au col, ou même au doigt comme un Talisman, afin d'être courageux dans les occasions, à cause que ces animaux sont tous mâles. Un Auteur le remarque : *Bellicosis sculptura annuli erat Scarabæus.*

XVIII.

CEtte pierre est une Sardoine, sur laquelle est gravée la figure d'un Scorpion. Il est assez manifeste que c'est une pierre constellée sous la figure d'un scorpion, dans une conjonction favorable d'autres astres, pour se garantir de la picqueure des scorpions, & d'autres semblables bétes venimeuses.

XIX. & XX.

SUr cette prime d'émeraude est gravé un Scarabée, avec ces caractéres d'un grec barbare, Θ Ω X N O Y Φ I ; ce qui fait connoître que c'est une de ces pierres superstitieuses des Gnostiques, qui est faite sous la planete du Soleil, dônt le scarabée & le serpent étoient des symboles. Au revers est gravé un serpent, avec une tête de lion environnée de rayons. Les sept étoiles qui sont à l'entour, sont celles que les Astronomes appellent *Septem-Triones*.

LES TALISMANS
DES GNOSTIQUES.

 Es hérétiques Gnostiques , Basilidiens , Carpocratiens , & autres semblables des premiers siécles , ont été fort attachez à ces pierres magiques & superstitieuses qu'ils gravoient sous des constellations , avec des figures extravagantes & des mots barbares , pour guérir des maladies , & produire d'autres effets. Saint Epiphane , S. Irenée , & d'autres Péres en parlent fort au long dans leurs écrits , & je suis obligé d'en traitter assez amplement dans l'explication des pierres de cette planche.

I. & II.

UNe table quarrée de lapis , sur laquelle est gravée une Venus , le Soleil & la Lune , avec des caractéres à l'entour d'un grec barbare qui nous est entiérement inconnu. Le revers a sept figures hieroglyphiques , par lesquelles les Gnostiques ont voulu désigner les sept intelligences qui président aux sept planetes ; car ç'a toûjours été la créance qu'il y avoit des esprits qui présidoient aux cieux & aux astres , & les mouvoient là-haut , ainsi qu'il y en a icy-bas qui président aux Royaumes & aux villes. Cette verité se remarque clairement dans l'Apocalypse , où il est parlé de cet Ange d'Ephése , de celuy de Smirne ; & de ceux de plusieurs autres lieux : *Credebant Basilidiani Deum continere septem virtutes , per quas omnia operabantur cœlorum præsides* , dit Kircher. Saint Epiphane rapporte au livre prémier du second tome , *adversùs hæreses* , hérésie 26. les noms que ces hérétiques leur donnoient , sçavoir Jao , Saclan , Seth , Daden , Adonias , Jaldabahoth , Sabaoth.

III.

C'ESt la figure du Dieu Anubis gravé sur un lapis qu'on peignoit avec la têté d'un chien , d'où vient que Virgile luy donne cette épithéte , *Latrator Anubis.* Quelques-uns ont crû que c'étoit un chien tres-fidéle , qui trouva Osiris quand Isis l'eut perdu. Nous en avons parlé à l'article de sa figure. Il porte une palme & une couronne de laurier pour marque de quelque victoire.

IV.

AU revers de cette pierre de lapis on lit ce mot BAPBAPIA , qui désigne la Barbarie , : c'étoit une Province d'Afrique contiguë à la Lybie & à la Numidie ; ce qui me fait conjecturer que cette pierre pourroit bien avoir été faite en mémoire de quelque victoire qu'un Roy d'Egypte auroit remportée sur les peuples de Barbarie ; je croiois d'abord lire sur cette pierre *Barkaba* , au lieu de *Barbaria.* Ce Barkaba étoit le nom d'un Prophete des Gnostiques , mais aprés l'avoir regardée attentivement , j'ay vû qu'il y avoit *Barbaria.*

V.

ON voit fur ce jafpe brun la figure du foleil qui a des rayons à l'entour de la tête, & tient un foüet en main à la maniére qu'il eft réprésenté fur plufieurs Médailles antiques. J'eftime que c'eft une de ces pierres fuperftiticufes des Marcofiens hérétiques defcendus des Gnoftiques. Ils avoient pris leur nom d'un certain Marc, dont S. Epiphane aprés S. Irenée, rapporte les erreurs au troifiéme tome de fon prémier livre, *adversùs hærefes*, le nom de cét Héréfiarque, MAPKOY, fe lit fur cette pierre. Ces Hérétiques, auffi-bien que les Gnoftiques, avoient en vénération le Soleil qu'ils adoroient fous le nom de Mitra, & le peignoient de la maniére que l'a décrit le Poëte Prudence:

> Hos currus fidus, rapidafquè agitare quadrigas
> Commenti, & capiti radios, & verbera dextræ.

Ces hérétiques Marcofiens fe répandirent même le long du Rhône, ainfi que S. Irenée le témoigne.

V I.

SUr le revers de cette pierre on lit ce mot grec KEPOYBI, *Cherubim.* Ces hérétiques emploioient des noms des Anges, foit vrais, foit faux, fur leurs pierres magiques, les croiant des intelligences qui préfidoient à toutes chofes; c'eft ce que nous apprenons de S. Irenée.

VII.

LA figure monftrueufe qui paroît fur ce jafpe de diverfes couleurs, eft eftimée une Divinité des Bafilidiens defcendus des Gnoftiques. On croit que c'eft celle de cet infame Priape, qu'ils confondoient avec le Soleil, principe de toutes les générations. Elle a quatre aîles qui défignent les quatre t lemens qui forment les quatre humeurs de l'homme, ou les quatre faifons; elle tient en une main une herbe à trois feüilles, & de l'autre une balance, qui défigne les équinoxes. Sur fa tête font des feüilles de l'herbe lotus d'Egypte, & au bas on voit des caractéres de ce païs-là, qui font affez voir que ce font des myftéres de ces peuples fuperftiticux.

VIII.

C'Eft le revers de la même pierre, fur laquelle font gravez ces deux mots barbares, ΛΑΝΑΘΑΝΑΑ CEMECEIAAM, dont le prémier, femblable à plufieurs termes magiques, fe lit de deux fens, & par les deux extrémitez: Je ne fçay ce qu'il fignifie, non plus que le fecond mot.

I X.

CEtte gravûre qui eft fur une prime d'émeraude, réprésente un ferpent entortillé qui a une tête de lion, avec des rayons à l'entour. Saint Epiphane qui attribuë cette figure aux Gnoftiques, dit que le démon qui les enchantoit, fe faifoit honorer d'eux fous cette horrible figure; cette fecte fe nommoit, à caufe de cela, *Ophitæ.* Voicy fes termes en françois: Des Gnoftiques & des prémiéres fectes des hérétiques font fortis ceux qu'on appelloit *Ophitæ*, ou ferpens, parce

qu'ils honoroient un ferpent à qui ils attribuënt la connoiffance de toutes chofes , ils affûrent donc que ce ferpent a donné aux hommes toute la fcience du
bien ou du mal. Et Tertullien parlant aux mêmes hérétiques , dit : *Qui Ophitæ
nuncupantur ferpentem magnificant in tantum , ut illum etiam ipfi Chrifto præferant:
ipfe enim , inquiunt , fcientiam nobis boni & mali dedit. Moyfes exaltavit ferpentem
in deferto , quem Chriftus imitatur in Evangelio , dicens : Ita exaltari oportet Filium
Hominis.* Voicy un échantillon des blafphêmes , & des rêveries de ces hérétiques.

X.

ON lit ce mot fur le revers de la même pierre , X N O Y B I C. Si on s'en
rapporte au P. Kircher qui a eu connoiffance de celle-cy , ou d'une femblable , il faut dire qu'il y doit avoir X N O Y M I Σ P I , & qu'il le faut expliquer
en lettres numérales pour y trouver 1 4 8 0. qui eft le même nombre qui fe rencontre aux lettres numérales de X P I Σ T O Σ. Ces hérétiques abufant ainfi du
Nom de Jefus-Chrift ; mais comme il y a X N O Y B I C bien écrit , il faut plûtôt dire avec Saumaife , que c'étoit , felon ces Gnoftiques , un des trente-fix Do-
yens qui préfidoient à tout le Zodiaque. *Unus ex triginta fex Decanis , qui omnem
Zodiaci poffident circulum , eorum autem figuras curabant in gemmis fculpendas , ut
effent pro amuletis.*

XI. & XII.

UN jafpe oriental fur lequel eft gravé un ferpent femblable à la pierre précédente , avec le mot X N O Y B I C , & des rayons à l'entour de la tête.
Les mots qui font écrits au revers , marquent affez que c'eft un Talifman qui a
été fait en faveur d'un nommé Proclus , contre le mal d'eftomach , puifque cette
infcription grecque s'y explique ainfi : *Serva fanum ftomachum Procli.*

XIII.

CEtte figure monftrueufe gravée fur un jafpe , auffi-bien que les fuivantes ,
font des pierres magiques & fuperftitieufes des Gnoftiques, Bafilidiens, Car-
pocratiens , & autres femblables hérétiques qui vouloient fous cette chimére d'un
homme qui avoit la tête de coq & les pieds de ferpent , répréfenter la vertu du
Soleil , dont ces deux animaux le coq & le ferpent étoient des hieroglyphes : le
coq , dis-je , à caufe qu'il annonce la venuë de cet aftre ; & le ferpent , à caufe
qu'il eft extrémement vif par fa chaleur naturelle , il a pour ce fujet un foüet en
main , afin de montrer que c'eft la figure du Soleil , & il tient un bouclier pour
repouffer les mauvaifes influences contraires à la vertu qu'il donne à cette pierre,
qui eft une efpéce de Talifman.

X I V.

AU revers ce mot écrit en grec , A B P A C A Σ , *Abracas* , ou *Abraxas* ,
étoit le fymbole de ces hérétiques ; ils le croyoient d'une vertu tres-puif-
fante pour guérir leurs maladies , & pour fe procurer toutes fortes de biens. On
tient qu'ils avoient emprunté cela des Juifs , qui attribuoient cette vertu mer-
veilleufe au nom ineffable de Dieu I E H O V A. Saint Jerôme nous l'apprend
par ces paroles de fon Commentaire fur le troifiéme chapitre d'Amos : *Unufquif-*
que

que fingit quod voluerit, & adorat figmentum fuum, ut Bafilides, qui omnipoten-
tem Deum portentofo nomine appellat Abraxas. L'autre mot Φ P H P qui fuit, nous
eft entiérement inconnu.

XV.

SUr la même nature de pierre eft gravée la même figure que fur la précédente, il y a feulement de particulier à celle-cy, qu'on lit à l'entour ces caractéres écrits de la forte, I A Ω A I A Ω E I C A B A O T ; ce font trois noms
de Dieu, I E H O U A , E L O E I , S A B A O T. Theodoret à propos de ce
mot, dit qu'ils croient (il parle des Gnoftiques) que *Sabaot* eft le Dieu des Juifs ;
& S. Epiphane parlant des rêveries de ces mêmes hérétiques, en fait l'énuméra-
tion de cette forte ; les uns tiennent que Sabaoth a la forme d'un afne, les autres d'un porc ; c'eft pourquoy il eft défendu aux Juifs de manger de la
chair de porc : C'eft ainfi que ces hérétiques abufoient de ce faint Nom de Dieu,
qui s'appelle fouvent dan la fainte Ecriture, *Deus Sabaoth*, le Dieu des armées.
Saint Irenée ajoûte : ils fe fervent de plufieurs mots qu'ils prennent dans l'Ecriture fainte, comme de Sabaot, Eloi, & Adonai ; cela, pour montrer qu'il y a
des différentes vertus, & plufieurs Dieux.

XVI.

LE revers de cette pierre a des caractéres barbares & inconnus, & il ne s'en
faut pas étonner ; ces hérétiques en ufoient de la forte, afin de faire
paffer leurs fuperftitions pour des myftéres : *Se ac fuos folos effe dicebant homi-*
nes, cæteros omnes fues & canes, ob idque non propalanda aliis fua myfteria ;
quòd præceptum effet, nolite abjicere margaritas ante porcos.

XVII.

C'Eft encore une figure de l'*Abraxas*, gravée fur une pierre de parangon, autour de laquelle il y a des caractéres, mais fi mal formez,
qu'on ne les peut lire. On y voit ce mot I A Ω écrit en lettres grecques,
que S. Epiphane dit être le nom de Dieu parmy ces hérétiques. Macrobe affûre
qu'Apollon étant un jour confulté, lequel étoit le plus grand des Dieux, fit
cette réponfe : P A Ξ E T Ω N Π A N T Ω N Y Π A T O N I A Ω ; dites que
le plus grand & le prémier de tous c'eft *Iao*. Ce n'étoit en effet autre chofe que
le nom ineffable de J E H O V A des Juifs, *quafi Judæi, quorum* I A Ω *Deus, co-*
luerint folem, dit Voffius, répréfentant ainfi tres-mal à propos la divine Majefté
fous cette figure extravagante du Soleil.

XVIII.

ON lit fur le revers de la même pierre ces trois mots, A Δ O N H ,
A B P A C A Σ , A A E I X Ω ; le prémier eft un nom de Dieu, auffi-bien
que le fecond. Saint Epiphane parlant de ce mot *Abraxas*, dit que les lettres
grecques qui le compofent, étant prifes felon leur fignification numérale, font le
nombre de 365. qui eft celuy des jours de l'année. Saint Auguftin le déclare
encore plus expreffément quand, parlant des Bafilidiens, il dit : *Trecentos fexa-*
ginta quinque cælos effe dicebant, quo numero dierum annus includitur. Unde étiam

quafi fanctum nomen commendabat, quod eft, Abraxas, cujus nominis litteræ fecundùm græcam fupputationem eundem numerum complent, &c. Le troifiéme mot eft inconnu, à propos de quoy je diray que Scaliger remarque que ces mots barbares font quelquefois des mots hebreux écrits en lettres grecques ; il en donne des exemples.

XIX.

CEtte pierre de lapis qui eft ronde & platte, eft un Talifman caballiftique, dont la vertu confiftoit dans la combinaifon des nombres difpofez en certaines figures. Le triangle étoit eftimé le fymbole de la Divinité, qui renferme l'unité d'effence marquée par le point qui eft au centre, & la Trinité des perfonnes répréfentée par les trois points qui font à chaque pointe de l'angle, & qui aboutiffent à ce centre. Pour ce qui eft de la fignification des nombres, c'eft un fecret de la caballe que je ne pénétre pas.

XX.

LE revers de la même pierre contient un double triangle que la caballe appelle *Exalpha*, à caufe qu'elle fait un exagone, au milieu duquel on lit ce mot IEDIDIA, qui femble être le mot JEHOVA, alteré & corrompu. Pour ce qui eft des chiffres, le myftére n'en étoit ordinairement connu qu'à ceux qui les inventoient. S. Jerôme le dit parlant de ces hérétiques Bafilidiens : *Nonne hæc infaniæ funt, & multæ infaniæ : unoquoque fingente quod in animum ejus inciderit ;* c'eft donc fouvent en vain qu'on fe donne la peine pour en chercher l'explication.

LES TALISMANS
EN METAUX.

PRE's avoir expliqué les pierres gravées que j'ay choifi dans nôtre Cabinet, & particuliérement les conftellées & les Talifmans, j'ay fait auffi deffiner quelqu'uns de ceux qui font fur les métaux d'or, d'argent & de cuivre, dont les uns ont été gravez, les autres fondus, & les autres frappez. J'y ay ajoûté une petite explication telle, ou que je l'ay trouvée dans des Auteurs, ou que mes amis m'ont aidé à la faire.

I.

CE prémier qui eft de cuivre a été fondu, il eft fort commun, & l'on tient qu'il a été inventé par les Juifs, & que fa vertu eft pour empêcher d'être bleffé en guerre. On voit d'un côté la face de Jefus-Chrift au milieu de trois cercles dans un pentagone, avec des caractéres hebreux. Le mot qui eft au milieu fous la face de Jefus-Chrift, fignifie *Panis facierum*, ou *propofitionis*, que Kircher qui a expliqué cette piéce, eftime avoir été mis par les Juifs en dérifion

de la fainte Euchariftie. Les autres infcriptions qui font dans les cercles, fignifient les noms que le Prophete Ifaïe donne à Jefus-Chrift, fçavoir : *Admirabilis
Confiliarius , Deus fortis , Princeps pacis , magni confilii Angelus* , *&c.* & aprés tous
ces noms divins ils ajoûtent par la haine qu'ils portent au Sauveur du monde cet
horrible blafphéme : *Ante faciem Solis hujus deleatur nomen illius.* On lit à l'entour du Pentagone le nom des Anges : *Michaël , Raphaël , Gabriel , Uriel* , & tout
autour font douze anagrammes du Nom de Dieu JEHOVA, que les Caballiftes appellent les douze révolutions , fous lefquelles il y a de grands myftéres
cachez , à ce qu'ils prétendent.

II.

AU revers de ce myftérieux Talifman , où l'on voit encore dans les douze
quarrez qui y font marquez , ces douze révolutions ou anagrammes du
Nom de Dieu JEHOVA, que les Rabins Caballiftes difent être d'une fi grande vertu , qu'ils envoyoient leurs influences dans les douze fignes du Zodiaque,
lefquels les renvoyoient enfuite icy bas fur les chofes fublunaires : que c'é-
toient ces douze anagrammes qui étoient écrites fous les douze pierres du ratio-
nal du grand Prêtre, qui rendoient des oracles, procuroient du bonheur , gué-
riffoient les maladies , & préfervoient des maux & des malheurs qui pouvoient
arriver. L'infcription hébraïque qui fe lit à l'entour du quarré, contient quatre
paffages de l'Ecriture fainte, qui montrent que les noms qui font donnez à
Dieu , font tirez de fes attributs , n'y ayant que le feul nom JEHOVA qui
luy foit propre , & qui explique fon effence ; c'eft pourquoy ils eftimoient
que celuy qui en pourroit obtenir la connoiffance en ce monde , deviendroit
tout-puiffant. Les quatre mots qui font au deffous des quatre côtez , font encore les noms de ces quatre Anges, *Michaël , Gabriel , Raphaël , Uriel* , qu'ils eftimoient les gouverneurs du monde , & avoir été les précepteurs des Patriarches ;
leurs noms font tres-puiffans pour chaffer tout ce qui peut nuire à celuy qui les
porte.

III.

CE Talifman aftronomique eft d'argent , & il eft gravé. Ce qu'on y remarque de fingulier, eft qu'il y a trois métaux enchaffez dedans, qui font la
figure de trois planetes qui étoient fans doute en conjonction lors qu'il a été fait,
fçavoir la figure du Soleil qui eft d'or, de Mars qui eft de fer, de Venus qui eft
de cuivre. Outre ces trois Planctes on y voit encore fix fignes du Zodiaque ,
gravez au burin.

IV.

POur revers le même Talifman renferme au milieu deux cœurs de cuivre
joints enfemble ; au deffus & à l'entour eft la Lune, avec les fix autres fignes du Zodiaque. On croit que ce Talifman a été fait pour l'Amour, ainfi que
ces deux cœurs joints enfemble fous la planete de Venus , & de même métail
femblent l'infinuer. Les lettres qui s'y voient L I & T d'un côté ; R. & D. de
l'autre, font les prémiéres lettres du nom & du furnom des deux amans. Le Soleil
qui eft le Pére de la fécondité, y a place. Mars y paroît auffi , afin que les enfans qui viendront de ce prétendu mariage , foient courageux.

V.

LEs Egyptiens qui tenoient toute leur science des anciens Patriarches , aussi bien que les Rabbins Cabalistes ont mis une grande vertu dans la combinaison des nombres , se fondant sur ce passage de l'Ecriture : *Posuit omnia in numero*, en sorte qu'ils croioient qu'ils avoient rapport aux planetes , & en attiroient les influences , & la vertu des intelligences qui les gouvernent. Pithagore qui avoit appris des Egyptiens tout ce qu'il sçavoit , & qui avoit le plus , de tous les Philosophes , étudié leurs mystéres , ajoûtoit grande foy aux nombres , & c'est sur ces fondemens qu'ont été dressez les sceaux des sept planetes que j'ay fait dessiner , & que nous avons la plûpart dans nôtre Cabinet. Prémiérement celui-cy qui est d'argent appartient à la planete de Jupiter, dont la table numérale est divisée par quatre qui font quatre fois quatre cellules, c'est à dire seize, en sorte que les nombres qui y sont opposez, produisent trente-quatre à chaque rang, tant en long qu'en travers, lesquels étant multipliez feront quatre fois trente-quatre, qui composeront le nombre de cent trente-six ; en sorte que le nombre quatre qui est le radical, produit quatre fois quatre qui font seize, & est la racine quarrée ou cubique ; chacun des quatre rangs , tant en long qu'en travers, a le nombre trente-quatre , qui fait le produit total de cent trente-six: c'est pourquoy ils tenoient que ces quatre nombres 4. 16. 34. & 136. avoient rapport à la planete de Jupiter, étoient favorables , & en attiroient les influences. Il en est ainsi des autres, selon leur ordre. Les noms sacrez de Jesus-Christ & de Marie qui y sont ajoûtez, font assez connoître que ce Talisman n'est pas purement naturel, mais que ceux qui l'ont fait , ont caché leur superstition sous la sainteté de ces noms sacrez.

V I.

LE revers de ce Talisman qui porte le nom de Jupiter , confirme ce que j'ay dit, qu'il étoit plus que Caballistique , & suspect de magie. Ces mots barbares MERAS. BERHIS, qui sont écrits dessus ; ces signes & ces figures étranges qui s'y remarquent , en sont la meilleure preuve que l'on en puisse apporter.

V I I.

C'Est un autre Talisman d'argent constellé sous la planete de Mars , qui a un sceau ou une table numérale à cinq rangs & quinze cellules. Le nombre radical est cinq ; la racine quarrée de cinq fois cinq est vingt-cinq ; le nombre de chaque rang soixante-cinq , & le produit total 325 ; c'est pourquoy ces quatre nombres 5. 25. 65. & 325. sont ceux qui appartiennent à la planete de Mars, & qui sont favorables pour attirer ses effets. On y voit les signes de Mars, du Scorpion, & du Bélier, dautant que ce Talisman a été fait sous eux.

V I I I.

ON voit au revers sur un chariot tiré par deux chevaux , un soldat armé, qui , selon toutes les apparences, est le Dieu Mars. Au bas , & dans l'Exergue on lit ce mot SAMAEL, qu'on prétend être le nom de l'Ange , ou de l'intelligence qui gouverne la planete de Mars.

I X.

IX.

C'Eft le fceau du Soleil qui eft d'or. La tablette numérale contient fix cellules ; le nombre radical eft fix ; la racine quarrée fix fois fix , qui font trente-fix ; le nombre de chacun des fix rangs eft de 111 , par conféquent le produit eft de 666 ; ces quatre nombres 6. 36. 111. & 666. font ceux de faveur du Soleil pour obtenir de la grandeur , de la puiffance , & du crédit auprés des Grands , à ce qu'on prétend.

X.

AU revers le Soleil eft dépeint comme un Roy dans un trône, qui exerce fon empire fur fes fujets ; il y a un lion à fes pieds , & à côté les fignes du Bélier & du Lion , avec des hiéroglyphes qui témoignent fa conjonction avec d'autres conftellations. Voicy ce que dit Aben Pharagi Arabe de ce Talifman , de fa vertu , & de la maniére de le faire. Cela eft tiré du P. Kircher : *Accipe dragmas auri puri, & fac ex eo laminam rotundam, in qua infculpes tabulam figilli Solis exiftentis in fua exaltatione , vel in proprio gradu , vel decimo-nono gradu Arietis, fcilicet ad finem menfis vifa ; quo facto fuffumigabis eam cum croco , & lavabis aquâ rofaceâ, in qua funt diffoluta, &c. & porta ; reddet hujufmodi lamina portata benè fortunatum in omnibus rebus , & timebunt te omnes homines , & impetrabis à Regibus & Principibus quidquid volueris & recuperabis amiffa, &c.* Il ajoûte encore une chofe qui paroit tres-fauffe, & qui fait douter de tout le refte : *Deus ponet benedictionem in te , & in omnibus rebus tuis ,* puifque Dieu ne fçauroit approuver ces fumigations & toutes ces fuperftitions.

XI.

CEtte piece d'argent eft le fceau de la planete de Venus , dont la tablette numérale contient fept cellules de chaque rang ; c'eft pourquoy le nombre radical eft fept ; la racine quarrée fept fois fept qui font 49 ; le nombre de chaque rang 175 , & le produit général 1225. pour ce fujet ces nombres 7. 49. 175. 1225. font heureux fous cette planete. Le nom de Venus marque affez la vertu qu'on a prétendu imprimer fur ce Talifman , dont les nombres qui font en chiffres hébraïques , font conjecturer qu'il a été fait pour les Juifs. J'eftime que les figures myftérieufes qui font aux quatre côtez , répréfentent les canaux du fyftéme de Sephirot, que ceux de la Caballe , mettoient au nombre de vingt-deux , par lefquels ils difoient que les influences celeftes defcendoient fur les chofes d'icy-bas. On peut voir ce qu'en dit le P. Kircher , *Tom. 2. Oedipi Ægyptiaci fyntagm.* IV.

XII.

SUr le revers eft la figure d'un homme & d'une femme qui fe donnent la main & la foy pour le mariage. On voit auffi les figures des fignes des Poiffons , du Bélier, & de la Balance , lefquels ont communiqué leur vertu fur ce Talifman. Il y a à l'entour une écriture hébraïque que je ne fçaurois expliquer.

XIII. & XIV.

VOicy encore un autre fceau de Venus fur de l'argent, dont la table eft de même qu'au précédent , finon qu'il y a à l'un des quatre côtez du quarré le ſigne de Venus ; à l'autre du Taureau ; au troiſiéme de la Balance , & au quatriéme des Poiſſons. Le revers a deux figures , ſçavoir Jupiter aſſis , auquel Venus donne la main ; il y a entre eux un Taureau ; aux côtez on lit le nom des deux eſprits qui gouvernent ces deux planetes , SAIQUIEL celle de Jupiter , & ANAEL celle de Venus , & au bas GABRIEL , qu'on prétend être l'intelligence qui régit le globe de la Lune ; & ſous l'Exergue ſont les ſignes de ces trois planetes qui influent leur vertu en ce Taliſman.

XV. & XVI.

ON voit en cette piéce qui eſt d'étain , le ſceau de Mercure ; la tablette numérale y eſt partagée en huit rangs de cellules , qui ſont huit fois huit , c'eſt à dire ſoixante-quatre ; le nombre radical eſt donc huit , la racine quarrée ſoixante-quatre , le nombre de chaque rang deux cens ſoixante , & le produit total 2080. c'eſt pourquoy 8. 64. 260. & 2080. ſont les nombres fortunez de cette planete. Sa vertu eſt pour le commerce , le jeu , les ſciences , &c. Le revers a la figure de deux quarrez l'un dans l'autre , en ſorte qu'ils forment un lozange au milieu. Il y a deſſus des figures myſtérieuſes , & des mots hébreux que je ne ſçaurois expliquer.

XVII.

CE Taliſman eſt encore de la Caballe , il a le nom ineffable de Dieu JEHOVA dans un triangle qu'il compoſe par diminution de lettres ; car étant de quatre au prémier rang , on n'en met que trois au ſecond , que deux au troiſiéme , & qu'un à la pointe ; ce qui compoſe de ſoy-même le triangle qui eſt la figure de la Divinité & de la Trinité , & un des grands myſtéres de la Caballe , qui a toûjours eſtimé que ce nom étoit tout-puiſſant pour guérir les maladies , & produire d'autres effets merveilleux.

XVIII.

AU revers on voit la figure d'un Cherubin , avec ces trois mots autour , OPHANIEL VEL OPHIEL , qui ſignifient *Juſtitia Dei* : ce ſont des noms que la Caballe donnoit aux Anges qui exprimoient leurs vertus , à l'exemple de ceux que la ſainte Ecriture appelle *Michaël , Gabriël , Raphaël.*

XIX. & XX.

CEtte piéce eſt d'argent , elle ſemble être un caractére magique ; j'en ignore l'uſage , & je ne ſuis aucunement curieux de le rechercher. Il y a au milieu un Bélier ou un bouc , avec ces mots à l'entour : ARABEL TRIBUS JUDA. V. & VII. Pour ce qui eſt du revers , il n'y a rien de plus ſaint que les mots qui ſont écrits deſſus ; car on y lit les paroles ſacrées de l'Incarnation du Verbe , VERBUM CARO FACTUM EST , & HABITAVIT IN NOBIS ; & au milieu , ALPHA & OMEGA. SANCTUS PETRUS. C'eſt l'ordinaire du démon , de couvrir ſes malefices de tout ce que nous avons de plus ſaint en nôtre religion , pour tromper plus facilement les ſimples. Je croy ce Taliſman bien moderne.

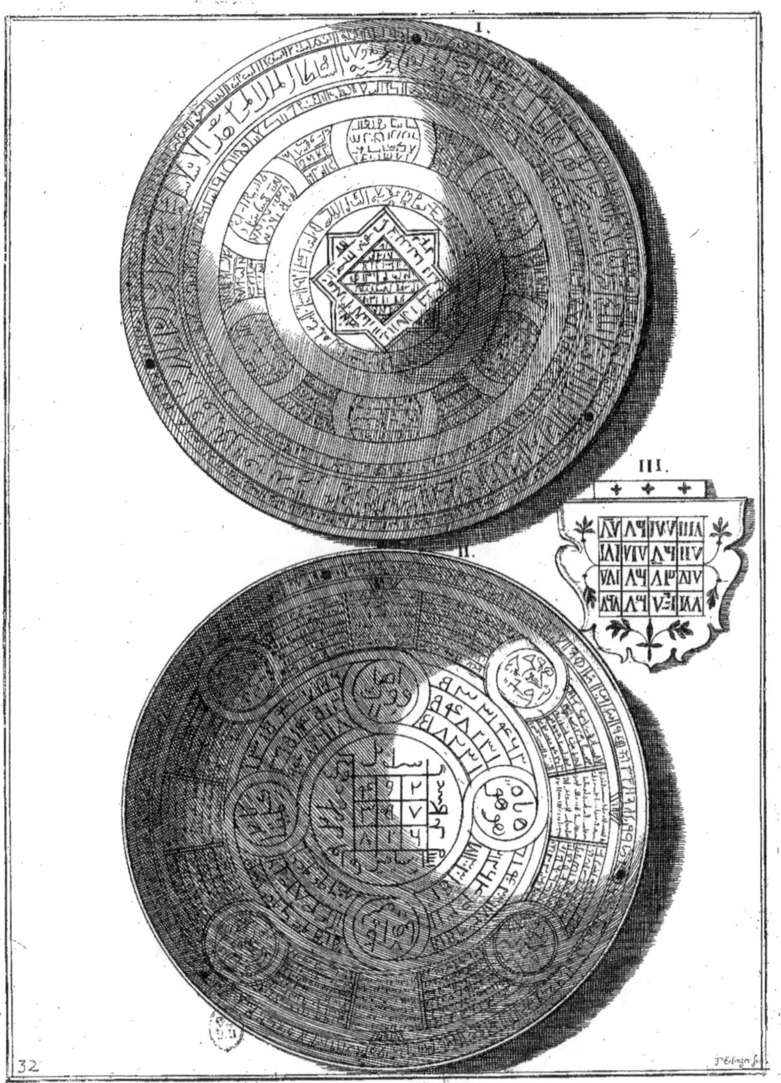

32

UN GRAND
TALISMAN
ARABE.

'AJOUTERAY encore un Talisman singulier qui est dans nôtre Cabinet, du sceau de Saturne, aussi-bien n'en ay-je pas donné de cette planete. C'est une tasse à boire qui est de cuivre, & toute gravée au dedans & au dehors d'une écriture arabesque. Au milieu du dedans est la table numérale de Saturne, qui a trois cellules à chaque rang, qui font neuf, & qui contiennent les neuf prémiers chiffres 1. 2. 3. 4. 5. 6. 7. 8. 9. en arabe, qui font le nombre de trois fois quinze joints ensemble ; c'est pourquoy le nombre de trois, de neuf, & de quarante-cinq ont rapport à la planete de Saturne. A l'entour de la table sont les noms des quatre Anges *Michaël*, *Gabriël*, *Israël*, *Azaraël*, avec ces mots I A Ω S A-B A O T, & à l'entour du dehors sont décrites les vertus de ce Talisman. On me l'a expliqué de la sorte en latin : *Hoc poculum benedictum pellit venena omnia, sanat punctionem serpentis & scorpionis, febrem, & difficilis puerperii dolores & cholicum dolorem, hydropem & incitationem pulsus arteriarum, ob vulnus, fervorem . . . , morbum splenis, convulsionem & ejectionèm sanguinis, & reliquos morbos, & omnia mala arcet : bibet autem in illo poculo is qui punctus fuerit, & quidem sanabitur, permittente Deo excelso, & Propheta ejus* ; sçavoir qui est ce Prophéte, si c'est Mahomet, ou bien plûtôt Basilides ; supposé que ce Talisman ait été fait par ses disciples, ainsi que ces mots I A Ω S A B A O T, dont ils se servoient, le donnent assez à connoître. Le reste de l'Ecriture du dedans & du dehors est si effacé, qu'il n'est pas possible d'y trouver un sens complet, qui nous apprenne quelque chose de nouveau. On remarque que ceux à qui il a appartenu dans les derniers temps, l'on fait servir d'un bassin de balance ; cela se remarque par les trois ouvertures qui y sont.

Un Talisman Turc.

ENfin, voicy un Talisman Turc, dont la pierre est fort estimée. C'est un jade verd qu'on éprouve tous les jours, être un souverain remede contre la colique nephretique, en l'appliquant sur la partie où l'on sent de la douleur, ou en la mettant au bras en forme de bracelets. C'est encore un sceau de Jupiter, dont la table quarrée a quatre rangs de tous sens, & contient seize cellules dans lesquelles il y a des caractéres ou lettres numérales en langue des Turcs qui est tirée de l'Arabe.

LES MONNOYES

DE FRANCE

DE LA PREMIERE RACE.

N garde dans ce Cabinet des Monnoyes de tous les païs du monde, qui en ont l'ufage. On y en voit de la Chine, du Japon, de Siam, du Mogol, de Calicut, de Perfe, d'Arabie, de Mofcovie, de Turquie, & de tous les Royaumes & Provinces de l'Europe; mais on s'eft particuliérement attaché à faire une fuite de monnoyes de France, en or, en argent, & en billon depuis les enfans de Clovis jufqu'à prefent, c'eft à dire l'efpace de prés de douze cens ans. C'eft fans doute le titre le plus autentique & le plus glorieux de la durée & de la fucceffion de nôtre Monarchie : la France ayant cet avantage pardeffus tous les autres Royaumes, de pouvoir prouver fon antiquité inconteftable par une fuite de douze fiécles des monnoyes de fes Rois. En voicy quelqu'unes que j'ay fait deffiner, fur lefquelles j'ay fait les remarques fuivantes.

I.

LA prémiére eft une petite monnoye de cuivre que je donne pour préliminaire à celles de France, étant d'un Roy Gaulois qu'on nomme MIBOOTIUS, dont on voit la figure avec une efpéce de cafque en tête. Le revers où l'on voit une victoire qui pofe la main fur un bouclier, & qui eft prefque femblable à celle qui eft au revers d'une petite Médaille qui a pour legende *Conftantinopolis* à l'entour d'une tête, fait croire que ce Prince gouvernoit les Gaules du temps des enfans de Conftantin, & quelque temps avant l'arrivée des François en fon païs.

II.

C'Eft un tiers de fol d'or du Roy Charibert, où l'on voit d'un côté fa tête ornée d'un diadéme de perles, avec fon nom CHARIBERTUS REX. On remarque au revers un calice à deux anfes, ayant une croix au deffus. On garde encore de ces anciens calices avec des anfes, dans les Tréfors de quelques Eglifes; il en eft fait mention dans l'*Ordo Romanus* : & Anaftafe rapporte que Charlemagne en donna un femblable au Pape : *Calicem majorem cum gemmis & anfis duabus*, la raifon qui peut avoir donné occafion de graver un calice fur les monnoyes de Charibert; c'eft ce qu'il fit ordonner au Concile

de

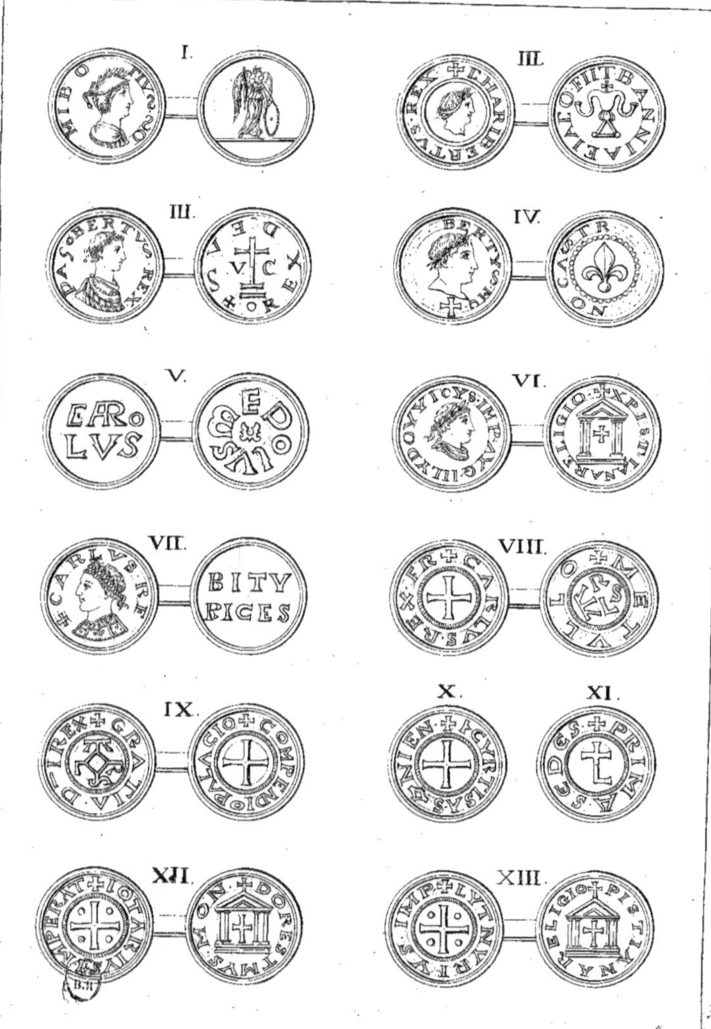

de Reims , qu'on ne mettroit plus le faint Sacrement, ni les vaiffeaux fervans à l'Euchariftie pour parer l'Autel , avec les reliquaires & les images des Saints : *Non in imaginario ordine fuper altare.* La croix qui eft au deffus de ce vafe , donne à connoître que c'eft un vaiffeau facré , & non un profane. Le mot de BANNIÆ qui eft au revers , marque le lieu où cette monnoye a été faite, peut-être à Baigneux prés Paris.

III.

DAGOBERT.

UN autre tiers de fol d'or de Dagobert , où l'on voit d'un côté fa tête avec une couronne de perles. Ces piéces de monnoye de la prémiére Race de nos Rois , font fi mal fabriquées , tant pour les têtes que pour les lettres, qu'il eft aifé de remarquer que les arts n'étoient pas cultivez.

Au revers eft une croix, avec ces mots à l'entour : DEUS REX ; c'eft une marque de la piété de ce Prince , qui fait icy un hommage à Dieu de fon Royaume, en luy difant qu'il en eft entiérement le Maître & le Souverain.

IV.

Une petite monnoye d'argent.

C'Eft une autre petite monnoye d'argent, où l'on lit à l'entour BERTUS. MO. qui eft , felon les apparences , le nom du Monetaire qui l'a faite. Il y a au revers une couronne de perles , & au milieu fe voit une maniére de fleur-de-lis ; ce qui feroit une preuve confidérable de leur antiquité.

SECONDE RACE.

V.

CHARLEMAGNE.

SUr ce dénier d'argent de Charlemagne, on voit d'un côté fon nom, CAROLUS, & au revers ce mot MEDOLUS, que quelques-uns ont voulu expliquer en faveur de la ville de Mets, & d'autres plus probablement pour Melle en Poitou , à quatre ou cinq lieuës de Niort , appellée en d'autres monnoyes de ce temps-là, MEDULO, ou METULLO, ou METULLUM. On lit ces mots au 12. des Capit. de l'Empereur Charles le Chauve : *Sequentes confuetudinem prædecefforum noftrorum , ficut in illorum capitulis invenitur , conftituimus ut in nullo loco alio in omni regno noftro moneta fiat , nifi in palatio noftro , & in Quentovico ac Rotomago , (quæ moneta ad Quentovicum ex antiqua confuétudine pertinet) & in Remis , & in Senonis , & in Parifio , & in Aurelianis , & in Cavillono , & in* METULLO. *& in Narbona.* L'Abbaye de Charroux que Charlemagne fit bâtir à fix ou fept lieuës de Melle , fait croire qu'il affectionnoit ce pais-là. La monnoye qui fe battoit au Palais du Roy , s'appelloit MONETA PALATINA. Il y en a quelques piéces dans nôtre Cabinet , auffi-bien que de celle dont il eft fait mention par le mot *Quentovicum.*

N n

VI.

LOUIS LE DEBONNAIRE.

UNe petite monnoye d'argent où se voit la tête de Loüis le Debonnaire, couronné de laurier, ayant pour legende HLYDOVVICUS IMP. AUG. & au revers une Eglise avec ces deux mots, RELIGIO CHRISTIANA, qui peut être l'Eglise de S. Corneille de Compiégne, qu'il fit bâtir. Ce revers est aussi commun en ses monnoyes, que sa tête y est rare.

VII.

CHARLES LE CHAUVE.

Une monnoye de Bourges.

UN denier d'argent du Roy de France, Charles le Chauve, qui fut depuis Empereur, sur lequel on voit sa tête ornée d'un cercle ou d'une couronne qui semble étre enrichie de perles, avec cette inscription : CAROLUS REX. Au revers il n'y a que ce mot BITURICES, qui marque que cette piéce a été faite en la monnoye de la ville de Bourges.

VIII.

Une monnoye de Melle.

QUoique les monnoyes de Charles le Chauve soient assez communes avec son monogramme, tel qu'on le peut voir en cette prémiére planche des monnoyes de France, il est fort rare néanmoins d'y voir d'un côté son nom, CARLUS REX FR. & au milieu une croix ; & de l'autre le nom de la ville METULLO autour de son monogramme, car il avoit ordonné le contraire, s'il n'y a point de faute au onziéme chapitre du Titre XXXVI. de ses capitulaires : *Ut in denariis novæ nostræ monetæ ex una parte nomen nostrum habeatur in gyro, & in medio nostri nominis monogramma ; ex altera verò parte nomen civitatis ; & in medio crux habeatur.*

IX.

Monnoye de Compiegne.

C'Est encore, comme je croy, une piéce de monnoye de cet Empereur Charles le Chauve, sur laquelle on voit autour de son monogramme, GRATIA DEI. C'est peut-être de là qu'est venüe la pieuse coûtume de nos Rois, de mettre dans leurs Patentes : Par la grace de Dieu, Roy de France. Il y a au revers CONPENDIO PALACIO, pour montrer que cette monnoye à été fabriquée à Compiégne, qui étoit un Palais Royal où l'on faisoit battre de la monnoye ; car Charlemagne avoit ordonné qu'on n'en frapperoit point que dans ses Palais : *De falsis monetis, quia in multis locis contra Justitiam & contra Edictum nostrum fiunt. Volumus ut nullo alio loco moneta fit, nisi in Palatio nostro ; nisi fortè à nobis iterum aliter fuerit ordinatum.*

X.

Monnoye de Courtiſou.

ON voit en cette piéce d'un côté, la même figure du monogramme, qu'en la précédente ; mais il y a au revers I. CURTISASONIEN, *in Curtiſaſonienſi villa.* J'eſtime que ce lieu eſt Cortiſols, à deux lieuës de Châlons en Champagne, appellé communément Courtiſou, qui étoit un lieu conſidérable ſous la ſeconde Race de nos Rois, quoy qu'il ne ſoit plus préſentement qu'un village ; mais c'eſt peut-être le plus grand qui ſoit en France, puis qu'il a deux lieuës de long ; les deux Paroiſſes qui y ſont reſtées ſont encore des marques de ſon ancienne grandeur. Ce n'eſt pas le ſeul lieu de Champagne qui ſoit déchû de ce qu'il étoit autrefois. Pontion & Attigny où l'on a tenu des Conciles ; à Attigny ſous Pepin, Loüis le Debonnaire, & Charles le Chauve ; & à Pontion en l'an 876. ſous le même Charles le Chauve, ne ſont plus que des bourgs fort médiocres.

Il y a encore dans ce Cabinet pluſieurs monnoyes du même Empereur Charles le Chauve, qui portent le nom des lieux où elles ont été battuës : ſçavoir,

† AURELIANIS CIVITAS. Au milieu eſt une croix, & au revers † GRATIA DI REX, avec le monogramme de CAROLUS au milieu.

† TURONIS CIVITAS. Une croix au milieu, & le même revers que le précédent.

† SUESSIO CIVITAS, *Le même revers.*	† SCIQUITINNII MONET. *Le même revers.*
† ANDEGAVIS CIVITAS, *Le même revers.*	† SENONES CIVITAS, *Le même revers.*
† PARISII CIVITAS, *Le même revers.*	† AMBIANIS CIVI. *Le même revers.*
† ROTUMACUS. CIVII, *Le même revers.*	† REMIS CIVITAS, *Le même revers.*
† CINOMANIS CIVITAS, *Le même revers.*	† LUGDUNI CLAVATI, *Le même revers.*
† CARNOTIS CIVITAS, *Le même revers.*	† MELDIS CIVITAS, *Le même revers.*

XI.

Une monnoye de Lyon.

ON voit icy le monogramme de la ville de Lyon, ſçavoir la lettre L traverſée par le haut d'un trait qui forme une eſpéce de croix, avec cette legende, PRIMA SEDES. Au revers il y a une croix patée, & à l'entour ce mot GALLIARUM ; ce qui juſtifie la primauté de cette Egliſe de Lyon ſur toutes les autres de France. On ſçait que cette qualité de Primat des Gaules luy a été ſouvent diſputée, & qu'elle en eſt préſentement en poſſeſſion.

XII.

LOTHAIRE.

QUoique quelques lettres ſoient aſſez mal formées ſur cette monnoye de l'Empereur Lothaire, on ne laiſſe pas, aprés l'avoir examinée, d'y lire ſon nom, LOTARIUS IMPERAT. Ce Prince eſt appellé par quelques anciens Auteurs, *Lotharus* au lieu de *Lotharius* ; il étoit fils de Loüis le Debonnaire. Pour revers eſt une Egliſe, avec ces mots, DORESMUS MON. je croy que c'eſt le nom du Monetaire, qui a fait frapper cette monnoye.

XIII.

CHRISTIANA RELIGIO.

UN denier d'argent sur lequel on voit d'un côté une croix avec ces mots, LUTNURIUS IMP. & au revers cette inscription, RELIGIO CHRISTIANA, autour d'une Eglise. J'estime que c'est ce même Lothaire duquel je viens de parler, qui étoit fils de Loüis le Debonnaire, & qui vivoit en l'année 850.

SECONDE PLANCHE.

D E S

MONNOYES DE FRANCE.

I.

CHARLES LE SIMPLE.

C'EST un denier d'argent ayant d'un côté une croix patée, avec ces mots, CAROLUS REX R. c'est Charles le Simple. Au revers il n'y a que METALO, pour METULO, & il ne faut pas s'en étonner, puis qu'on voit souvent dans les monnoyes de ce siécle-là, les lettres V renversées à la maniére d'un A. Nous avons une semblable monnoye de cuivre.

II.

L O T H A I R E.

HLOTHARUS RX. J'estime que c'est le Roy Lothaire qui succéda à son pére Loüis IV. surnommé d'Outremer ; il vivoit l'an 954. Au revers est un Temple, au milieu duquel se voit une croix, & pour legende VIRIDUNUM CIVIS, qui marque que cette monnoye a été frappée en la ville de Verdun.

TROISIÉME RACE.

III.

R O B E R T

UN denier d'argent du Roy Robert, ou est son monogramme en forme de croix, & autour GRATIA DEI REX. Au revers est une croix patée

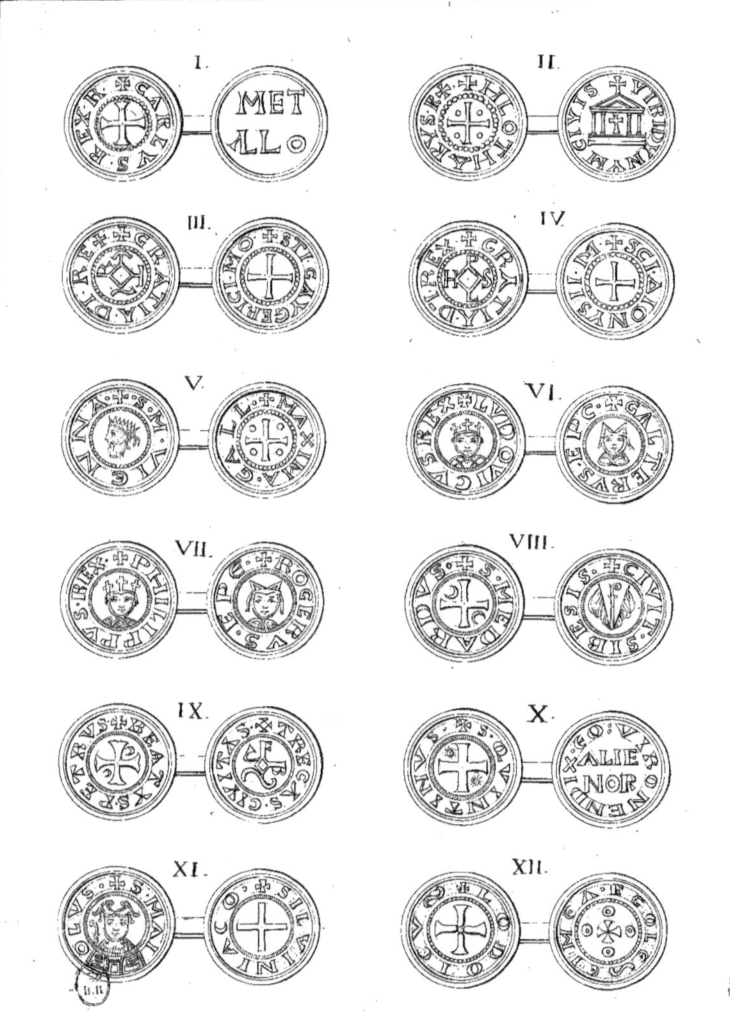

34

tée avec cette legende, STI. GAUGERICI MON. *Sancti Gaugerici Moneta*; je ne sçay s'il n'y devroit point avoir *Sancti Gauderici Moneta*, & pour lors ce seroit une monnoye d'une Abbaye de l'Ordre de S. Benoist, qui est marquée au Diocése d'Alby dans le *Gallia Christiana*, & on ne doit point en être surpris, puis-que plusieurs Abbayes, & plusieurs Eglises Cathédrales, & autres Chapitres de France avoient le droit en ce temps-là de faire battre monnoye. Les articles suivans le confirment.

IV. & V.

Une monnoye de saint Denis en France, & une de Vienne en Dauphiné.

SUr la prémiére de ces deux piéces de monnoye est écrit SCI. DIONYSII M. *Moneta sancti Dionysii* ; c'est une monnoye de S. Denis en France : & sur la seconde qui est de Vienne, & qui paroît par sa fabrique du même temps que la précédente, on lit d'un côté S. M. VIENNA, *Sanctus Mauritius. Vienna* ; & de l'autre MAXIMA GALL. *Maxima Galliarum.* Cette inscription nous apprend que S. Maurice est le Patron de l'Eglise Cathedrale de Vienne en Dauphiné ; elle est aussi un monument fort glorieux pour cette ville-là, puis qu'elle luy attribuë une primauté sur toutes les autres de France.

VI.

LOUIS LE JEUNE.

SUr cette piéce de monnoye de Loüis le Jeune, on le voit ayant la couronne en tête, & autour son nom LUDOVICUS REX. Au revers est la tête d'un Evêque nommé Gaultier, GALTERUS EPC. *Galterus Episcopus.* Je trouve trois Evêques de ce nom, qui ont vécu du temps de ce Prince ; sçavoir, deux qui ont tenu de suite l'Evêché de Laon. Le prémier surnommé de S. Maurice, mourut vers l'an 1155. C'est à luy à qui S. Bernard écrivit la 272. de ses lettres. Le second nommé Gaultier de Mortaigne assista au Concile de Tours en 1163. & mourut en 1174. Le troisiéme enfin nommé Gaultier de Bourgogne fut Evêque de Langres en 1163. Il étoit de la famille des Ducs de Bourgogne ; ce fut luy qui obtint du Roy de France Loüis VII. que le Comté de Langres que Hugues III. Duc de Bourgogne son parent luy avoit donné, seroit uni pour jamais à la couronne de France sans en pouvoir être démembré. Les copies de ces deux Chartres se voyent au second tome *De Gallia Christiana*, pag. 660. Il y a bien de l'apparence que cette monnoye est de ce dernier Gaultier, & que Loüis le Jeune luy permit de mettre sa tête au revers de la sienne, soit à cause de sa naissance ou de sa qualité de Seigneur de Langres, soit par reconnoissance de ce qu'il luy avoit donné ce Comté.

VII.

PHILIPPE I.

UN denier de billon de Philippe I. Roy de France D'un côté est la tête de ce Prince, ornée d'une couronne de fleurons ou de croix, & son nom PHILIP-

O o

PUS REX. Au revers se voit encore un Evêque la mitre en tête, & à l'entour son nom ROGERUS EPC. Je ne trouve point d'autre Roger qui fut Evêque de ce temps-là que Roger II. Evêque de Châlons sur Marne, qui y bâtit l'Abbaye des Chanoines Réguliers de Toussaints ; comme il portoit la qualité de Comte, & qu'il étoit Seigneur spirituel & temporel de la ville de Châlons, relevant néanmoins du Roy, il avoit droit en ce temps-là de faire battre de la monnoye, & d'y mettre sa tête au revers de celle du Roy. Il se voit un titre dans la même Abbaye de Toussaints, par lequel ce Prince permet à ce Roger d'éteindre la dignité de Prevôt dans sa Cathédrale, à cause que celuy qui la possedoit, maltrait-toit les Chanoines.

VIII.

Une monnoye de saint Medard de Soissons.

C'Est une monnoye de l'Abbaye de S. Médard de Soissons, qui porte d'un côté une crosse au milieu de deux guidons, pour marquer la Seigneurie temporelle & spirituelle de cette Abbaye, & cette inscription CIVITAS SIUBESIS, pour dire, *Civitas Siubessionensis* ; de l'autre il y a une croix patée avec le nom du Patron de l'Abbaye, S. MEDARDUS.

IX.

Une monnoye de Troyes.

CEtte monnoye de la ville de Troyes en Champagne n'est que de billon ; elle a au milieu quatre lettres en monogramme, qui forment une espéce de croix, avec cette legende, TRECAS CIVITAS. Au revers est une croix patée, & ces deux mots BEATUS PETRUS, à cause que S. Pierre est le Patron de l'Eglise de Troyes. On pourroit tirer cette conséquence, que les Cathédrales ont eu autrefois le même droit de faire battre monnoyes, qu'avoient de ce temps-là plusieurs Evêques & plusieurs Abbayes du Royaume.

X.

Une monnoye de saint Quentin.

UNe autre monnoye qui est de la ville de S. Quentin en Vermandois, du temps du même Roy Loüis le Jeune ; elle porte d'un côté une croix, avec cette legende S. QUINTINUS, & de l'autre, au milieu ce mot ALIENOR. C'étoit le nom de la Comtesse de S. Quentin qui étoit fille de Raoul I. Comte de Vermandois, & d'Alix dite Petronille de Guienne sa seconde femme. Cette Alienor vivoit vers l'an 1160 ; elle fut mariée plusieurs fois, & elle mourut sans avoir d'enfans. L'inscription qui est autour de son nom CO : VIROMANDI, *Comitissa Viromandi*, montre que la ville de S. Quentin étoit alors la capitale du Vermandois, où ses Comtes faisoient battre monnoye.

Nous avons une grande quantité de monnoyes des villes de France, qui furent fabriquées sous ce Roy Loüis VII. dit le Jeune. Je me contenteray de rapporter icy les noms de quelques-unes.

† TURONICUS CIVIS	† ALTISSIODORIS.
† LEMOVICUS.	† CASTELL STAMPIS
† PARISIUS.	† ATREBATUS.
† CASTROBLESIS.	† CASTRIDUNI.
† AURELIUS.	† DIVIONENSIS.
† SENONIS.	

Il y a encore en nôtre Cabinet plusieurs autres monnoyes des Seigneurs de France, & autres de ce siécle-là & des suivans, dont je marqueray aussi seulement les noms.

† JOHANNES DUX BRITANNIE.	† ROBERTUS COMES PROVINCIE.
† COMES SUESSIONIS.	† THEOBALDUS COMES.
† RADULPHUS COM. SUESSION.	† ROBERTUS SICILIE REX.
† COMES CINOMANNIS.	† COMES ALBONIS DELPHINUS VIENNENS.

Monnoye du Prieuré de Souvigny.

Voicy une monnoye qui n'est que d'un Prieuré de l'Ordre de Cluny au Diocése de Clermont en Auvergne ; c'est le Prieuré de Souvigny où mourut S. Maycul Abbé de Cluny. On voit icy son nom autour de son busté, S. MAIOLUS, & au revers une croix avec ce mot SILVINIACO. Il est aisé de conjecturer que ce Prieuré étoit considérable, & par le grand nombre de bénéfices qui sont à sa collation, & qui se trouvent à la fin du Poüillé des bénéfices de l'Evêché de Clermont, & par ce qui est écrit à la fin du livre qui porte pour titre, *Bibliotheca Cluniacensis*, dans un catalogue des Abbayes & des Prieurez qui sont de la dépendance de Cluny. Il y est dit qu'ils devoient être quarante Moines en cette maison : *Sanctus Maiolus de Silviniaco, Ædvensis Diœcesis*, au lieu d'*Arvernensis* qu'il doit y avoir (ainsi que l'ont fort bien remarqué les RR. PP. *Henschenius & Papebrochius* sur la vie de ce Saint qui est décrite au long, l'onziéme de May de leur grand ouvrage intitulé *Acta Sanctorum*) *ubi debent esse quadraginta Monachi, secundùm definitionem anni* M. CCC. XXXVII. *& reperitur in pluribus locis quod fuerunt quinquaginta temporibus retroactis, &c.* M. du Cange à la fin du second volume de son *Glossarium ad Scriptores mediæ & infimæ latinitatis*, sur le mot *Moneta*, parle de cette monnoye ; il la nomme de Sauvigny, mais c'est assûrément de Souvigny, qui est un Prieuré situé à deux lieües de Moulins, & qui s'appelle en latin *Silviniacum* ; ce mot est fort bien écrit sur la nôtre.

XII.

Une monnoye d'Angoulesme.

C'Est la derniére monnoye que je donne de Loüis leJeune ; elle porte d'un côté son nom LODOICUS, & de l'autre, au revers, celuy de la ville d'Angoulesme, EGOLESEIMEN, où cette monnoye a été frappée.

TROISIÉME PLANCHE.

DES

MONNOYES DE FRANCE.

I.

ROBERT DE CLERMONT.

'E s т i m e que cette monnoye eſt de Robert Comte de Clermont en Beauvoiſis, qui fut le cinquiéme fils de S. Loüis, & la tige de la Maiſon Royale de Bourbon. On eſt en peine de ſçavoir ce que repreſente la figure qui eſt au revers : quelques-uns ont crû que c'étoit des menottes qui y avoient été gravées du temps de S. Loüis, en mémoire de ſa captivité ; mais comme ce ſeroit un monument ignominieux pour la France, je croirois plûtôt que c'eſt une figure, quoique aſſez groſſiére, d'un Château où on frappa cette monnoye. Nous en avons des Rois d'Angleterre, ſur leſquelles on voit la même choſe.

II.

CHARLES DE SICILE.

CEtte piéce, bien qu'étrangere, a rapport néanmoins aux monnoyes de la France ; elle eſt de Charles Roy de Naples, de Sicile, & Comte de Provence, frere de S. Louis. Il eſt aſſis dans un trône tenant une palme d'une main, & de l'autre un globe, pour montrer qu'il avoit conquis ces deux Royaumes par ſa force & par ſa valeur ; c'eſt auſſi ce qui nous eſt répréſenté au revers de cette piéce par un lion qui s'y voit. Elle a été fabriquée à Rome en mémoire de ce que les Papes Urbain IV. & Clement IV. le recevant à foy & hommage pour les Royaumes de Naples & de Sicile, ce dernier Pape le fit Senateur de Rome, & le couronna Roy de Sicile ; c'eſt ce que nous apprend l'inſcription qui ſe voit d'un côté de cette monnoye, CAROLUS REX SENATOR URBIS.

III.

Un Salut d'or.

ON nomme cette piéce un ſalut d'or ; elle a été fabriquée par les Anglois pendant qu'ils étoient en France, ſous le régne de Charles VII. Henry VI. Roy d'Angleterre ayant fait fondre les eſpéces d'or & d'argent de ce Royaume de France, après s'être rendu le maître de la meilleure partie, fit battre des monnoyes nouvelles d'or & d'argent à ſon coin & à celuy d'Angleterre. On voit pour ce ſujet les leopards joints aux fleurs-de-lis, avec cette legende, HEN-RICUS

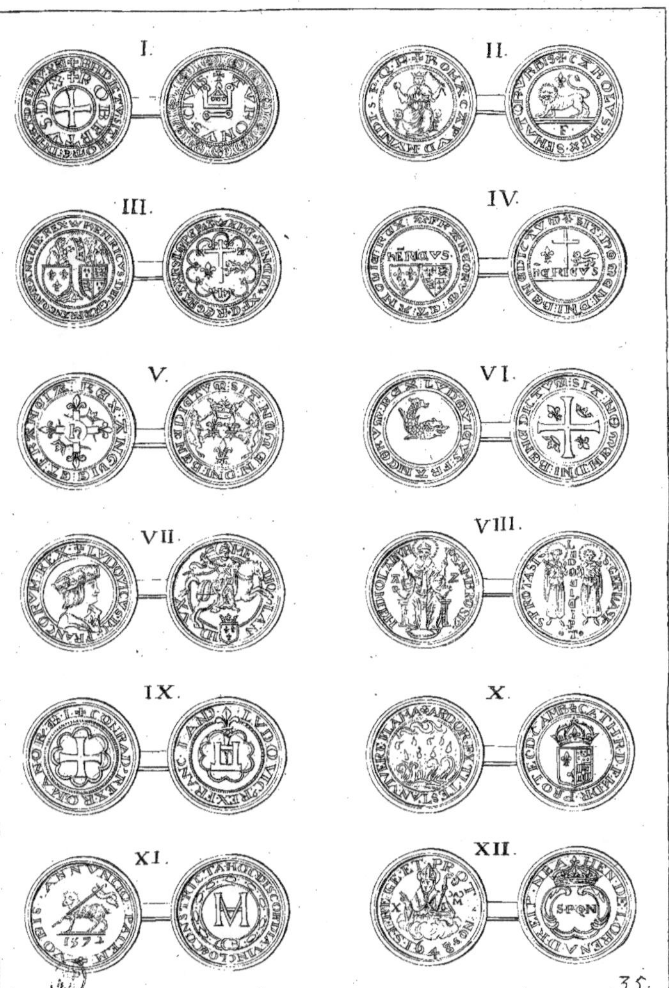

35.

RICUS DEI GRA. FRANCORUM ET ANGLIÆ REX. Cette
piéce fut appellée un salut, à cause d'une Annonciation de la Vierge, & du
mot AVE qui est au dessus.

I V.

HENRY VI.

UNe seconde monnoye de Henry VI. Roy d'Angleterre, qui n'est que d'argent ; son nom est au milieu des deux côtez, HENRICUS ; au dessus
est une croix accompagnée d'une fleur-de-lis & d'un leopard, avec cette legende,
SIT NOMEN DOMINI BENEDICTUM. De l'autre côté au revers
& au dessous de ce mot *Henricus* sont les deux écus, l'un de France, & l'autre
écartelé de France & d'Angleterre ; à l'entour se lit FRANCORUM ET
ANGLIÆ REX.

V.

Une monnoye d'Angleterre.

CEtte monnoye qui n'est que de billon, est la troisiéme de la fabrique des
Anglois. Elle a cela de singulier, qu'on y voit les Armes de France qui
ont deux leopards pour supports. On ne leur en avoit pas encore jusques à ce
temps-là donné, ou tout au plus, ce n'étoit que depuis Charles VI. qu'on les fit
porter par deux cerfs, à cause de ce cerf prodigieux qu'il prit proche Senlis,
qui portoit un colier que Cesar luy avoit donné : *CÆSAR HOC MIHI
DONAVIT*, s'il est vray ce que l'histoire en rapporte ; on les voit de la sorte
sur le portail de l'Eglise de la Magdelaine de Châteaudun. Pour ce qui est des
Anges qui servent à présent de supports, on ne trouve point que nos Rois les
ayent fait graver dans leurs sceaux avant Loüis XII. & la raison pour laquelle on
les a mis à l'Ecu de France, vient de ce qu'on a crû bonnement, qu'un Ange
avoit apporté les fleur-de-lis du Ciel du temps de Clovis.

V I.

LOUIS XI.

ON voit sur cette monnoye de Louis XI. qui n'est que de billon, un Dauphin,
& à l'entour LUDOVICUS FRANCORUM REX. J'en ay une
d'argent de son pére Charles VII. sur laquelle on voit la même chose, sinon
qu'autour du Dauphin il y a DALPNS VIENS, *Delphinus Viennensis*. On auroit assez de sujet de croire que Louis XI. fit frapper cette Piéce n'étant encore
que Dauphin, si nous ne trouvions point ces mots *Francorum Rex* ; car quelle aparence qu'il ait osé prendre cette qualité du vivant de son pére ? Il est vray que
les Historiens remarquent qu'il fut aussi mauvais sujet que mauvais fils, qu'il se retira en Dauphiné où il se ligua avec les mécontens, & les ennemis de l'Etat, pour
faire la guerre à celuy qui étoit son Roy & son pére ; mais comme ils ne parlent
point qu'il ait fait battre de la monnoye n'étant que Dauphin, nous aimons mieux
dire qu'il la fit frapper étant Roy, & à l'usage de la Province du Dauphiné.

VII.

LOUIS XII.

UN teſton de Louis XII. de la monnoye de Milan, lorſque cette ville étoit ſous l'obéiſſance de ce Prince ; il ſe qualifie auſſi dans la legende du revers, MEDIOLANI DUX. Ces piéces furent appellées teſtons, à cauſe que la tête du Roy étoit gravée en relief deſſus ; ce qui ne s'étoit point fait depuis long-temps en France. Le revers eſt chargé d'un S. Ambroiſe à cheval avec ſes habits pontificaux ; il tient en main un fouet : au deſſous & comme en l'exergue eſt un petit écu de France, ſur lequel eſt une couronne qui n'eſt pas encore fermée.

VIII.

Une autre monnoye de Milan.

C'Eſt une ſeconde monnoye qui fut frappée à Milan lorſque ce païs étoit ſous la domination du même Roy Louis XII. le S. Ambroiſe qui s'y voit d'un côté avec cette inſcription MEDIOLANUM. S. AMBROSIUS, eſt dans un trône avec le pallium ſur ſes habits pontificaux. Il tient en main une croſſe, & ſemble donner ſa bénédiction au peuple. Au revers eſt écrit le nom du Roy, LUDOVICUS au milieu des Saints Gervais & Prothais qui ſont en grande vénération en la ville de Milan ; leurs corps y furent trouvez du temps que S. Ambroiſe en gouvernoit l'Egliſe.

IX.

Monnoye de Gennes.

VOicy une troiſiéme monnoye de Louis XII. qui a pour legende LUDO-VICUS REX FRANC. JAN. D. *Ludovicus Rex Francorum Janua Dux.* La République de Gennes luy fit frapper cette piéce de monnoye, lorſque ce Prince fit ſon entrée ſolemnelle en leur ville ; cette entrée ſe voit fort curieuſement dépeinte en miniature dans un livre de la bibliotéque de M. le Chancelier Seguier. Il y a au milieu de cette piéce une eſpéce de monogramme de deux LL entrelaſſées l'une dans l'autre. Je ne ſçay ſi la legende du revers, CONRADUS REX ROMANORUM, n'y auroit point été miſe pour faire connoître que ce fut Conrad III. Empereur qui leur donna le droit de faire battre de la monnoye. Il vivoit du temps du Roy de France Louis le Jeune. Je diray en paſſant, que je trouve une monnoye de François I. ſur laquelle eſt la même legende, *Conradus, &c.* & qu'il eſt facile de prouver qu'on a quelquefois mis les noms des Princes ſur les monnoyes, long-temps aprés qu'ils étoient décédez. J'ay une monnoye d'argent de la ville de Beſançon, frappée en 1661. ſur laquelle eſt la figure de Charles V. Empereur, & ſon nom à l'entour, CAROLUS QUINT. IMPERATOR. On ſçait pourtant bien que Charles-Quint mourut en 1558.

X.

CATHERINE DE MEDICIS.

LEs habitans de la ville de Cambray firent frapper cette piéce en l'honneur de la Reine Catherine de Médicis aprés la mort de son mary Henry II. Ils mirent d'un côté sa devise assez commune, qui fait voir des larmes qui tombent sur de la chaux vive, avec ces paroles ARDOR. EXTI. TESTAN. VIVERE FLAMMA, *Ardorem extincta testantur vivere flamma.* La legende du revers qui est à l'entour des Armes de cette Princesse est telle, CATH. R. D. F. M. D. R. PROTEC. D. CAMB. Catherine Reine de France, Mére du Roy, Protectrice de Cambray.

X I.

HENRY IV.

CEtte piéce qui tient plus de la médaille que de la monnoye, fut faite au mariage d'Henry IV. avec Marguerite de Valois l'an 1572. On y voit d'un côté le chiffre de leurs noms entouré d'une ceinture, & ces mots CONSTRICTA HOC DISCORDIA VINCLO, & de l'autre un Agneau qui annonce la paix, VOBIS ANNUNTIO PACEM. C'est le symbole de la reconciliation qui se fit en apparence par ce mariage, entre le Roy Charles IX. & celle du party des Huguenots. Il donna occasion aux Colignys & aux autres Chefs de ce party de venir à Paris, où ils furent surpris & massacrez le jour de la saint Barthelemy. M. de Thou en rapporte toute l'histoire.

XII.

HENRY DE GUISE.

POur derniére monnoye, voicy une piéce d'argent que la ville de Naples fit frapper au nom de M. le Duc de Guise, lors qu'en l'année 1648. elle se revolta contre son Souverain Philippe IV. Roy d'Espagne. On sçait qu'il sortit de Rome où il étoit, pour commander ces revoltez, qui luy donnent icy la qualité de Duc de leur République, HEN. DE LORENA DUX REIP. NEAP. *Henricus de Lorena Dux Reipublicæ Neapolitanæ* ; & au milieu dans un cartouche, S. P. Q. N. *Senatus, Populus Que Neapolitanus.* Nous avons encore dans nôtre Cabinet deux autres de ces monnoyes de Naples, mais elles ne sont que de cuivre, & ne different en rien de celle d'argent que par leur revers. Car celle d'argent nous réprésente un S. Janvier, Patron de la ville, en mitre & en crosse, sortant des nuages avec ces paroles, S. J. REGE ET PROT. NOS. 1648. *Sanctus Januarius rege & protege nos.* La prémiére de ces deux monnoyes de cuivre porte un panier de fruits, avec ces mots, HINC LIBERTAS, à cause que cette révolte commença au marché par les fruitiers & les vendeurs de marée ; la seconde est chargée de trois épics de bled & d'un olivier croisez ensemble, qui font une espéce de bouquet. Les particularitez de cette révolte de Naples sont tres-bien décrites dans le livre qui a pour titre, *Les Mémoires de M. de Guise.*

Des Pites.

JE ne donneray point davantage de monnoyes de nos Rois , fur tout de celles qui font depuis François I. parce qu'elles fe trouvent journellement dans les mains de tout le monde : j'ajoûteray feulement que nous avons de petites piéces de cuivre , chacune environ du poids d'un demy gros , fans aucune marque de côté ni d'autre ; j'eftime que ce font des Pites. Elles furent trouvées il y a dix ou douze ans avec plufieurs autres femblables , enterrées dans un pot en un village entre Montargis & Gien ; elles ne portent aucune marque , parce que leur valeur qui eft de la feiziéme partie d'un double , à peine auroit-elle fuffi pour payer les ouvriers qu'il eût falu employer à les marquer. Quelques-uns ont crû qu'on n'avoit jamais fabriqué en France d'obole , ni de pites , & que c'étoit feulement des monnoyes imaginaires pour fervir au compte , à la divifion , & à la multiplication des fommes. Mais comme on lit dans le cinquiéme volume de l'Hiftoire de France de Duchefne , page 394. d'une jeune fille qui avoit une marque rouge au coin de l'œil droit de la grandeur d'une pite, *latam ficut una pitta-vina* ; & en un titre de Guillaume Comte de Forcalquier : *quicumque à viginti folidis ad quantitatem 20. librarum in bonis habuerit pro qualibet libra unam pittam folvat.* On peut conclure affûrément qu'il y avoit autrefois des piéces de ce nom.

36.

LES
MEDAILLES
LES PLUS RARES
DES PAPES
DEPUIS PAUL II.

AVERTISSEMENT.

On garde dans le même Cabinet une suite de Médailles de bronze des Papes au nombre de prés de quatre cens, depuis Martin V. jusques à Innocent XI. qui tient aujourd'huy le saint Siege, c'est à dire l'espace d'environ deux cens cinquante années. Il faut avoüer néanmoins qu'à peine s'en trouve-t'il parmy les prémiers qui soient du temps des mêmes souverains Pontifes qu'elles répréséntent, la plûpart ayant été restituées depuis quelques années, & frappées avec des coins modernes.

Ce fut particuliérement Paul II. qui s'avisa de faire faire des Médailles pour les mettre dans les fondations des édifices publics qu'il faisoit bâtir, afin d'en marquer le temps à la posterité, & imiter en cela les anciens Empereurs, comme Platine le remarque en sa vie : Numismata prope infinita ex auro, argento, ære, suâ imagine signatâ sine ullo senatus-consultò in fundamentis ædificiorum suorum, more Veterum, collocabat. *Ces Médailles n'étoient encore que moulées ; ce fut le Pape Jules II. qui commença de faire faire des coins & des matrices pour les frapper. On trouve bien des monnoyes des Papes qui ont tenu le saint Siége auparavant luy, mais pour ce qui est de leurs Médailles, je n'en ay point encore vû de frappées avant ce Pape. J'ay commencé à faire graver les têtes des Papes par celle de Paul II. aprés leurs Médailles, avec le seul revers de chacun qui m'a semblé le plus riche, & qui marquât une des plus singulieres actions de leurs vies. J'ay déja donné ces revers au public dans mon livre de l'Histoire des Papes, mais plusieurs personnes qui pourront avoir ce livre-cy, n'auront peut-être pas mon Histoire des Papes ; d'ailleurs cette répétition ne sera pas desagréable en françois : on y trouvera encore un abregé de la vie de chaque Pape, avec leurs devises.*

Qq

PAUL II.

Benefac, Domine, bonis & rectis corde.

I.

 AUL II. Venitien, auparavant nommé Pierre Barbo, de la famille de Barbo, ou Barbes à Venise, eut pour mére Polyxene sœur d'Eugene IV. Il fut d'abord destiné au négoce, mais la nouvelle qu'il eut de la promotion de son oncle au Pontificat, luy fit changer de résolution. Ce même oncle le fit Cardinal en 1440. aprés l'avoir fait passer à cette dignité par plusieurs emplois de l'Eglise. On dit de luy, qu'il avoit recours aux larmes lors qu'il manquoit de raisons, pour persuader & pour venir à bout de ce qu'il vouloit. Il tint le saint Siége six ans, dix mois, vingt-quatre jours; il mourut le 25. Juillet de l'année 1471. âgé de cinquante-quatre ans.

ANNO CHRISTI M. CCCC. LXX. HAS ÆDES
CONDIDIT
TRIBVNA S. PETRI
ROMA.

ON voit en ce revers une maniére de voute sur un Autel dans le fond d'une Eglise. Ce Pape étoit tres-magnifique; il se plaisoit à orner la ville de Rome d'édifices publics, aux fondemens desquels il faisoit jetter des Médailles. Celle-cy fut faite pour mettre aux fondemens de celuy qu'il fit bâtir pour réparer la Tribune qui étoit sur l'Autel S. Pierre au Vatican. Platine en parle ainsi : *Ædificavit etiam splendidè ac magnificè tùm apud S. Marcum, tùm in Vaticano.* Ce bâtiment ne subsista pas long-temps, parce que Jules II. qui n'avoit pas moins que luy d'inclination pour les monumens publics, fit détruire celui-cy pour commencer cette belle Eglise de S. Pierre que l'on voit présentement, & qui passe pour le plus beau morceau d'Architecture qui soit dans le monde.

SIXTE IV.

Auxilium meum à Domino, qui fecit cœlum & terram.

II.

SIXTE IV. Cordelier & Général de son Ordre, natif de Savone de la Maison de la Ruvere, fut élevé au souverain Pontificat le 9. Aoust de l'année 1471. Ces deux mots, SACRI CVLTOR, qui se voyent aprés son nom sur cette

Médaille, font des marques de fa piété, & du deffein qu'il avoit pris de continuer à bâtir des Eglifes & autres édifices. I avoit compofé, avant d'être monté
fur le Trône de S. Pierre, plufieurs Traitez de Dévotion, entr'autres fur la Con-
ception de la Vierge. Il frappa depuis d'anathéme ceux qui affûroient qu'elle
avoit été conçuë en peché originel. Il mourut le 13. d'Août de l'année 1484.
âgé de foixante-onze ans, & de fon Pontificat treize ans ; quatre jours.

CVRA RERVM PVBLICARVM.

UN pont paroît pour revers à cette Médaille, & au deffus cette infcription,
CURA RERUM PUBLICARUM. Ce Pape s'appliqua fort, com-
me avoit fait fon prédéceffeur, à réparer & embellir la ville de Rome. Ciaconius
dit de luy en fa vie, *in operibus publicis conftruendis & reparandis SIXTUS IV.
æquè maximus fuit : nam urbem ante omnia à fitu & cæno vindicavit, &c.* Ce pont
eft celuy qui porte encore aujourd'uy fon nom à Rome ; & eft appellé le pont
Sixte, felon la remarque du même Ciaconius : *Pontem veterem Janiculenfem,
jam diù ante disjectum, quem, ruptum, meritò cives appellabant, publicæ commodi-
tati, & decori à fundamentis magnâ curâ & impensâ ex Tiburtino lapide, reftituit,
fuoque de nomine Sixtum vocari juffit, opus fanè omni antiquo Principe dignum.*

INNOCENT VIII.

In innocentia mea ingreffus fum,

III.

INNOCENT VIII. nommé auparavant Jean Baptifte Cybo, d'une famille
illuftre de Gennes, vint au monde en 1432. Ses parens l'élevérent avec beaucoup de foin. Le Cardinal de Boulogne frére du Pape Nicolas V. dont il fut do-
meftique, ne contribua pas peu à fon élévation. Il fut créé Pape le 29. Aouft de
l'année 1484 ; il avoit été fait Cardinal par Sixte IV. qui le laiffa Legat à Rome,
lors qu'il fut obligé de s'en abfenter durant la pefte ; il ne tint pas huit ans entiers le S. Siége, étant mort le 25. Juillet de l'année 1492. âgé de foixante ans.

ECCE SIC BENEDICETVR HOMO.

CE Pape fe voit affis au revers de fa Médaille ; il donne fa bénédiction à un
homme qui luy baife les pieds. C'eft Zizim frére de Bajazet Empereur des
Turcs, lequel aprés avoir été défait en Afie par les troupes de fon frére, voulant
éviter fa perfécution, fe retira à Rhodes, où il fut merveilleufement bien reçû
des Chevaliers & du Grand Maître d'Aubuffon, qui l'envoya en France au Roy
Charles VIII. pour ôter toute efpérance à fon frére de réüffir dans le deffein qu'il
avoit de le faire mourir. Il fut renvoyé enfuite au Pape. Mathæus Boffus, Chanoine Régulier, qui étoit préfent lorfque ce Prince vint baifer les pieds d'Innocent VIII. affûre en une de fes Epîtres qu'il ne le fit qu'à regret, & comme par
contrainte.

ALEXANDRE VI.

Ad Dominum cum tribularer clamavi, & exaudivit me.

IV.

ALEXANDRE VI. nommé Roderic Lenzoli, d'une des grandes maisons du Royaume de Valence, ne prit le nom & les Armes de Borgia que pour obéir à Calixte III. son oncle maternel qui l'avoit souhaité. Ciaconius le dit : *Qui quanquam gente Lenzolia ortus esset, Borgiæ nomen, quo cum gentilitiis insignibus, ab Avunculo donatus fuerat, avito relicto, usque ad obitum retinuit.* Ce fut ce Pape qui le créa Cardinal, & qui le pourvut de l'Archevêché de Valence sa patrie. Sixte IV. l'envoya Legat en Espagne, où il parut en beaucoup d'occasions, d'une maniére qui luy fut tres-avantageuse : il fut élevé sur la Chaire de S. Pierre le second jour d'Aoust 1492. & & y demeura jusqu'au dix-huitiéme du même mois de l'année 1503. dans laquelle il mourut âgé de soixante-douze ans.

ARCEM IN MOLE DIVI HADRIANI INSTAVR.
FOSSA AC PROPVGNACVLIS MVNIVIT.

ON voit par ce revers que ce Pape voulut assûrer les Romains, aussi-bien que sa personne contre la crainte où on étoit, qu'on ne vint en ce misérable temps de guerre assiéger leur ville, dans laquelle il n'y avoit pas beaucoup de défense. Il fit bâtir une forteresse au môle Adrien, qu'il nomma le Château S. Ange ; il le fit entourer de rempars, de tours & de fossez, & le crût aprés cela si propre à sa défense, qu'il s'y retira lorsque Charles VIII. Roy de France vint à Rome avec une puissante armée, ne sçachant quel dessein y amenoit ce Prince. Raphaël Volaterran en fait mention en sa vie : *Hadriani molem, opere quo nunc cernitur, restituit : Angeloque supremo reposito, cujus similis paulò ante fulmine dejectus fuerat.*

PIE III.

*   *   *   *   *   *   *   *

V.

PIE III. nommé François Picolomini, étoit de Sienne, fils d'une sœur de Pie II. dont il prit & le nom & les armes, lors qu'il fut élevé à la prémiére dignité de l'Eglise. On voit sur une Médaille qu'on fit frapper en son honneur, qu'il y est nommé la gloire & l'ornement de sa patrie, *Patriæ Senensis gloria ;* il n'eut pas toutefois le loisir de donner beaucoup de marques des grandes espérances

pérances qu'on avoit conçuës de sa personne, n'ayant tenu le saint Siége que vingt-six jours ; il y étoit monté le 22. Septembre de l'année 1503. âgé de soixante-quatre ans. Nous n'avons de luy que deux Médailles ; sur la prémiére sont ses Armes, & en l'autre le revers suivant.

SVB VMBRA ALARVM TVARVM.

L'On y voit Cesar Borgia Duc de Valentinois à genoux devant luy, qui le vient reconnoître aprés son élection, luy demander sa protection contre les Ursins, & le supplier de le mettre à couvert de ses ennemis sous l'ombre de ses aîles, *sub umbra alarum tuarum.* Il vint à Rome, ainsi que Ciaconius, aprés Onuphre, le rapporte, pour remercier les Peres qui avoient élû ce Pape : *Auditâ Pii III. creatione, Valentinus gratias Pátribus acturus, & Pontificis pedes deosculaturus, Romam venit.*

JULE II.

Dominus mihi adjutor, non timebo quid faciat mihi homo.
VI.

JULE II. étoit de Savône, de la famille de Riviére, ou Rouvere. Aussi-tôt qu'il eut pris possession du saint Siége le 4. Septembre de la même année 1503. Il s'appliqua entiérement à procurer la paix entre l'Italie, la France & l'Espagne qui étoient en guerre depuis dix années entiéres. Il semble que cette paix fut de tres-peu de durée, si nous en croyons Ciaconius, qui ne luy donne que trois ans. *Pacis & tranquillitatis publicè studiosus, ad pacandas Italiæ, Galliæ, & Hispaniæ Provincias variis præliis decennio fatigatas, omnes animi ner-vos intendebat ; nam finito Neapolitano bello, post adeptam à Consalvo Cajetæ victo-riam, exactosque Gallos, auctoritate Pontificis icto fædere inter Galliæ & Hispaniæ Reges anno à partu Virginis 1504. & Julii Pontificatûs primo pax orbi terrarum per triennium conciliata fuit.* Il ne tint le souverain Pontificat que neuf ans, trois mois & vingt jours, étant mort en sa soixante-onziéme année.

PORTVS CENTVM CELLÆ.

CE revers qui nous réprésente un port & une forteresse, n'est autre chose que celuy de Civita-Vecchia, que l'on nommoit auparavant *Portus centum Cellæ.* Ce Pape y mit la prémiére pierre au mois de Décembre de l'année 1508. & y fit jetter dans les fondemens des Médailles qui portent cette inscription ; nous en avons un autre dans nôtre Cabinet, où est seulement écrit *Centum Cellæ.* On tient que Jules II. le fit bâtir, dans la crainte que le Roy de France Louis XII. avec lequel il s'étoit broüillé, ne vint assiéger Rome ; il n'épargna rien pour les fortifications de ce Port & de cette ville de Civita-Vecchia, qui n'est qu'à quinze milles, afin d'y pouvoir arrêter les François, s'ils vouloient entreprendre quelque chose sur ses Etats.

LEON X.

Ad Dominum cùm tribularer clamavi , & exaudivit me.

VII.

LEON X. qui se nommoit auparavant JEAN DE MEDICIS fils de *Laurent de Medicis*, étoit né à Florence. Il fut élevé au souverain Pontificat le 9. de Mars de l'an 1513. On ne peut mieux faire l'éloge de ce Pape, qu'en disant de luy, aprés Panuinus, qu'il surpassa en libéralité tous ses prédécesseurs ; il semble aussi qu'il affecta de porter pendant sa vie cette qualité de libéral, disant que ceux-là étoient indignes d'être élevez aux grandes dignitez, & de commander, qui ne sçavoient pas faire part aux autres des biens qu'ils avoient si libéralement reçûs de la fortune : *Nihil ardentiùs quàm liberalitatis summam gloriam, à qua cæteri Sacerdotes abesse longè consueverant, in omni vita expetivit , eos principe loco indignos existimans , qui nequaquam beneficâ & largâ manu fortunæ muneribus uterentur.* Il mourut le prémier Décembre de l'année mil cinq cens vingt-un, âgé de quarante-sept ans.

MENDICIS IN PTOCHOTROPHIVM REDACTIS.

LE revers de cette Médaille, où se voit en relief le type de la charité, nous apprend que ce Pape se plaisoit à faire du bien aux particuliers & au public. Les bâtimens magnifiques qu'il fit faire dans Rome au Vatican, & ailleurs, en sont d'illustres preuves : *Templum S. Petri*, dit Ciaconius , *à Julio II. mole tantùm inchoatum promovit, & alia minora ædificia construxit.* Il faut mettre entre ces bâtimens un Hôpital général qu'il fit faire pour tous les pauvres de la ville ; il les y fit renfermer, afin d'empêcher la mendicité. C'est pour perpétuer la mémoire du bâtiment de cet Hôpital , que cette Médaille luy a été restituée , comme un monument de sa charité envers les pauvres.

ADRIEN VI.

* * * * * * * * * *

VIII.

ADRIEN VI. étoit d'Utrech, de basse condition ; mais son mérite l'ayant rendu plus recommandable que sa naissance, l'Université de Louvain le choisit pour son Chancelier. Il remplit dignement pendant plusieurs années les devoirs de cette charge ; l'estime qu'il y acquit, le fit choisir pour être Précépteur de Charles-Quint Empereur. Ce Prince qui avoit une pénétration d'esprit, connut bien-tôt que son Précepteur étoit capable de gouverner son Etat ; il avoit coûtume de le déclarer souverain Ministre de son Royaume d'Espagne, lors qu'il étoit obligé de s'en abſenter. Il monta ſur la Chaire de S. Pierre le 9. Janvier de l'année 1522. & mourut, regretté de tout le monde, le 23. de Septembre de l'année ſuivante, âgé de ſoixante-quinze ans.

SPIRITVS SAPIENTIÆ.
ROMA.

NOus n'avons que ce ſeul revers de ce Pape ; on y voit beaucoup de livres qui nous marquent ſes rares qualitez, & la profonde érudition ; la Colombe qui eſt parmy les Chrétiens le type du S. Eſprit, avec ces paroles, *Spiritus Sapientiæ*, nous déſignent qu'il avoit reçû du Ciel le don de ſageſſe, pour gouverner Rome, & enſemble toute l'Egliſe ; mais la mort l'enleva trop tôt, parce que, dit un Auteur, un ſiécle ſi corrompu ne méritoit pas de poſſeder long-temps un ſi grand perſonnage: *Sæculum illud turbulentum fortaſſè tali Pontifice dignum non fuit.*

CLEMENT VII.

Domine, refugium factus es nobis à generatione
& progenie.

IX.

CLEMENT VII. ſe nommoit, auparavant ſon élection, Jules de Médicis; il étoit de cette illuſtre famille de Florence ; il avoit été Chevalier de Rhodes. Ce fut Leon X. ſon couſin, qui le fit Cardinal ; il l'envoya Legat à Avignon, & il le fit Archevêque de Florence, &c. Il fut élû Pape le 19. de Novembre de l'année 1523. Durant ſon Pontificat la Chrétienté fut affligée de grandes calamitez : l'erreur de Luther y excita beaucoup de révoltes & de guerres civiles ; les ſujets de la plûpart des Princes de l'Europe ſe révoltérent contre leurs Souverains légitimes. Ce Pape ſe ligua avec les François & les Venitiens contre l'Empereur Charles-Quint, qui fit aſſiéger Rome, & qui le contraignit de ſe retirer au Château S. Ange, où il ſouffrit beaucoup de miſeres l'eſpace de ſept mois qu'il y demeura. Un Auteur remarque qu'il ſe négligea tellement en cette priſon, qu'ayant laiſſé croître ſa barbe, il la porta depuis fort longue : les Papes ſes ſucceſſeurs l'imitérent en cette maniére, de porter de longues barbes. Il mourut le 26. Septembre de l'année 1534. âgé de cinquante-ſix ans & quatre mois, aprés avoir tenu le ſaint ſiége dix ans, dix mois, & ſept jours.

CLAVDVNTVR BELLI PORTÆ.

CE revers répréſente la figure de la paix qui eſt debout, tenant en ſa gauche une corne d'abondance, & en ſa droite un flambeau allumé, avec lequel elle met le feu à un amas d'armes qui ſont à ſes pieds, par alluſion à ce paſſage de l'Ecriture, *Scuta comburet igni.* L'édifice qui paroît au deſſus, eſt le Tem-

ple de Janus qui se fermoit autrefois pendant la paix. On voit encore au bas de
ce Temple la discorde enchaînée, pour empêcher qu'elle ne trouble le repos
public ; cette paix nous marque celle que ce Pape conclut avec Charles V. en
l'année 1529. Il oublia les mauvais traitemens qu'il en avoit reçûs, & il fit ce
qu'il pût pour la faire aussi entre cet Empereur & le Roy François I. Ciaconius
en la vie de Clement VII. parle de cette paix : *Anno 1529. ad finem Junii Bar-*
cinone in Catalonia firmata est pax inter Pontificem & Cæsarem amplis conditionibus
Pontifici commodissima, &c.

PAUL III

Confirma hoc, Deus, quod operatus es in nobis.

X.

PAUL III. nommé Alexandre Farnese, étoit Romain, fils de Pierre Farnese
& de Janelle Cajetan. Alexandre VI. le fit Cardinal en 1493 ; il étoit Doyen
du sacré College, & Evêque d'Ostie, lors qu'il fut choisi unanimement par trente-quatre Cardinaux qui se trouvérent au Conclave aprés la mort de son prédécesseur. Ce fut son mérite & les rares vertus dont il avoit donné tant de preuves
dans les plus illustres emplois de l'Eglise, qui l'élevérent à cette haute dignité.
Il servit utilement le saint Siége pendant la prison de Clement VII, & on ne
doit point attribuer à faste & vanité le titre de *Divus Paulus III.* qui se trouve
sur une de ses Médailles. Cette qualité se donnoit assez ordinairement dans ce
siécle aux Princes qui gouvernoient l'Europe ; j'en ay produit quelques exemples
dans mon livre des Médailles des Papes à la page 47. Il fut couronné le 3. de
Novembre de l'année 1534. dix-neuf jours aprés son élection, & mourut le 10.
Novembre de l'année mil cinq cens quarante-neuf âgé de quatre-vingt-un an.

NEC PRIMVS TERTIO, NEC SECVNDVS FVTVRA VIRVM OSTENDENT.

CE revers contient deux inscriptions ; la prémiére qui est autour de la Médaille le compare aux deux Papes ses prédecesseurs, qui ont porté le nom
de Paul, *Nec primus tertio, nec secundus*, faut sous-entendre *major fuit* ; en cette
sorte : *Nec Paulus primus major fuit Paulo tertio, nec Paulus secundus.* On remarque
en effet dans l'Histoire que Paul I. & Paul II. ont été deux des plus grands Papes
qui ayent gouverné l'Eglise ; on leur égale icy Paul III. On luy frappa ce revers
au commencement de son Pontificat, lorsque de la sage conduite qu'il avoit gardée
étant Cardinal, on en auguroit ce qu'il seroit étant Pape : *Futura virum ostendent.*
Onuphre dit aussi de luy : *Nec defuit spes; nam Pontificatum adeptus, tribunalis Po-*
puli Romani Capitolini officiorum curialium privilegia confirmavit & auxit ; Ecclesia-
rum prædia temerè locata vindicavit ; & ita se in administranda Republica gessit il-
lustri quodam in speciem diversarum virtutum temperamento, ut Pontificis simul, ut
Principis nomen tueretur.

LES

I.
II.
III.
IV.
V.
VI.
VII.
VIII.
IX.
X.

LES MEDAILLES
LES PLUS RARES
DES PAPES
DEPUIS JULE III.

JULE III.

Vias tuas, Domine, demonstra mihi.

I.

JULE III. Romain étoit neveu du Cardinal Antoine Delmonté, & fils de Vincent natif de *Monte* au Diocése d'Arrezzo. Il fit en sa jeunesse de grands progrés dans les lettres humaines, & sur tout il s'appliqua beaucoup à la Jurisprudence. Paul III. qui aimoit les gens de résolution, aprés avoir reconnu que c'étoit un esprit ferme & intrépide, le fit Cardinal en 1536. Il l'employa en plusieurs légations d'importance, & le nomma président du Concile qui se devoit tenir à Boulogne ; il s'acquitta dignement de tous ces emplois. Quelques-uns ont crû que ce fut avec un peu trop de sévérité, & que cette estime fit long-temps douter les Cardinaux, s'ils le feroient Pape. Il succéda au même Paul III. le huitiéme Février de l'année 1550. Il fit durant son Pontificat transferer le Concile général à Trente. Il mourut le 23. Mars 1555. aprés avoir tenu le S. Siége, cinq ans, un mois, dix jours.

ANGLIA, RESVRGES VT NVNC NOVISSIMO DIE.

LE revers de cette Médaille a été fait pour marquer à la postérité que sous le régne de Marie, dite la Catholique, le Royaume d'Angleterre que Henry VIII. son pére avoit soustrait à l'Eglise Romaine, y étoit heureusement revenu. On voit icy cette Princesse à genoux, accompagnée de Philippe II. Roy d'Espagne son mary, & du Cardinal Polus, qui rend ses soûmissions au Pape, qui luy tend la main droite, en luy disant : *Anglia, resurges ut nunc novissimo die* ; que son Royaume d'Angleterre aprés avoir, par l'hérésie, encouru la mort éternelle, ressuscitoit en ce jour en la grace, pour ressusciter au jugement dernier à la gloire. Voicy les termes d'Onuphre en la vie de Jule III. *Rebus ita constitutis, Polus legatus in Angliam, ad expiandum, lustrandumque regnum, & catholicos ritus*

S s

restituendos jam securus accessit , honorificè à Regina & totâ Insulâ excipitur. Maria vero cùm esset catholicæ Religionis & veræ pietatis cultrix studiosissima , eodem Legato authore , antiquum & certum Dei cultum vigesimo ante anno ab Henrico Patre dissipatum , Anglis restituit. Oratores suos Romam ad Pontificis venerationem & obedientiam præstandam misit , veniam & peccatorum condonationem precantes , &c. C'est au vray l'histoire comme on la voit représentée sur cette Médaille.

MARCEL II

MARCEL II. se nommoit , auparavant d'être Pape, Marcel Cervin ; il étoit Florentin de Fano, fils de Richard Cervin & de Cassandra Bencia, qui l'envoyèrent faire ses études à Sienne. Il alla à Rome sous le Pontificat de Paul III. qui le choisit pour être le prémier de ses Secretaires ; il le donna ensuite à son neveu le Cardinal Farnese , pour l'accompagner en France, & aux Paisbas où il l'envoyoit , pour terminer les différends qui étoient entre le Roy de France François I. & l'Empereur Charles V. Ce Cardinal s'en revint à Rome par ordre de son oncle, qui voyant que cette affaire tiroit en longueur, en laissa la conduite à Marcel Cervin , auquel il donna à son retour le chapeau de Cardinal en 1539. Il le nomma un des Présidens du Concile de Trente. Il monta sur la Chaire de S. Pierre le neuviéme Avril de l'année 1555. & il n'y demeura gueres, la mort l'ayant enlevé vingt-un jour aprés dans la cinquante-quatriéme année de son âge.

CLAVES REGNI COELORVM.

C'Est avec bien de la raison qu'on fit frapper ce revers de Médaille en l'honneur de Marcel II. Ce Pape avoit de si bonnes qualitez , & toute l'Eglise avoit conçû de si grandes espérances de son gouvernement, qu'on le compare icy à un second S. Pierre, à qui le Sauveur du monde donne les clefs du Royaume des Cieux. D'autres disent que ce revers nous marque que n'ayant été Pape que vingt-deux jours, il n'avoit fait quasi que recevoir les clefs de Saint Pierre, sans avoir eu le loisir de s'en servir, ni d'employer leur autorité en aucune occasion considérable. Il est vray qu'il s'étoit proposé de grands desseins pour le bien général de l'Eglise , & en particulier pour le bonheur de ses sujets ; mais avant qu'il pût les exécuter, Dieu qui se contente souvent de la bonne volonté des hommes, le retira de ce monde. Nous n'avons en nôtre Cabinet que trois revers de ce Pape, encore sont-ils restituez.

PAUL IV.

Dominus mihi adjutor.

III.

PAUL IV, de Naples, nommé, avant son élection, Jean Pierre Caraffe, étoit fils de Jean Antoine, fils du Comte de Matalone. Lors qu'il n'étoit que Cardinal, sa vertu l'avoit fait plus estimer que sa qualité. Il avoit une parfaite connoissance des langues grecque, hébraïque & latine. Le Pape Jule II. le nomma à l'Archevêché de Theate, où il institua avec Gaëtan Thienne l'Ordre des Clercs Réguliers, à qui l'on donna le nom de Theatins de celuy de son Eglise. C'est sans doute pour cette raison qu'étant Pape, on luy frappa cette Médaille ; Jesus-Christ y est en buste, avec ces paroles : *Beati qui custodiunt vias meas*, pour nous marquer qu'il avoit luy-même embrassé ce genre de vie. Onuphre le confirme : *Qui cùm è lecto in quo jacebat, summi Pontificis nuntiis brevì respondisset, atque ut eidem suo nomine gratias agerent orasset ; tùm conversus ad suos : Appendite, inquit, pileolum hunc ad illum clavum. Nullum enim ad purpuram apparatum, nisi arctissimæ ac suspiciendæ paupertatis, quam Theatini Patres observant, in ea domuncula erat cernere.* Il étoit Doyen des Cardinaux, & sur la quatre-vingtiéme année de son âge lors qu'il fut élevé au souverain Pontificat. Ce fut en 1555. & la même année que son prédécesseur. Il ne gouverna l'Eglise que quatre ans & quelques mois, étant mort le dixhuitiéme d'Aoust de l'année quinze cens cinquante-neuf.

ROMA RESVRGENS.

IL ne faut pas s'étonner si on ne voit à Rome presque aucun monument public, où se trouvent les Armes de la Maison des Caraffes. Aprés la mort de Paul IV. le Peuple Romain fit faire une Ordonnance qui enjoignoit à chacun, sous peine d'être déclaré ennemy du Sénat, de les rompre & de les biffer. On a obligation à ceux qui luy ont fait frapper des Médailles ; sans ce secours il nous seroit resté fort peu de preuves de son histoire. Le peuple aprés sa mort fut si animé contre luy, qu'il mit en morceaux la statuë qu'il luy avoit fait ériger. Rome néanmoins luy avoit de grandes obligations ; il l'avoit gratifiée de plusieurs bienfaits en renouvellant & augmentant ses priviléges, comme Onuphre le témoigne en sa vie : *Populo Romano immunitates omnes & privilegia à superioribus Pontificibus concessa liberaliter auxit & confirmavit.* Le même Auteur dit que c'étoit en reconnoissance de ces bienfaits qu'on luy avoit érigé au Capitole la statuë dont je viens de parler : *Tot verò beneficiis Populus Romanus inflammatus ad testificandum grati animi studium solemni decreto statuam ei in Capitolio marmoream quam ipse potiùs quàm æneam optaverat, antiquorum more erexit.* Il fit encore frapper cette Médaille en son honneur, afin de publier par tout le monde ses bienfaits, *Roma resurgens*, que Rome se relevoit sous son Pontificat des pertes qu'elle avoit faites, ayant été quelques années auparavant assiégée, prise & saccagée. Cette ville est icy réprésentée, comme chez les Anciens, sous la figure de Pallas, à cause du

Palladium qui en étoit comme tutelaire ; elle foule aux pieds un casque, pour témoigner qu'elle étoit en paix, & qu'elle faisoit refleurir les sciences & les Arts, dont les instrumens l'environnent.

PIE IV

Si mei non fuerint dominati , tunc immaculatus ero.

I V.

PIE IV. auparavant nommé Jean Ange de Medicis, ou Mediquin, oncle de S. Charles Borromée, nâquit à Milan l'an 1499. L'élevation de son frére le Marquis de Marignan, servit beaucoup à la sienne ; elle se fit par dégrez ; il fut Protonotaire de la sainte Eglise. Dans l'exercice de cette charge il gagna les bonnes graces du Cardinal Farnese qui fut ensuite Paul III. Ce Pape le fit Cardinal, & il l'honora de plusieurs légations ; ce fut uniquement son mérite qui l'éleva sur la Chaire de S. Pierre ; son élection se fit le lendemain des fêtes de Noël de l'année 1559. le jour des Rois ensuivant il fut couronné. Il fit tout ce qu'il put durant son Pontificat pour s'opposer aux Turcs qui assiégérent Malthe, & pour éteindre en France & en Allemagne l'hérésie qui s'y fortifioit de jour à autre : ce fut dans ce dessein qu'il fit continuer le Concile de Trente, qui fut heureusement terminé pendant les cinq années, onze mois & demi qu'il gouverna l'Eglise. Il mourut, à ce qu'ont écrit quelques Auteurs, de la crainte qu'il eut de perdre l'isle de Malthe, qu'il considéroit comme le rempart des Chrétiens.

SAPIA INTRA NOVVM ALVEVM COERCITO.

PArmy vingt-deux revers de Médailles que nous avons en nôtre Cabinet de ce Pape, celui-cy n'est pas un des moins considérables. On y voit la figure d'un fleuve couché en la maniére que nous les réprésentoient les Anciens ; c'est à dire un homme ayant à ses pieds des joncs ou roseaux, en sa droite une corne d'abondance, & tenant en sa gauche un vase renversé, d'où il sort de l'eau. Ce fleuve est celuy de Savio, dit en latin *Sapis*, ou *Sapia*, dans la Romandiole qu'il arrose ; il lave les murs de Cæsenne, avant de se jetter à Leonine dans la mer Adriatique. Pie IV. en détourna le cours, faisant faire à cette riviére un nouveau lit pour la commodité publique ; en mémoire dequoy, &, pour reconnoissance, les habitans de ce païs firent frapper cette Médaille, avec cette inscription : *Sapia intra novum alveum coërcito.*

PIE V

PIE V.

Utinam dirigantur viæ nostræ ad custodiendas justificationes tuas.

PIE V. nommé Michel Ghisleri, étoit de Boschi, petite ville du Diocése de Tortone au Duché de Milan. On luy avoit changé son nom de Baptême, qui étoit Antoine, en celuy de Michel, lors qu'il entra dans l'Ordre de S. Dominique, où il se distingua par sa science & par sa vertu; il y fut choisi pour remplir la charge d'Inquisiteur de la Foy, qu'il exerça avec une si grande probité que le Cardinal Caraffe, qui en étoit le Commissaire général, ayant été élevé au Pontificat sous le nom de Paul IV. le créa Cardinal, & s'opposa vigoureusement au dessein qu'il avoit pris de se retirer en son Monastére pour y vivre en bon Religieux; quelque temps aprés qu'il l'eut pourvû de l'Evêché de Sutry, il voulut qu'il prît le titre ou le nom de Cardinal Alexandrin, dautant qu'il étoit né dans le territoire d'Alexandrie. Il succéda à Pie IV. & fut élû le 7. Janvier de l'an 1566. il tint la Chaire de S. Pierre six ans, trois mois, & vingt-quatre jours, étant mort plein de mérites, le prémier May de l'année 1572. la soixante-huitiéme de son âge. Le Pape Clement X. par une Bulle du 27. Avril de l'année 1672. & cent ans aprés sa mort, le mit au nombre des Bienheureux.

FOEDERIS IN TVRCAS SANCTIO.

LE revers de cette Médaille est en mémoire de l'alliance que ce saint Pape fit l'an 1571. avec le Roy d'Espagne Philippe II. & la République de Venise, pour faire la guerre au Turc qui étoit entré dans la Hongrie, & qui faisoit tous les jours par mer & par terre des conquêtes dans l'Empire Chrétien; c'est ce que veut dire cette inscription; *Fœderis in Turcas Sanctio*, & ce que signifient ces trois figures debout qui se donnent la main. Celle du milieu ornée d'une thiare, qui a un agneau à ses pieds, représente l'Eglise Romaine; le soldat à droite qui a l'aigle, est le Roy d'Espagne; & la troisiéme, aux pieds de laquelle on voit le lion aîlé de S. Marc, & qui porte sur sa tête le bonnet que l'on donne au Doge de Venise, marque le Prince de cette République. Un Auteur en la vie de ce Pape, parle ainsi de cette alliance: *Pontifex cœpit cum omni fervore & consilii dexteritate fœdus aliquod inter se, Regem Catholicum & Venetos meditari, cui etiam reliqui Principes paulatim adjungerentur.* Cette alliance eut, peu de temps aprés, l'effet que ce saint Pape avoit demandé à Dieu avec de si ferventes priéres : on prétend même qu'il eut révélation de la fameuse victoire de l'Epante, au moment que les Chrétiens la remportérent sur les Turcs; il en rendit à ce Dieu des Armées des actions de graces solemnelles, reconnoissant qu'il en étoit le seul auteur, par la Médaille qu'il en fit frapper, avec cette inscription : *Fecit potentiam in brachio suo, dispersit superbos*, &c.

Tt

GREGOIRE XIII.

Confirma hoc Deus quod operatus es in nobis.

VI.

LE mérite seul du Cardinal Hugues Boncompagnon l'éleva sur le Siége Pontifical treize jours aprés la mort de son prédécesseur. Il étoit de Boulogne, l'homme de son temps qui eut le plus de connoissance de la Jurisprudence civile & canonique. L'on peut dire de luy qu'il fut pendant sa vie les délices du peuple Romain, qui pour en conserver à la postérité la mémoire, fit ériger en son honneur & aprés sa mort, sa statuë de marbre : quand nous n'aurions point ce monument, il nous suffiroit, pour apprendre les belles actions de ce Pape, de jetter les yeux sur le grand nombre de Médailles qui nous restent de luy. Elles en sont de fidéles témoins, & elles justifient que pendant treize ans que dura son Pontificat, il fit de belles & de grandes actions en plus grand nombre, que plusieurs autres pendant plus d'un siécle. En effet, il fit bâtir des Eglises ; il réforma des Congrégations religieuses ; il en érigea de nouvelles ; il pourvut par toute l'Italie à la sûreté publique, en donnant la chasse aux Bandits. Il fonda des Colléges & des Seminaires pour y élever des Missionnaires capables de porter la Foy jusques dans les païs les plus barbares & les plus éloignez. Il mourut le 10. Avril de l'année 1585. âgé presque de quatre-vingt-quatre ans.

ANNO RESTITVTO M. D. LXXXII.

CE revers d'une des Médailles de Gregoire XIII. a été frappée en mémoire de la réformation du Calendrier à laquelle il travailla beaucoup en cette année. Il fit assembler pour ce grand dessein, les plus sçavans de l'Europe, afin de sçavoir leur sentiment sur les moyens de rétablir la fête de Pâques, selon l'ancien usage, & de remettre en son propre lieu l'équinoxe du Printemps, qui s'en trouvoit éloigné de dix jours, selon la juste supputation des tables astronomiques. La cause de ce déréglement des saisons fut, que l'on comptoit l'année depuis le Concile de Nicée, comme si elle eût été composée de trois cens soixante-cinq jours & six heures entiéres, bien qu'il fût vray qu'il y manquât prés d'onze minutes, lesquelles jointes ensemble depuis ce Concile, n'avoient pas laissé de monter à dix jours, c'est à dire de précéder l'équinoxe du Printemps, que l'on avoit fixé au douziéme des Calendes d'Avril, qui est, selon nôtre maniére de compter, le vingt-deuxiéme de Mars. Pour remédier donc à cet abus, on fut d'avis de les retrancher au mois d'Octobre de l'année 1582. & d'ordonner, qu'au lieu de dire le cinquiéme d'Octobre, on diroit le quinziéme ; afin que le vingt-un de Mars de l'année suivante se trouvât, par ce moyen, justement l'équinoxe du Printemps, comme le Concile l'avoit marqué. On fit même bien davantage, car pour empêcher qu'on ne tombât plus dorénavant dans cet inconvénient, Gregoire XIII. fit un statut, par lequel il déclaroit que tous les quatre ans le mois de Février auroit ving-neuf jours, & que le vingt-quatriéme dudit mois & le vingt-cinquiéme auquel on feroit la fête de S. Mathias, qui se célébre les autres années le vingt‑quatriéme, seroient nommez *Sexto Kalendas*. Il ordonna aussi qu'on retranchât trois années bissextiles en quatre siécles, à l'exception toutefois du siécle prochain que l'on compteroit 1600, c'est à dire que les années 1700. 1800. 1900. n'auroient point de bissexte, mais seulement l'année de Jesus‑Christ 2000. seroit bissextile, & ainsi jusqu'à la fin des siécles. Le type de cette Médaille répréfente le serpent ou dragon que ce Pape portoit en ses Armes, avec sa queuë tournée en rond, qu'il mord, (c'étoit le symbole de l'Eternité chez les Anciens,) pour montrer la durée perpétuelle de cette réformation du Calendrier, & la tête du Bélier, des cornes duquel pend un feston de fleurs, signifie le mois de Mars où se trouve l'équinoxe du Printemps.

SIXTE V.

De ventre matris meæ tu es protector meus.

VII.

SIXTE V. nâquit de pauvres parens en la Marche d'Ancône proche un château nommé Montalte, dont il prit le nom étant Cardinal. On peut dire qu'il avoit eu raison de prendre pour devise, *De ventre matris meæ, tu es protector meus*, car qui auroit jamais crû que Felix Peretti fils d'un pauvre villageois, qui gardoit les cochons, seroit un jour sur le Trône de S. Pierre pour gouverner toute l'Eglise ? Un Prédicateur Cordelier le trouvant à la campagne occupé à ce vil exercice, fut le prémier instrument dont Dieu se servit pour élever ce Pauvre, & luy donner le plus haut rang parmy les Princes de son peuple ; il le prit pour son guide, & dans l'entretien ayant reconnu que Felix avoit de l'esprit, il en parla en si bons termes au Gardien de la maison où il devoit prêcher, qu'on donna peu de temps aprés l'habit de S. François à Frére Felix. Il voulut apprendre à lire, ensuite les principes de la grammaire, & enfin s'avança tellement dans les lettres divines & humaines, que son mérite le fit passer par tous les emplois de son Ordre, à celuy de Général. On est assez informé de la vie de ce grand homme ; elle paroît en nôtre langue depuis quelques années. Je diray qu'il faut convenir qu'aucun de ses prédécesseurs n'a fait de si beaux & de si admirables ouvrages que luy ; pour en sçavoir le détail, on peut encore voir ce que j'en ay écrit dans mon livre des Papes. Il mourut le 27. d'Aoust de l'année 1590. & de son âge la soixante-neuviéme aprés cinq ans, quatre mois & trois jours de Pontificat.

PERFECTA SECVRITAS

PArmy les belles actions de Sixte V. celle-cy doit tenir un des prémiers rangs. On voit au revers d'une de ses Médailles un voyageur qui dort à l'ombre d'un chéne sur un grand chemin, ayant sa bourse auprés de luy ; ce qui justifie l'inscription, *Perfecta securitas*. Cette Médaille fut frappée par reconnoissance, de ce que ce Pape ayant indiqué un Jubilé à Rome aprés son élection, fit donner la chasse aux Bandits qui voloient impunément les passans : il adressa cette commission au Cardinal Salviati Légat de Boulogne, qui s'en acquitta avec tant de vigueur, qu'il n'épargna pas même un Comte qui protegeoit ces voleurs : cette hardie éxécution leur donna tant de terreur, qu'ils quittérent bien-tôt le païs pour laisser le chemin libre à ceux qui alloient gagner le Jubilé. Cicarella en la vie de ce Pape, en parle ainsi : *Cogitationes suas convertit ad exstirpandum magnum Banditorum numerum, qui ab omni parte Statum Ecclesiasticum affligebant : quorum tanta erat licentia & insolentia, ut nusquam locus inveniretur, ubi homo securè vivere; & sua tueri posset, &c.* Les Romains ne se contentérent pas de cette seule reconnoissance, ils luy firent encore ériger une statuë de bronze dans le Capitole, où étoit cette inscription : *Sixto V. Pontifici maximo ob quietem publicam, compressa Sicariorum exsulumque licentia, restitutam; annonæ inopiam sublevatam, urbem ædificiis, viis, aquæ-ductu illustratam S. P. Q. R.*

URBAIN VII.

* * * * * * * *

VII.

URBAIN VII. Citoyen Romain eut pour pére Cosme Castannée Génois, & pour mére Constance Ricci fille de Julius Ricci, & de Marie Jacobatia : il étoit, par ce moyen, neveu des Cardinaux Christophe Jacobatius, & Jerôme Veralli : il fit ses études de Droit à Peruse, & il en prit à Boulogne le bonnet de Docteur en présence de ses oncles, le dernier desquels le mena en France avec luy lors qu'il y fut envoyé Legat *à latere* : ce bon oncle étant de retour à Rome se démit en sa faveur, & avec le consentement de Jule III. de son Archevêché de Rossanne. Pie V. le déclara pour son Nonce en Espagne, & Gregoire XIII. à qui on l'avoit autrefois donné pour compagnon de la même nonciature, le revêtit de la pourpre sous le titre de S. Marcel; enfin son érudition & sa piété le rendirent si illustre, qu'elles l'élevérent sur le Siége de S. Pierre après la mort de Sixte-Quint le 15. Septembre 1590. mais il ne joüit pas long-temps de cette dignité; car il mourut douze jours aprés son élection, sans avoir été couronné, à l'âge de soixante-dix ans.

NON POTEST ABSCONDI.
SIC LVCEAT LVX VESTRA.

NOus n'avons que trois Médailles de ce Pape, encore doit-on dire qu'elles luy ont été restituées aprés sa mort : nous en donnons icy deux revers, parce qu'ils semblent avoir entr'eux bien du rapport. On voit sur le prémier une ville située au sommet d'une haute montagne, avec ces paroles, *Non potest abscondi*, pour faire entendre que ce Pape avoit fait tout ce qu'il avoit pû pour n'être pas élû, mais que les actions de vertu qu'il avoit fait paroître dans la ville de Rome, n'étant encore que Cardinal, l'avoient découvert & fait établir

blir

blir le Chef de l'Eglife pour éclairer tout le monde chrétien. Le fecond revers
eft un chandelier à fept branches fur une montagne, avec ces paroles ; *Sic luceat
lux veftra*, pour nous donner auffi à entendre qu'il feroit à fouhaiter que tous
ceux qui tiennent des rangs élevez dans l'Eglife, euffent les mêmes qualitez
qu'Urbain VII. pour les poffeder. On veut que ceux qui luy firent frapper cette
Médaille, n'ayent eu d'autre deffein que de le propofer pour modéle à fes fucceffeurs : *Sic luceat lux veftra.*

GREGOIRE XIV.

*   *   *   *   *   *   *   *

IX.

GREGOIRE XIV. auparavant nommé Nicolas Sfondrat de Milan, fut le
troifiéme Pape qui monta cette année fur le Siége Apoftolique. Il vint au
monde à fept mois, l'an de Jefus-Chrift 1535. Son pére fe nommoit François
Sfondrat, d'une tres-ancienne famille de Cremone ; il fe fit diftinguer par fon
fçavoir, fur tout en la Jurifprudence ; fa mére s'appelloit Anne Vifcomti. Ils eurent grand foin de cet enfant ; quand il fut en âge de choifir un état de vie, il
forma le deffein de fe mettre de la Robe ; il eut, pour cela, une charge de
Sénateur de Milan qu'il ne garda pas long-temps ; car ayant changé de volonté, il s'appliqua entiérement à fe rendre capable de fervir l'Eglife à l'exemple
de fon Pére que Paul III. avoit fait Cardinal aprés la mort de fa femme.
Pie IV. le pourvût de l'Evêché de Cremone, & il l'envoya au Concile de Trente, où il fit connoître fa vertu & fon mérite. Gregoire XIII. le créa Cardinal
du titre de Sainte Cecile ; enfin il fut élû fouverain Pontife le 5. Décembre de
l'année 1590. Il ne tint le faint Siége que dix mois & dix jours, pendant lefquels
il fit beaucoup de bien aux pauvres ; il fe montra grand ennemy des hérétiques.
Ce fut luy qui donna le chapeau rouge aux Cardinaux Religieux, qui jufques à
ce temps l'avoient toûjours porté de couleur noire.

DEXTERA DOMINI FACIAT VIRTVTEM.

LE revers de cette Médaille répréfente Grégoire XIV. donnant le drapeau
beny au Comte de Sfondrat fon neveu, qu'il avoit créé Général de la Sainte Eglife ; il en fit lui-même la cérémonie dans l'Eglife de Sainte Marie *ad præ-
fepe*, aprés avoir célébré pontificalement la Meffe ; on le voit luy donnant fa
bénédiction, pour aller à la tête d'une grande armée de pied & de cheval en
France au fecours de la ligue qui refufoit de reconnoître Henry IV. pour fon
Roy, à caufe de fon héréfie. Ce Pape à la vérité n'épargna rien pour venir à
bout de ce deffein ; car outre 40000. écus d'or qu'il y dépenfa du fien, il y
employa encore 500000. écus d'or qu'il tira du Tréfor Apoftolique ; toutefois
ce ne furent point ces troupes qui obligérent ce Prince à fe faire Catholique,
puis qu'il ne fit abjuration de l'héréfie de Calvin, qu'aprés avoir diffipé tous fes
ennemis, ce qui n'arriva que plus de deux ans aprés la mort de ce Pape ; en

forte qu'on a plus fujet de dire : *Dextera Domini fecit virtutem*, que c'eft uniquement la main de Dieu qui a fait paroître en cette occafion fa puiffance.

INNOCENT IX.

* * * * * * * *

X.

INNOCENT IX. qui fe nommoit Jean Antoine Fafchinetti, étoit de Boulogne en Italie. Il y fit fes études , & y prit le bonnet de Docteur en Droit
Canon en 1544. Il vint enfuite à Rome, où étant entré chez le Cardinal Alexandre Farnefe Neveu de Paul II. on l'envoya à Avignon pour y faire les fonctions
de ce Cardinal qui en étoit Archevêque : il eut enfuite le gouvernement de Par-
me ; il s'y comporta fi prudemment, que Gregoire XIII. perfuadé de fes bonnes qualitez, le créa Cardinal du titre des quatre Saints couronnez. Il fut auffi
choifi par Sixte V. avec quatre autres Cardinaux, pour examiner comme on devoit fe comporter dans l'affaire de Henry III. Roy de France, qui avoit fait af-
faffiner le Cardinal de Guife ; enfin aprés la mort de Gregoire XIV. fous le
Pontificat duquel il avoit manié prefque toutes les affaires de l'Eglife, il fut élevé
lui-même fur ce Siége le 29. Octobre de l'an 1591. en la foixante-treiziéme année
de fon âge.

RECTIS CORDE.

CE revers où l'on voit un Ange qui porte une thiare, témoigne affez que
cet Ange la vient préfenter au grand mérite d'Innocent IX. Il fut fi univer-
fellement choifi dans le Conclave , que les Péres l'élevérent tous d'une voix au
fouverain Pontificat trois jours aprés qu'on y fut entré : on en fit auffi-tôt frapper une Médaille, fur laquelle font les clefs de S. Pierre en fautoir, avec cette
legende : *Juftitia & pax ofculatæ funt*, pour marquer qu'on étoit certain, en luy
donnant les clefs de la Juftice & de la Paix, qu'il les entretiendroit durant fon
régne en bonne intelligence. On eut deux préfages de fa création, rapportez par
différens Auteurs ; le prémier fut, que lors qu'on couronnoit fon prédéceffeur
Gregoire XIV. la thiare , par accident, & par un favorable augure de ce qui
devoit arriver , tomba fur fa tête : *Cùm enim*, dit Cicarella en la vie de ce
Pape , *Cardinalis SS. quatuor Coronatorum Gregorio , pro more inter alios Cardi-
nales in S. Petro præftaret obedientiam, infula de capite Gregorii in caput hujus
incidit.* Le fecond fut, que la chambre qu'on luy donna dans ce Conclave, étoit
la place où l'on mettoit le Trône Pontifical pour les confiftoires. Il n'y demeura
toutefois que deux mois, Dieu l'ayant retiré de ce monde le 30. Décembre, pour
luy donner la récompenfe qu'il a promife à tous ceux qui feroient comme luy,
Rectis corde.

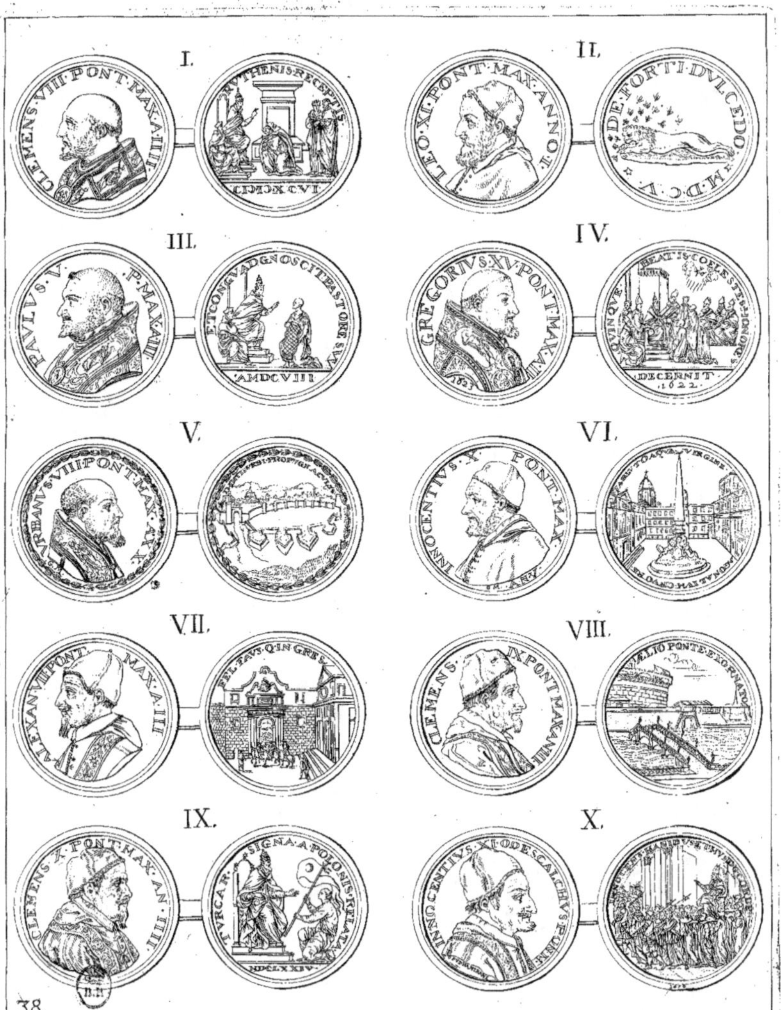

I.
II.
III.
IV.
V.
VI.
VII.
VIII.
IX.
X.

LES MEDAILLES
LES PLUS RARES
DES PAPES
DEPUIS CLEMENT VIII.

CLEMENT VIII.

Protector noster aspice Deus.

I.

IPPOLITE Aldobrandin originaire de Florence, vint au monde à Fano ville Episcopale dans l'Etat Ecclesiastique, lorsque son Pére Silvestre Aldobrandin, un des plus fameux Jurisconsultes de son temps, en étoit Gouverneur. Il étoit frére de Jean Aldobrandin qui fut successivement Auditeur de Rote, Evêque d'Imola, & enfin Cardinal & grand Pénitencier par la cession de S. Charles Borromée. Hippolite qui étoit le puîné, fut aussi Auditeur de Rote ; il passa par les mêmes charges que son frére, avant que Sixte V. l'eût revêtu de la pourpre sous le titre de S. Pancrace ; un an aprés il succéda au Cardinal Boncompagnon en la charge de grand Pénitencier ; on l'envoya Legat en Pologne ; il eut encore plusieurs autres emplois, où l'on connut son esprit & son mérite, qui l'élevérent sur le Siége Apostolique, par un consentement unanime de tous les Cardinaux, le 30. Janvier 1592. Il y demeura treize ans & trente-trois jours, étant mort le 3. Mars de l'an 1605. & de son âge la soixante-neuviéme année.

RVTHENIS RECEPTIS.

NOus avons en nôtre Cabinet trente-huit Médailles de ce Pape ; chacune a des traits fort considérables de son histoire : c'est ce qui m'a tenu long-temps indéterminé, quel de leur revers je donnerois icy. Je me serois sans doute arrêté à un revers qui regarde la France, & qui fut frappé en mémoire de la célébre ambassade du Duc de Nevers, lorsque Henry le Grand son maître l'envoya à Rome pour y obtenir l'absolution de l'hérésie, dans laquelle sa naissance l'avoit engagé, si je n'avois eu crainte de déplaire à nôtre nation, en luy répétant une histoire qui luy est entiérement connuë par les grands avantages qu'elle en a retirez ; c'est donc ce qui m'a obligé de passer au revers, *Ruthenis receptis*, où Clement VIII. paroît sur son trône donnant sa bénédiction aux Evêques schifmatiques de Ruffie, qui fuivoient la créance de l'Eglife grecque ; on les voit fe profterner à fes genoux pour luy rendre leurs obéïffances , & pour luy témoigner qu'ils vouloient demeurer unis avec l'Eglife Romaine , felon qu'il avoit été arrêté au Concile de Florence par Beffarion , & les autres députez de l'Eglife d'Orient.

LEON XI.

* * * * * * * *

II.

LEON XI. qui fe nommoit auparavant Alexandre de Médicis , vint au monde à Florence l'an 1535. il étoit fils d'Octavien de Médicis , de cette illuftre famille d'où font fortis tant de Cardinaux , & qui en a vû quatre en moins d'un fiécle affis fur la Chaire de Saint Pierre. Sa mére fut Françoife Salviati. Alexandre qui avoit toutes les belles qualitez d'efprit & de corps , fe fit bien-tôt connoître à Rome , lorfque François Grand Duc de Florence l'y envoya en ambaffade. Gregoire XIII. le fit Cardinal aprés l'avoir pourvû de l'Archevêché de la ville de fa naiffance. Clement VIII. à qui ce Cardinal fut toûjours tres-cher , l'envoya en France Légat *à latere* au Roy Henry IV. Ce Prince le reçût avec béaucoup de témoignages d'amitié , & fut fi fatisfait de plufieurs entretiens qu'il eut avec luy , qu'il fe crut obligé d'en écrire une lettre à ce Pape , dans laquelle il le remercie de luy avoir envoyé un homme qui avoit tant de mérite & tant de fageffe , & qui témoignoit avoir tant d'amour pour tout ce qui regardoit fon Royaume. Il fut élevé au fouverain Pontificat le prémier jour d'Avril de l'année 1605. Il ne le tint pas un mois entier , étant mort au regret de tout le monde , le 27. du même mois , l'année 70. de fon âge.

DE FORTI DVLCEDO.

NOus n'avons , à proprement parler , que ce feul revers de Médailles du Pape Leon XI ; car celuy où on voit un bouquet de rofe , avec ces mots , *Sic florui* , n'a été fait que pour nous donner à connoître que ce Pape avoit comme prédit en fa jeuneffe , que fon Pontificat feroit de peu de durée : il avoit pris pour ce fujet cette devife ; en effet , y a-t'il rien au monde qui nous répréfente mieux la fragilité de la vie de l'homme , que la rofe ? Elle paffe en un moment , & même au jour où elle paroît avoir le plus d'éclat : *Una dies aperit , conficit una dies* ; ce feul revers donc que nous avons *De forti dulcedo* , fait une pure allufion à cette énigme que Samfon propofa aux Philiftins de ce lion , dans la gueule duquel il trouva un effain d'abeilles. Le lion qui eft le plus fort , & le Roy des animaux , répréfente ce Pape qui en avoit pris le nom , & dont le caractére d'efprit étoit la fermeté jointe néanmoins à une douceur extraordinaire , qui nous eft figurée par le miel fymbole de la douceur. Leon XI. avoit ces deux qualitez , qui font fi propres , pour ne pas dire abfolument néceffaires , au Chef de l'Eglife , afin de la bien gouverner.

PAUL V.

PAUL V.

Satiabor cùm apparuerit gloria tua.

III.

CE Pape s'appelloit, avant son élection, Camille Borghese ; il étoit originaire de Sienne & avoit pris naissance à Rome. Etant Cardinal du titre
de S. Chrysogone, il eut divers emplois & fut revêtu de plusieurs dignitez de
l'Eglise Romaine. Le Cardinal du Perron, & d'autres Auteurs contemporains
qui se trouvérent à son élection, en disent tant de bien, qu'il n'y a pas lieu de
s'étonner si on le préféra à plusieurs Cardinaux qui étoient d'un grand mérite : le
Cardinal du Perron le nomme, dans une lettre qu'il écrivit au Roy Henry IV. un
homme d'une grande prudence, admiré par sa doctrine & pour son esprit, aimé
universellement de tout le monde pour sa douceur, & pour l'innocence de sa vie.
Il fut élû le seiziéme jour de May de l'année 1605. en la cinquante-troisiéme,
ou, selon d'autres, la cinquante-quatriéme de son âge. Il se passa durant son
Pontificat des choses dignes de remarque ; on les peut voir décrites au long dans
l'addition au Ciaconius, des vies & faits des Papes : il mourut plus chargé de
mérites que d'années le vingt-huitiéme Janvier l'an 1621.

ET CONGU ADGNOSCIT PASTOREM.

LE même esprit de Dieu, qui avoit présidé au Conclave, où fut élû Paul V.
luy inspira, peu aprés son couronnement, le desir de travailler à la conversion des Infidéles : il envoya prémiérement plusieurs Missionnaires aux Maro-
nites, & aux autres Chrétiens Orientaux, afin de les affermir dans la Foy Catholique;
il en envoya ensuite au Japon ; & le bien que cela produisit nous est marqué par
ce revers de Médaille, sur laquelle on voit l'Ambassadeur du Roy de Congo,
qui avoit été converti à la Foy, venir de sa part rendre ses obéïssances à ce Pape; cet
Envoyé étant mort à Rome en la même année, on luy fit des obséques aussi magnifiques que le demandoit le rang de la personne qu'il réprésentoit : il eut soin
d'y envoyer pour la seconde fois des ouvriers, afin de travailler à cette nouvelle
vigne du Seigneur, dans laquelle il fit bâtir des Eglises, il y fonda des Evê-
chez ; & enfin il y laissa des marques illustres de son Pontificat, & de son zéle
à la postérité.

GREGOIRE XV.

In semitis tuis perfice gressus meos.

IV.

ALEXANDRE Ludovisi vint au monde à Boulogne le 9. Janvier l'an 1554.
Son pére qui étoit d'une tres-illustre & ancienne famille, se nommoit le

Comte Pompée Ludovifi, & fa mére Blanchina : il paffa fon enfance fous leur
conduite, & fa jeuneffe au Collége des Péres Jefuites à Rome où il fit fes humanitez & fa Philofophie ; il retourna enfuite à Boulogne pour y étudier en Droit,
& y prit le bonnet de Docteur. Gregoire XIII. Clement VIII. & Paul V. qui
le fit Cardinal, témoignérent affez l'eftime qu'ils faifoient de luy par les emplois
confidérables dont ils l'honorérent : il étoit en fon Archevêché de Boulogne,
lors qu'on luy annonça la mort de fon prédéceffeur ; il ne quitta Boulogne que
pour venir au Conclave, & il y fut élû fouverain Pontife le même jour qu'il y entra, qui fut le 9. Février de l'année 1621. Il publia auffi-tôt, aprés fon couronnement, une Bulle touchant l'élection des Papes par les fuffrages fecrets : ce fut
luy auffi qui érigea l'Evêché de Paris en Métropole. Son Pontificat ne fût que
de deux ans cinq mois ; il mourut le 8. Juillet de l'année 1623.

QVINQVE BEATIS COELESTES HONORES DECERNIT.

CE revers d'une des Médailles du Pape Gregoire XV. eft un monument de
la cérémonie qu'il fit l'an 1622. à la canonifation des Saints Ifidore labou-
reur en Efpagne ; Ignace Inftituteur des Jefuites ; François Xavier fon compagnon furnommé l'Apôtre des Indes ; Philippe de Nery Inftituteur, en Italie, de
la Congrégation des Prêtres de l'Oratoire ; & Sainte Thérefe Reformatrice de
l'Ordre des Carmes. Cette fête fut fort folemnelle ; elle attira à Rome grand
nombre de fidéles de tous les païs de l'Europe. Ce fut à la pourfuite, & aux
priéres de Philippe IV. Roy d'Efpagne, que ce Pape l'accorda.

URBAIN VIII.

In Domino fperans non infirmabor.

V.

MAPHE'E BARBERIN de Florence, le cinquiéme Pape de cette ville
depuis cent ans, defcendoit d'une famille des plus anciennes d'Italie, on
la fait monter jufqu'au douziéme fiécle : fa mere Camille Barbadora eut foin de
fon éducation. Antoine Barberin fon mary étoit mort dés l'an 1571. lorfque cet
enfant n'avoit au plus que trois ans. Un de fes oncles paternels qui demeuroit à
Rome, l'y fit venir ; il y fit avec fuccés fes humanitez & fa Philofophie. Il avoit
beaucoup d'efprit, un meilleur jugement, beaucoup de folidité & une profonde érudition ; il aimoit les Sçavans, il en étoit le Protecteur ; il aimoit la Poëfie, & s'y
divertiffoit. Nous avons de luy des hymnes tres-belles qu'il compofa fur les Fêtes
de nôtre Seigneur, de la Vierge, & des Saints ; il a fait plufieurs autres ouvrages
qui font autant de preuves de fon grand fçavoir ; il avoit une adreffe admirable
pour manier les affaires. Clement VIII. l'envoya Nonce en France ; pendant qu'il y
demeura, il obtint du Roy Henry IV. le rétabliffement des Jefuites en ce Royaume.

Paul V. luy donna le chapeau de Cardinal ; son mérite enfin , sa sagesse & ses vertus l'élevérent sur la Chaire de S. Pierre le 6. Aoust de l'année 1623. en la cinquante-cinquiéme de son âge. Il a presque vû les années de cet Apôtre , puis qu'il y demeura vingt-un an , moins quelques jours.

ADDITIS VRBI PROPVGNACVLIS.

LE grand nombre de Médailles qu'on fit frapper en l'honneur d'Urbain VIII. & toutes les inscriptions qui se voyent encore aujourd'huy marquées de son nom & de ses Armes , sont des preuves qu'il a été un des plus grands Papes qui ait gouverné l'Eglise. Il ne se contenta pas durant son Pontificat de faire bâtir plusieurs Eglises , de donner de grands revenus à des Hôpitaux , de reformer des Ordres Religieux , d'établir des monts de piété , d'étendre le patrimoine de Saint Pierre , de conclure & d'entretenir par ses Nonces la paix entre les Princes Chrétiens ; il fit encore entourer la ville de Rome de bons murs & de tres-fortes tours pour servir à sa défense dans les besoins; l'inscription qui est sur la porte du Janicule en est un monument :

VRBANVS VIII. PONT. MAX.

ABSOLVTIS CIVITATIS LEONINÆ MVNIMENTIS,

MOENIBVS, AC PROPVGNACVLIS

AD TYBERIM VSQVE EXCITATIS,

IMMINENTEM VRBI IANICVLVM,

ET TRANSTYBERIANAM REGIONEM CIRCVMDVCENS,

PVBLICÆ SECVRITATI PROSPEXIT,

ANNO DOMINI M. DC. XLIV.

PONT. XXI.

INNOCENT X.

Da servo tuo cor docile,
Ut populum tuum judicare possit.

VI.

JEAN BAPTISTE PAMPHILE né à Rome le 7. May de l'année 1574. étoit Neveu du Cardinal Jerôme Pamphile , auquel il succéda en la charge d'Auditeur de Rote, aprés avoir heureusement achevé ses études ; il exerça pendant quelque temps celle d'Avocat Consistorial ; Clement VIII. bienfacteur de son oncle , le gratifia de cette Charge. Gregoire XV. l'envoya son Noncé Apostolique à Naples , d'où son succeffeur Urbain VIII. le retira pour fervir de Dataire à son Neveu le Cardinal François Barberin qu'il envoyoit Legat en France & en Efpagne : il s'acquitta dignement de cet employ ; ce Pape qui connoiffoit & favorifoit les perfonnes de mérite , le fit fon Nonce auprés de Philippe IV. & il luy donna le chapeau de Cardinal du titre de S. Eufebe. Il fut élû fouverain Pontife le 14. Septembre 1644. & mourut le 7. Janvier 1655. Il fut le prémier qui nomma des Cardinaux & autres perfonnes d'une doctrine profonde pour examiner les propofitions de Janfenius Evêque d'Ypres en Flandre. Il ordonna que les Cardinaux , de quelque qualité qu'ils fuffent , ne prendroient point d'autres qualitez que d'Eminentiffime , & n'ajoûteroient point fur leurs Armes ni couronnes Ducales , ni autres marques de leur dignité , que le Chapeau.

ABLVTO AQVA VIRGINE
AGONALIVM CRVORE.

ENtre les places publiques de l'ancienne Rome , celle qui portoit le nom de *Forum agonale* , étoit la plus fpatieufe ; on y célébroit autrefois les Jeux que l'on nommoit *de Combat* , où on faifoit battre les hommes contre les bêtes , les hommes contre les hommes , & les bêtes contre les bêtes. Ce revers d'une des Médailles d'Innocent X. nous apprend que ce Pape fit paver cette place ; qu'il l'orna de l'Eglife de Sainte Agnés , & du Palais Pamphile qu'il y fit bâtir ; il ordonna auffi de faire dreffer fur un rocher l'Obelifque que l'Empereur Caracalle avoit fait apporter d'Egypte ; il fit faire au pied une fontaine qui jette une prodigieufe quantité d'eaux par quatre belles figures , qui font des fymboles des quatre premiers fleuves du monde , le Danube , le Gange , le Nil , & le fleuve des Amazones. On voit à leurs pieds les animaux ou plantes qui croiffent & fe nourriffent fur leurs rivages. Le Cavalier Bernin qui eft l'auteur de ce bel ouvrage , a voulu nous réprésenter les quatre parties du monde par ces quatre fleuves qui les arroufent , & que les peuples qui les habitent , viennent rendre leurs devoirs au Vicaire de Jefus-Chrift.

ALEXANDRE VII.

Vivo ego , jam non ego , vivit verò in me Chriftus.

VII.

FABIUS CHIGY d'une noble famille de la ville de Sienne , monta fur le Trône de S. Pierre , par les beaux emplois que luy donnérent les deux derniers de fes prédéceffeurs. Il perdit fon pére de bonne heure ; fa mére Laura Marfilia qui étoit une femme d'une piété exemplaire , le fit élever dans fa maifon ; elle luy donna des Précepteurs qui le rendirent bien-tôt capable de fe diftinguer parmy les perfonnes de fon païs ; fes amis l'obligérent d'en fortir , &

d'aller

d'aller à Rome se faire connoître. Il aimoit la poësie, & faisoit de bons vers; c'est ce qui luy donna entrée chez le Pape Urbain VIII. qui reconnut bien-tôt en ce jeune homme une grande capacité, une prudence & une adresse merveilleuse à traitter les affaires. Il l'envoya Légat à Ferrare, ensuite à Venise pour appaiser les différens qu'il avoit avec cette République touchant les limites de leurs Etats; il vint aussi Nonce à Cologne; & Innocent X. le choisit pour réprésenter sa personne, & soûtenir les intérêts de l'Eglise à Munster. Il s'y comporta avec tant de sagesse, qu'il s'acquit l'amitié de tous ceux qui étoient en cette célébre Assemblée, & même des Ambassadeurs des Princes Protestans. Aprés que la paix y eut été concluë il revint à Rome, où ce Pape le fit Cardinal, & le Chef de plusieurs Congrégations. Enfin le 7. Avril de l'année 1655. il fut élû souverain Pontife par un consentement unanime de tous les Cardinaux. Il mourut le 22. May de l'année 1667. en la soixante-huitiéme de son âge.

FELIX FAVSTVSQVE INGRESSVS.

APrés les cérémonies accoûtumées aux couronnemens des Papes, Alexandre VII. s'appliqua entiérement à vérifier ce que le frére du Roy de Suéde avoit dit de luy: Que si jamais il devenoit le Chef de l'Eglise Catholique, il convertiroit à cette même Religion les Princes du Septentrion; en effet, durant son régne Christine Reine de Suéde, si célébre en toutes maniéres, aprés s'être démise de ses Etats, fit abjuration de l'hérésie de Luther, où le malheur de sa naissance l'avoit engagée; elle vint ensuite à Rome, où ce Pape luy fit faire une magnifique entrée: il envoya au devant d'elle les Cardinaux Jean Charles de Médicis, & Frederic Langrave de Hesse, qui la firent entrer par la porte Flaminie, nommée vulgairement *del Populo*, pour la conduire à l'Eglise de S. Pierre, où il l'attendoit, & où il la reçut avec la pompe & l'appareil que demandoit sa qualité de Reine & de fille de l'Eglise; il luy assigna même une bonne pension sur le domaine de S. Pierre. Ce revers de Médaille est un monument de cette entrée.

CLEMENT IX

Dominus possessio mea.

VIII.

LA ville de Pistoye dans les Etats du Grand Duc de Toscane, fut le lieu de la naissance de ce Pape. Il s'appelloit Jule Rospigliosi: son pére se nommoit Jerôme, & sa mére Catherine Rospigliosi, de tres-bonne famille; ils l'élevérent chrétiennement; & ils luy inspirérent, entr'autres vertus, une grande tendresse & compassion pour les pauvres. Un Auteur rapporte en sa vie, que lorsque Jule étoit encore enfant, il n'y avoit pas de moyen plus efficace pour obtenir de luy ce qu'on vouloit, que de luy promettre de faire quelque largesse aux pauvres. Il aimoit l'étude, & il y fit de si grands progrés, qu'il se fit bientôt un nom à Rome. Urbain VIII. qui avoit un merveilleux discernement dans le choix qu'il faisoit des personnes de mérite, le fit Auditeur de la Légation de ſon Neveu le Cardinal Barberin ; il le fit ſon Nonce en Eſpagne, où il demeura, contre la coûtume, onze années. Durant cette commiſſion le Roy Philippe IV. luy donna ſouvent des marques de ſon eſtime ; il luy fit nommer une de ſes filles au Baptême. Aprés la mort d'Urbain VIII. on le rappella à Rome, & durant le Conclave d'Alexandre VII. qui le fit ſon Secretaire, puis Cardinal, le Sacré Collége luy déféra le gouvernement de Rome ; il s'acquitta de cet employ avec bien du ſuccés. Ce Pape avoit coûtume de dire, en parlant de Jule Roſpiglioſi, qu'il avoit trouvé en luy un homme ſelon ſon cœur. Toutes ces belles qualitez le firent élever ſur la Chaire de S. Pierre le 20. Juin de l'année 1667. il n'y demeura pas deux ans & demy. Il mourut le 9. Décembre de l'année 1669. en la ſoixante & dix de ſon âge.

ÆLIO PONTE EXORNATO·

CLEMENT IX. garda toûjours, durant ſon Pontificat, cette bonne & ancienne inclination pour les pauvres. Il envoya de l'argent pour le ſoulagement des habitans de la ville de Candie, & pour leur procurer du ſecours contre les Turcs qui la tenoient aſſiégée depuis long-temps. C'eſt à ſa ſollicitation que les François y paſſérent ; ils y donnérent en toutes rencontres des marques de leur bravoure & de leur zéle pour la Foy. Dieu ayant permis que cette ville fût priſe, l'on a crû que la noûvelle qu'il en reçût, avança ſa mort. Il ne faut donc pas s'étonner ſi nous avons peu d'édifices & de monumens publics de ce Pape, qui employoit les tréſors de l'Egliſe à aſſiſter les Pauvres ; la poſtérité même auroit ignoré celui-cy, ſi ſon ſucceſſeur Clement X. par reconnoiſſance, n'en eût fait frapper cette Médaille ; elle marque qu'il fit rétablir le pont Ælius, ou S. Ange, & le fit orner de pluſieurs belles figures d'Anges qui portent les Armes de la Paſſion. L'inſcription qu'il y a fait mettre, eſt auſſi un fidéle témoin de ſa grande modeſtie.

CLEMENTI IX. PONT. OPT. MAX.
ÆLIO PONTE AD S. ANGELI ARCEM,
ANGELORUM STATVIS
REDEMPTIONIS MYSTERIA PRÆFERENTIBVS
EXCVLTO ET ORNATO,
QVOD SINE EIVS TITVLO ET INSIGNIBVS
OPVS ABSOLVI
EX ANIMI MODERATIONE MANDAVERIT,
CLEMENS X. PONT. MAX.
VT BENEFICENTISSIMI PRINCIPIS MEMORIA EXTARET
POSVIT ANNO M. DC. LXXII.

Cette Médaille de grand bronze, comme elle eſt icy, eſt tres-rare, & preſque unique : je la tiens de la libéralité du R. P. de la Chaise Confesseur de Sa Majesté, qui m'en a fait un présent de la maniére la plus honnête & la plus obligeante du monde.

CLEMENT X.

* * * * * * *

IX.

EMILE ALTIERI d'une des prémiéres & des plus anciennes familles de Rome y nâquit vers l'an 1590. Laurent son pére, & Victoire Delphini sa mére passérent en leur temps pour des personnes accomplies en toutes sortes de vertus chrétiennes. Dieu leur avoit donné, avant celui-cy, un autre fils nommé Jean Baptiste, qui fut créé Cardinal par Urbain VIII. en 1643. Ce Pape l'honora de plusieurs emplois de l'Eglise, dont il s'acquitta toûjours avec succés ; il luy permit de se démettre de son Evêché de Camerino en faveur de nôtre Emile Altieri ; si-tôt qu'il s'en vit pourvû, il y alla remplir ses devoirs, & il n'en seroit point sorty, si Innocent X. ne l'eût rappellé pour l'envoyer Nonce à Naples durant les troubles qui s'y élevérent ; il y ménagea si bien les esprits de ces révoltez, qu'il les remit tous, & les obligea de rentrer dans la soûmission & l'obéissance du Roy d'Espagne. Clement IX. le fit Cardinal le 29. Novembre de l'année 1669. On prétend qu'il luy dit, lors qu'il vint le remercier de sa Promotion : J'ay quelque pressentiment que Dieu vous destine pour être mon successeur ; quoy qu'il en soit, cinq mois aprés il fut élû souverain Pontife le 29. Avril suivant, & il mourut le 22. Juillet 1676. en la quatre-vingt-septiéme de son âge.

TVRCARVM SIGNA A POLONIS RELATA.

DUrant le Pontificat de Clement X. les Polonois sous la sage conduite de Jean Sobieski Grand Général du Royaume, gagnérent l'onziéme Novembre de l'année 1673. le lendemain de la mort du Roy Michel, la célébre bataille de Choczim sur le Niester aux confins de la Moldavie ; elle dura trois jours, aprés lesquels cette forteresse se rendit. Les Turcs y perdirent huit mille Jannissaires, & vingt mille Spahis. La nouvelle de cette victoire, qui fut une des plus considérables qu'on ait remportées dans ce siécle, passa bien vîte à Rome ; on y en fit de grandes réjoüissances le 17. Décembre de la même année ; le Pape assista avec le Sacré Collége à la Messe célébrée par le Cardinal Nerli, & au *Te Deum* chanté en action de graces. C'est ce qui nous est marqué par ce revers de Médaille, sur lequel paroît un Polonois à genoux devant sa Sainteté, à qui il présente des Drapeaux qu'on avoit pris sur ces Infidéles, & la supplic de les mettre au tombeau des glorieux Apôtres S. Pierre & S. Paul, à l'intercession desquels la Nation Polonoise croioit être redevable de cette glorieuse victoire.

INNOCENT XI.

* * * * * * * * *

X.

COmo ville Episcopale d'Italie dans l'Etat de Milan, fut le lieu où prit naiffance Benoift Odefcalchi l'an 1611. Son pére Livius & fa mére Paula Caf-
tella l'y firent étudier aux humanitez, fous la conduite des P P. Jefuites qui y
avoient un Collége ; il alla enfuite à Rome & à Naples faire fon Cours de Droit,
aprés quoy il paffa par différens emplois à la charge de Clerc de Chambre du
Pape Innocent X. auprés duquel fon honnêteté & fon humeur libérale luy firent
des amis importans, qui luy rendirent des fervices trés-confidérables auprés de
ce Pape ; il le revêtit de la pourpre, fous le titre de Cardinal Diacre de Saint
Côme & de Saint Damien, ce fut en 1645. Peu de temps aprés ayant pris l'Ordre de Prêtrife, il luy changea ce prémier titre en celuy de S. Onuphre ; il l'envoya fon Légat à Ferrare, & en 1650. il le pourvût de l'Evêché de Novare, qu'il
ne garda guéres, l'air de ce païs étant entiérement contraire à fa fanté. Il fut
de plufieurs Congrégations ; il employoit fes revenus qui étoient confidérables,
parce qu'il avoit un riche patrimoine, à faire de grandes aumônes ; il envoya
en Pologne l'an 1674. la fomme de dix mil écus pour être employez à la guerre
contre les Turcs ; en un mot, il a toûjours mené une vie tres-édifiante & tres-
digne de fon caractére : c'eft pour cela qu'aprés la mort de Clement X. il fut
élevé fur le Trône Pontifical le 21. du mois de Septembre de l'année 1676.

INNOCENS MANIBVS ET MVNDO CORDE.

CE revers d'une des Médailles d'Innocent XI. nous répréfente la céremonie
avec laquelle on porte le nouveau Pape, aprés fon élection, à l'Eglife de
S. Pierre ; il eft précédé de tous les Cardinaux qui avoient affifté au Conclave.
Cette infcription que l'on voit autour : *Innocens manibus & mundo corde* ; déplut
beaucoup à Sa Saintcté fi-tôt qu'il la vit, n'ayant jamais pû fouffrir qu'on luy
donnât des loüanges. Ce fut un particulier qui l'y fit mettre, voulant faire connoître que ce Pape avoit choifi, à jufte titre, le nom d'Innocent, que fa charité & l'innocence de fa vie luy avoient fi bien mérité.

I.
II.
III.
IV.
V.

QUELQUES
LAMPES
ANTIQUES

I.

J'Ay promis à la page 3me de cette prémiére Partie de nôtre Cabinet, de donner icy qualques lampes antiques qui avoient échappé à la connoiſſance de Fortunius Licetus, & que je n'ay point vûës deſſinées ailleurs. En voicy trois aſſez ſinguliéres, dont la prémiére qui eſt de bronze, eſt groteſque, & d'un tres-bon goût. Elle nous repréſente d'un côté à droite une hure de ſanglier qui eſt miré; le boutoir eſt levé; la langue qui avance, ſert à mettre la méche; les oreilles ſont deux cornes d'Amnon ou d'abondance, deſquelles ſortent deux feſtons de feüilles de chêne, & de glands, qui deſcendent juſqu'au deſſous de la hure; deux autres feſtons de laurier & de fruits ſortent pareillement de ces cornes, & deſcendant le long de la hure, paſſent dans la gueule de cet animal ſous ſa langue qui l'obligent à ſe lever, & luy font faire un bec d'une maniére tres-propre à mettre la méche d'une lampe.

II.

DE l'autre côté à gauche eſt une tête de lion qui eſt adoſſée à cette hure de ſanglier; ce lion dévore un enfant, dont on ne voit plus que la moitié du bas du corps, & dont les cuiſſes & les pieds ſervent avec beaucoup d'induſtrie, de repos à ces lampes: le ſommet de la tête de cet animal eſt ouvert, creux en dedans, & ſéparé en deux parties; on mettoit dans les deux de l'huile qui deſcend d'un côté dans la hure du ſanglier, & qui entretient la lampe dont je viens de parler: l'autre ſéparation du crane forme la concavité du devant de la tête du lion, ſçavoir depuis le haut ou le ſommet de la tête, juſqu'à ſes yeux. Au milieu du front en dehors eſt le bec de cette ſeconde lampe; il eſt ſoûtenu par une feüille de cheſne qui prend naiſſance au milieu des deux yeux de ce lion; on pouvoit ſuſpendre ces deux lampes, l'ouvrier y a mis pour ce ſujet une lionne au deſſus qui ſert d'anſe, & comme d'une boucle pour paſſer une corde qu'on attachoit quelque part.

III.

C'Eſt une ſeconde lampe qui n'eſt que de terre cuite; ſa figure eſt ronde; elle a un pied de diamétre, & contient en ſa circonférence neuf méches, ou neuf becs pour les y mettre; elle a aſſez de rapport à ces ſortes de lampes, dont ſe ſervent en bien des endroits les Epiciers & les Chandeliers; entre cha-

Z z

que petite lampe sont des muffles de lion en maniére de gargoüilles, qui y ont
été mis plûtôt par ornement que pour autre chofe ; puis qu'ils ne font point percez. On voit encore fur chacune de ces petites lampes un de ces muffles de lion
fort bien deffinez. Il y a deux anfes ou deux boucles aux deux extrémitez de ce
candelabre à neuf lampes pour le fufpendre ; on le peut mettre auffi fur une table, ayant trois pieds par deffous qui imitent beaucoup la figure des pieds des
Rhinoceros, dont les ongles font fendus. L'huile fe mettoit par une ouverture
qui eft au milieu du couvercle, & qui a la forme d'une petite tour. Ce deffus
de lampes eft chargé de quatre mafques, ou plus vray femblablement de quatre
têtes de Bacchus en relief, les grappes de raifin, ou ces grappes des fruits de
lierre qu'on remarque fur le front, appuyent ce dernier fentiment ; je n'ay pû
découvrir ce que fignifioient ces quatre demi-figures de femmes qui font entre
ces têtes de Bacchus avec de fi longues mammelles, qu'il leur feroit facile de
faire comme les femmes de l'ifle Danabon, qui alaittent leurs enfans pardeffus
l'épaule.

I V.

VOicy une troifiéme lampe antique qui eft de bronze ; elle différe de celle
que Licetus nous a donnée à la page 955. de fon ouvrage *De reconditis antiquorum lucernis*, en ce que celle-cy eft tout unie, & fans aucun feüillage pardef-
fous, ni rien autour du col d'un cygne qui eft à cette lampe, & qui fert d'anfe
lors qu'on la veut porter à la main ; je diray feulement avec plufieurs perfonnes
qui deffinent fort jufte, & qui font d'un tres-bon goût, qu'on ne peut rien trouver de plus agréable & de plus correct que cette tête, & ce long col de cygne.

V.

Une Chauffetrape.

JE finiray cette prémiére Partie de l'Hiftoire de nôtre Cabinet, par un petit
inftrument de guerre qui eft de bronze, & antique. On me l'a donné depuis
peu ; les Romains l'appelloient *Murex*, & nous le nommons en France une
chauffetrape. Ce font quatre pointes qui fortent d'une petite boule, difpofées de
telle forte qu'il y en a toûjours trois qui portent à terre, & une qui demeure
debout. On en jette, & on en feme plufieurs dans un champ, dans quelque
défilé, ou, pour mieux faire, dans un gué ferré de quelque riviére, ou dans
quelqu'autre endroit par où la cavalerie doit paffer, afin qu'elles fe fichent dans
les pieds des chevaux, & les encloüent. Ce font les Romains qui font les inventeurs de ces chauffetrapes ; ils en avoient auffi de fer. Valere Maxime qui vivoit
du temps de Tibére, en parle au chapitre 7. du troifiéme livre de fon Hiftoire
des Actions & des paroles les plus remarquables des Romains & des autres peu-
» ples. Scipion Emilien digne fucceffeur de l'efprit de fes ancêtres, affiégeant une
» ville tres-forte, fur ce que quelques-uns des fiens voulurent luy perfuader de fe-
» mer de ces chauffetrapes de fer autour des murs de cette ville, & de faire met-
» tre dans les guez des tables de plomb garnies de clouds la pointe en haut, de
» crainte que les ennemis venant à faire une prompte & vigoureufe fortie, ne les

forçaſſent dans leurs retranchemens : il répondit qu'on ne devoit point craindre «
ceux dont on vouloit ſe rendre maître : *Aviti ſpiritûs egregius ſucceſſor Scipio Æmi-* «
lianus , cùm urbem prævalidam obſideret , ſuadentibus quibuſdam , ut circa mœnia
ejus ferreos Murices ſpargeret , omniaque vada tabulis plumbatis conſterneret haben-
tibus clavorum cacumina , ne ſubita eruptione hoſtes in præſidia noſtra impetum fa-
cere poſſent : reſpondit non eſſe ejuſdem , & capere aliquos velle , & timere.

Fin de la prèmière Partie.

LE
CABINET
DE LA
BIBLIOTHEQUE
DE
S.te GENEVIEVE
SECONDE PARTIE
DE
L'HISTOIRE
NATURELLE

40.

LES OISEAUX
LES PLUS RARES.

I.

Un Oyseau de Paradis.

CET Oyseau qui vient des Indes Orientales , est appellé l'Oyseau de Paradis; à cause qu'il est fort peu sur la terre, & presque toûjours en l'air. Antoine Pigafetha , qui fit son voyage avec Magellan , est le prémier qui en a apporté la connoissance aux Européens : Si on l'a nommé Apode , c'est qu'on s'est laissé trop facilement persuader qu'il n'avoit point de pieds. Le sçavant Aldrovandus, entre plusieurs autres Auteurs , a été de ce sentiment. Je ne sçaurois aussi croire, qu'il vive de la rosée ; qu'il se repose les aîles étenduës en l'air ; qu'on ne le prend jamais vivant ; que les mâles ont un creux sur le dos, dans lequel les femelles font leurs œufs, & plusieurs autres fables qu'on invente au sujet de cet Oyseau : Je diray seulement que si la plûpart de ceux que l'on voit en Europe sont Apodes, cela vient de la malice de ceux qui les y apportent, lesquels les leur coupent ; afin d'entretenir le monde dans cette fausse opinion : car outre que Jean de Laët dit en avoir vû plusieurs de différentes espéces, qui avoient tous des pieds ; & même qu'il posséde un mâle & une femelle de même espéce, qui en ont ; c'est encore que celuy de nôtre Cabinet les a tous deux entiers ; & cela, parce que je n'ay pas voulu imiter un Curieux assez plaisant, pour couper les pieds à un semblable Oyseau qu'on luy avoit donné ; de crainte que ceux à qui il le devoit montrer, ne luy fissent trop d'objections, & ne l'obligeassent à croire & à dire avec eux qu'il ne possédoit pas le veritable Oyseau de Paradis. Il est donc constant, que cet Oyseau

A a a

a des pieds ; & que si on le veut encore nommer Apode, c'est qu'on ajoûte foy à ceux qui disent qu'il a les pieds si foibles qu'il ne peut se reposer dessus, & que pour le soulager, la nature y a pourvû, en luy donnant deux grands filets attachez à son dos, qui ressemblent à des crains de cheval, avec lesquels il a l'adresse de s'accrocher, & de se suspendre aux arbres pour dormir. Il est vray qu'il a ces deux filets, mais les Auteurs ne conviennent pas de leur usage ; car Bontius au chap. 12. du cinquiéme Livre de son Histoire naturelle des Indes Orientales, dit que cet Oyseau se perche comme les autres, qu'on le tire à l'arc, &c. Aux isles Moluques ils sont en grande vénération, on les appelle *Manucodiatæ*, ou Oyseaux de Dieu, tant à cause de la beauté de leurs plumes, que parce qu'on ignore le lieu d'où ils viennent ; leurs aîles sont fort courtes, ils ont dessous un plumage d'un jaune doré tres-beau, qui ressemble aux aigrettes des Herons. Les grands des Indes ornent leurs casques de ces plumes, & ils en portent sur eux, à cause qu'ils sont dans cette superstition, de croire qu'elles les empêchent d'être blessez au combat. Ces Oyseaux portent sous la gorge une piéce d'un verd doré fort éclatante ; on dit qu'ils vont en troupe sous la conduite d'un Roy, qui les surpasse beaucoup en beauté, & qui s'éleve infiniment au dessus des autres. Vormius *in Musæo*, pag. 294. Marcgravius, Clusius *in exoticis*, Willughbeius *in lib.* 4. *Ornithologiæ*, & plusieurs autres parlent de l'oyseau *Manucodiata*.

I I.

L'Oyseau Guiracereba.

IL semble que la nature ait declaré cet Oyseau le Roy de tous les autres, lors qu'elle l'a paré d'une si belle aigrette sur la tête. Son plumage tout doré, & de diverses couleurs, est surprenant pour la beauté ; & on n'en peut point trouver de plus riche ; en sorte que s'il est vray ce que les Historiens rapportent, qu'on a vû quelquefois à Rome un Phœnix, comme sous l'empire de Claude, il faut que ce soit cet Oyseau : Il n'est pas plus gros qu'un Merle ; les Indiens l'appellent Guiracereba ; & les Peintres luy donnent un bec d'Aigle, c'est à dire un peu crochu ; nous en avons seulement toute la peau. Marcgravius parle de cet Oyseau en son Histoire naturelle du Bresil, pag. 212. C'est de cet Auteur que Willughbeius a pris tout au long ce qu'il en rapporte.

I I I.

Un Moineau de l'Amerique.

C'Est un Moineau de l'Amérique, qui a la même figure & presque le même chant que les nôtres de France ; mais le coloris de ses plumes, dont les extrémitez sont de couleur de feu, est si vif, qu'il ne le peut être davantage. Ses aîles & sa queuë sont d'un fort beau noir, hormis les prémiéres plumes qui en sont rouges ; la pointe de son bec est noire, aussi-bien que les autres plumes de son corps, lors qu'elles approchent de sa chair, quoique l'extérieur en soit si rouge, que cet Oyseau semble n'être que de cette couleur. Il a encore quelques plumes jaunes à la queuë ; nous l'appellons en Europe *Passer Americanus* ; & ceux du Bresil, d'ou il vient, le nomment Tijepiranga. François Willughbeius en parle à la pag. 184. de son second Livre de l'Ornithologie.

I V.

Un Colibri.

VOicy le plus petit de tous les Oyseaux ; les Americains le nomment Colibri, & les Naturalistes *Radius Solis* ; à cause qu'étant exposé au Soleil, il est tout éclatant, & paroît tout d'or, particuliérement la petite houppe qu'il a sur la tête. Quelques-uns le nomment l'oyseau Mouche ; parce que semblable aux Abeilles, il ne vit que de fleurs. Son nid qui n'est gueres plus gros qu'un œuf de pigeon, est fort proprement bâti de coton sur une branche de bois aromatique. Nous en avons deux ; la femelle fut prise dedans un ; l'autre nid tient sur une petite branche de ce bois de senteur. Il est à remarquer qu'il y a plusieurs espéces de ces Oyseaux. Nous en possédons deux en nôtre Cabinet, dont l'un est une fois plus gros que l'autre ; il a les aîles d'un verd doré, & porte sous la gorge une piéce d'une couleur de pourpre si vive, qu'il ne se peut rien voir de plus beau. On dit qu'il meurt tous les hyvers, comme les Hyrondelles & les mouches, & que la chaleur du Printemps leur rend la vie. George Marcgravius en son Histoire naturelle du Bresil, Livre v. chap. 4. & plusieurs autres Auteurs en parlent.

V.

Un Bœuf volant.

IL se trouve au Bresil de certains insectes qui ont quelque rapport à nos Cerfs-volans de France. Les habitans de l'Amérique les appellent Enena, & les Portugais leur donnent un nom qui signifie en nôtre langue un Taureau volant. Leur corps est de la grosseur d'un œuf de poule ; les aîles qui sont de couleur d'olive, sont semées de taches noires assez inégales ; elles sont aussi bordées de noir. Les deux que nous avons sont de même espéce, car Marcgravius en rapporte de différentes à la pag. 246. du septiéme Livre de son Histoire du Bresil ; je diray seulement que les nôtres sont de la quatriéme espéce. Ces Taureaux-volans ont six pieds, dont quatre sont attachez à la partie inférieure du corps ; & les deux autres à la supérieure qui en est la tête ; ils portent à chaque pied cinq petits cornichons ; sçavoir quatre aux extrémitez, & un qui est plus proche de la cuisse, & à peu prés comme les ergots des coqs. La tête qui est d'un noir aussi beau & aussi luisant que les vernis de la Chine, est longue de trois pouces & demi, y compris la corne supérieure qui ne fait avec elle qu'une même chose ; cette corne est un peu crochuë par le bout en dedans, on y voit du poil jaunâtre assez court, qui approche beaucoup d'un velours de cette couleur. Il y a une seconde corne par dessous cette grande, qui n'a pas tant de longueur ; elle est toute noire, & sans ce petit poil dont je viens de parler. Je ne sçay si on ne connoît point les années de ces insectes, par le nombre de ces petits cornichons que l'on voit en dedans & au milieu de cette petite corne, de la maniére qu'on dit qu'on connoît celles des cerfs par les andoüillers de leurs bois.

Ce qui me confirme dans cette penſée, eſt que j'ay vû trois de ces bœufs-volans, de même eſpéce, dont le premier ne porte à cette petite corne que deux de ces cornichons, la ſeconde eſt chargée de trois, & la troiſiéme en a quatre ; nous avons les deux derniéres. Les yeux ronds de cette groſſe mouche ſont atta-chez à la naiſſance de cette ſeconde corne ; ils ſont de la groſſeur d'un petit poids, & d'une couleur un peu moins jaune que l'ambre, bien que Marcgra-vius les diſe noirs.

VI.

Un petit Oyſeau du Breſil.

JE croy que ce petit Oyſeau du Breſil, qui n'eſt pas plus gros qu'un Roëtelet, eſt celuy que les habitans du Breſil nomment Guiraienoia. Il a un petit bec noir qui eſt long environ de quatre lignes ; les yeux ſont de la même couleur. On ne peut rien voir de plus agréable que les plumes qu'il porte ſous le ventre, autour de ſon col, & ſur la moitié de ſon dos en tirant vers la queuë, car elles ſont d'un bleu qui n'eſt pas moins vif que le plus bel outremer ; les aîſes ſont mêlées de quelques petites plumes entiérement bleuës, & les autres, ſçavoir les longues qui ſont moitié noires & moitié jaunes au milieu, ſont toutes noires par les bouts. Cet Oyſeau porte ſur la tête des plumes creſpuës, qui tiennent de la couleur d'un vert de gris.

VII.

L'Oyſeau Onocrotalus.

NOus avons dans nôtre Cabinet deux têtes de ces Onocrotalus ; il y en a une à laquelle eſt encore en ſon entier le col de cet Oyſeau. On le nom-me d'ordinaire un Pélican, François Willughbeius, pag. 246. de ſon Ornitho-logie, aprés Aldrovandus, luy donne ce nom. L'Onocrotalus eſt de la groſſeur d'un Cygne, & preſque de ſa nature ; il cherche ſa proye dedans les eaux avec un bec qui a plus d'un pied de long ; afin de peſcher plus à ſon aiſe. Au deſ-ſous de ce bec, depuis le bout de la machoire d'en bas en tirant juſqu'au milieu du col, eſt une grande peau en forme de beſace, où cet Oyſeau met & re-ſerve le poiſſon qu'il prend. J'en ay vû un à Verſailles engloutir un Pigeon tout vif qu'il attrapa ſur le bord de l'étang, & il ne faut pas s'en étonner ; car je croy que cette poche tiendroit plus de ſix livres de poiſſon, parce qu'elle s'étend beaucoup. Les narines ſont au bout du bec d'en haut proche le commencement des plumes de la tête. On ne peut mieux répréſenter l'extrémité du bec du Pelican, que de dire qu'il reſſemble à celuy du Perroquet, c'eſt une eſpéce d'on-gle ou d'ergot jaunâtre, ou quelquefois de couleur noire. Il prend ſa racine dans la tête, & il paſſe au milieu du bec de la machoire d'en haut, qu'il ſemble ſéparer en deux parties égales. Je remarqueray icy avec quelque Naturaliſte, que les os de l'Onocrotalus ſont luiſans, ſans moëlle, & diaphanes ; que les Sauva-ges en font des ſifflets ; & qu'on l'appelle Onocrotalus, à cauſe qu'il a un cry qui n'eſt pas moins deſagréable que celuy d'un âne qui brait. On dit pourtant qu'il

aime

aime à entendre la musique, tant de voix, que d'instrumens. Willughbeius rapporte à ce sujet, que le Duc de Baviére en avoit un, qu'il garda l'espace de quarante ans, lequel assistoit volontiers aux concerts qui se faisoient chez luy; & il ajoûte que cet Oyseau sembloit, pour ainsi parler, battre les mesures par les mouvemens de sa tête, lorsque les trompétes de ce Prince joüoient.

VIII.

Un Platea.

ON ne peut point sçavoir si cet Oyseau que je donne icy, nommé Platea, vient de l'Europe, du Méxique, ou du Bresil, il faudroit l'avoir entier pour en bien juger, & nous n'en avons que le bec. Je diray seulement que ce bec est entiérement semblable à celuy que porte ce même Oiseau chez Willughbeius à la planche 52, & qu'il décrit à la page 212. du troisiéme Livre de son Ornithologie; il dit là que le Platea est plus blanc qu'un Cygne; que depuis ses yeux jusques au bout de son bec, & sous la machoire inférieure, on ne voit ni poil ni plumes; que celles du bout des aîles tirent sur le noir; que le bec luy noircit à mesure qu'il vieillit. Les Flamans appellent cet Oyseau *Lepelaër*, c'est à dire cuilliere, à cause que la forme de son bec ressemble assez à une cuilliere; il est plat, & on remarque sur la machoire supérieure un creux, comme un petit canal qui sort de chaque narine, & qui fait tout le tour de son bec; celuy que nous avons n'est que d'un jeune Platea, car il est encore blanc; il ne laisse pourtant pas d'avoir sept pouces de longueur. Les Portugais nomment *Colherado* ces Oyseaux qui viennent du Bresil; ils ont un long col, des pieds larges, leur chair est bonne à manger; on en voit beaucoup dans la riviere de S. François, & dans les marais de ce païs-là. Marcgravius en parle, pag. 204. de son Histoire des Oyseaux du Bresil.

IX.

Un Flambant.

CEt Oyseau est nommé Flambant ou Flammant, à cause des plumes de ses aîles qui sont de couleur de feu & noires, tout le reste du corps étant fort blanc; son bec est d'une figure assez singuliére; la machoire supérieure qui tient à la tête est courbée par le milieu, elle n'est pas la moitié si épaisse que la machoire inférieure, & même je ne la trouve pas tout-à-fait si longue; elle est plate par dessus, & par le dedans dentelée. Cet Oyseau qui se nourrit de coquillage & de poisson, est appellé en latin *Phœnicopterus*; il est fort haut monté; on en voit assez communément en Languedoc, autour d'Aigue-morte & de Montpellier; en Provence, aux Martigues. Les anciens Romains mettoient sa langue au nombre de leurs plus friands morceaux: Aussi Pline rapporte que ce fameux gourmand Apicius qui dépensa tout son bien pour satisfaire à son intempérance, avoit remarqué dans l'ouvrage qu'il composa de la délicatesse du manger, que la langue du *Phœnicopterus* étoit d'un goût merveilleux.

Bbb

X.

Une Oye de Magellan.

LE plumage de cet Oyseau est si doux & si luisant, qu'il semble du satin. Les Hollandois le nomment Pinguins, *à pinguedine*, & les Latins *Anser Magellanicus*, à cause qu'on en voit beaucoup au Détroit de Magellan. Nous en avons eu la peau entiére qui s'est corrompuë ; en sorte qu'il ne nous en est plus resté que les ailes qui sont fort petites ; le dessus en est presque tout noir , & le dessous est mêlé d'une infinité de petites plumes blanches, jaunâtres & noires , qui sont si pressées entr'elles qu'on ne peut les séparer ; on croiroit volontiers qu'on auroit pris plaisir à les attacher, & à les joindre ensemble avec de la colle forte ; les plus grandes de ces plumes n'ont pas deux lignes de longueur. Cet Oyseau qui est fort gras, & bon à manger, marche élevé sur ses deux pieds ; de maniére que quand on en voit une bande le long de la mer , ou autre part , il semble que ce soit une compagnie de Pigmées ; leurs aîles sont si courtes, qu'elles ne leur permettent pas de voler , ils s'en servent seulement pour les aider à mieux courir. Jean Jonston , à la page 118. de son Histoire naturelle des Oyseaux, rapporte tout au long ce qu'en a écrit Clusius ; il dit en cet endroit que le Pinguins est un oyseau de mer qui se nourrit de poisson ; qu'on le doit mettre dans le genre des Oyes, quoy qu'il ait un bec de Corbeau ; que les jeunes pésent plus de huit livres, & qu'il se trouve de ces Oyseaux qui en pésent jusques à seize. Il rapporte encore d'autres singularitez que j'obmets , pour abreger. On peut aussi consulter à ce sujet, la page 300. du *Musæum Wormianum.*

X I.

Une Pie du Bresil.

GEorge Marcgravius remarque qu'il n'y a pas de païs au monde où il y ait plus grand nombre d'oyseaux singuliers que dans le Bresil. Outre ceux dont j'ay déja parlé , il en a fait graver plusieurs autres au cinquiéme Livre de son Histoire naturelle du Bresil. En voicy encore un qui en vient ; les habitans du païs le nomment *Toucan* ; quelques Auteurs l'appellent *Avis Piperivora*, & Aldrovandus , *Pica Brasilica.* Cette Pie du Bresil est un peu plus grosse qu'un merle ; son bec est si monstrueux , qu'il a sept pouces de long sur un & demy de large ; du côté de la tête , la couleur de ce bec est d'un jaune de saffran ; il y a des dents comme à une scie. On n'y voit point de narine , & la machoire d'en-haut qui est creuse , transparente, & qui est bordée d'un jaune tirant sur le noir , est aussi mince , que le pourroit être une feüille de papier. La partie inférieure du bec qui est moins longue que la supérieure est solide , les deux machoires sont par dedans d'un rouge fort agréable à la vûë. Thevet nous apprend que le Toucan se nourrit de poivre ; qu'aprés en avoir mangé quantité de grains , il les rejette tous entiers ; & qu'alors les habitans du païs qui le ramassent soigneusement, en font plus d'état que de l'autre , à cause qu'il a beaucoup perdu de sa force.

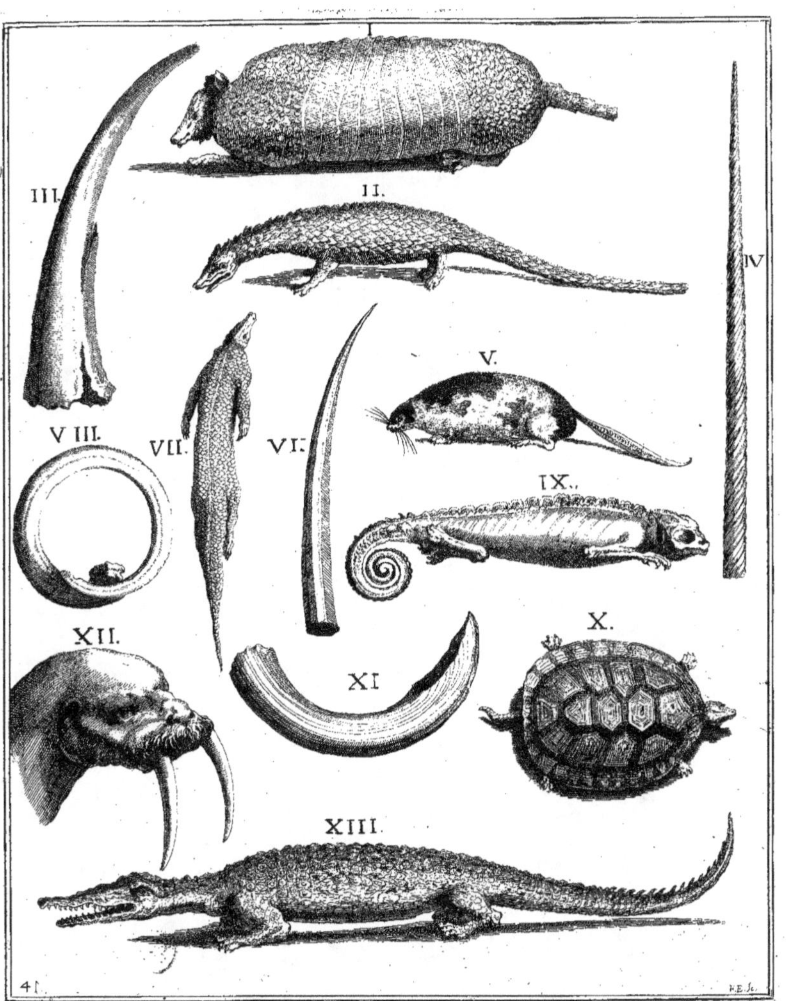
I.
II.
III.
IV
V.
VI.
VII.
VIII.
IX.
X.
XI.
XII.
XIII.

LES ANIMAUX

LES PLUS SINGULIERS.

I.

Un Armadille.

Et Animal a presque autant de noms, qu'il y a d'Auteurs qui en parlent ; je réduis tous ces noms à trois, sous lesquels il est le plus connu. Les Espagnols l'appellent Armadillos ; les Italiens Bardato ; & ceux du Bresil Tatau, d'où Gesnerus, Thevetus, & d'autres ont fait le mot latin *Tatus*, que nous tournons en nôtre langue Tatou. Ces deux prémiers peuples l'ont ainsi appellé, à cause qu'il est armé sur le dos d'une maniére de cuirasse. Il y a plusieurs espéces de ces animaux dans les Indes ; nous en avons de deux en nôtre Cabinet ; l'une grande, & l'autre moyenne. J'ay fait dessiner la seconde, tant parce que je l'ay plus entiére, que parce qu'elle est plus agréable à la vûë. Je ne laisseray pas de décrire la prémiére espéce, & de dire qu'elle a deux pieds & demy de long depuis le col jusques à la queuë. La tête, qui approche de celle d'un cochon, a sept pouces de longueur, & la queuë un pied & demy. Son corps qui porte de circuit plus de trois pieds, est entiérement chargé d'écailles quarrées, qui n'anticipent point les unes sur les autres ; j'en compte quarante rangs ou cercles, depuis le col jusques à la queuë. Les pieds, le dessous du ventre, la queuë & la tête sont aussi couvertes d'écailles, qui sont assez semblables, pour la figure, à celles de nos pommes de pin, lors qu'elles ne sont pas encore venuës à leur maturité. Les oreilles de cet animal sont plus courtes que celles du Tatou de la moyenne espéce, que l'on voit icy dessiné.

Ce second Armadillos a un pied & demi de long, y compris la tête & la queuë. Le dessous du ventre n'a point d'écailles ; on y remarque du poil assez long, rude, & clair semé qui tire sur le noir ; il n'a point aussi d'écailles sur le col ; & celles qui commencent immédiatement aprés, & qui vont jusques au tiers de son corps, sont de couleur jaunâtre ; & pour la figure elles sont rondes, triangulaires, petites & grandes mêlées en confusion. Neuf cercles suivent, dont les écailles ressemblent à ce qu'on nomme en termes de Blason, emmenché & pointé ; ils occupent un second tiers du corps ; la derniére partie du dos du côté de la queüe, est revêtuë d'écailles semblables à celles qui aprochent la tête. Cet animal n'est pas bien haut monté ; je ne trouve aux pates de devant que quatre doigts, & cinq à celles du derriére. Les habitans du Bresil en mangent, & c'est le lapin de ce païs-là ; il s'enfoüit de même dans la terre, & il la creuse avec tant d'adresse & de vitesse, que Jonston dit aprés Nierenbergius, qu'en une nuit il ira une lieuë loin sous la terre ; ils disent aussi qu'on tient que le prémier os de sa queuë a une vertu merveilleuse pour guérir le bourdonnement des oreilles, & même la surdité. J'ay un troisiéme petit Tatou ; mais comme je le croy de cette seconde espéce, je n'en diray rien davantage. Marcgravius, *pag.* 231.

Hist. natur. Brasil. parle de l'Armadillos, & Jonston, *pag.* 120. *Hist. de Quadru-*
pedibus ; on peut y avoir recours.

II.

Un Lézard du Bresil.

IL se voit aussi deux espéces de ce Lézard dans nôtre Cabinet, dont l'une qui
est plus grande que l'autre, est dessinée à la page 667. de l'Histoire d'Aldrovandus, *De Quadrupedibus digitatis* ; il nomme cet animal, aprés Clusius, *La-*
certa Indica Yvannæ congener. La seconde & plus petite espéce qui n'a pas plus
d'un pied de longueur, est, je croy, le Lézard dont parle Marcgravius à la
page 238. de son Histoire du Bresil ; il le nomme Taraguira ; & il dit qu'il se
trouve ordinairement au Bresil ; qu'il se promene dedans & autour des maisons des habitans du païs ; qu'il est entiérement ami de l'homme, en sorte que
s'il en voit quelqu'un endormi, & en danger d'être picqué ou mordu par quelque serpent ou autre bête veneneuse, ce petit animal passe & repasse tant de
fois sur le visage de cet homme, qu'enfin il l'éveille, & il ne le quitte point qu'il
n'ait reconnu le danger où il est ; son dos est chargé d'écailles qui tirent sur le
rouge. Il y a au bout de chacune de ces écailles une petite pointe fort aiguë. César
Scaliger fait mention de ce Lézard à la page 204. de son Commentaire sur l'Histoire des Animaux par Aristote.

III.

Une Corne de Rhinoceros.

J'Aurois volontiers fait graver la figure entiére du Rhinoceros, si plusieurs
Auteurs qui ont traité des Animaux à quatre pieds, ne l'avoient pas fait dessiner dans leurs ouvrages ; je me contenteray donc d'en faire la description, & de
dire que cet animal étoit inconnu aux Grecs du temps d'Aristote, & même
aux Romains avant l'année 666. de la fondation de leur ville. Dion prétend
qu'Auguste fut le prémier qui en fit venir à Rome, pour le faire voir dans un
triomphe qu'on luy fit. Pline veut que ce fut Cneius Pompeius, & Solin qui est
nommé le Singe de cet Auteur, le confirme, en nous disant qu'on n'avoit point
vû dans les spectacles de Rome de Rhinoceros, avant celuy que Cn. Pompeius
fit paroître dans les Jeux qu'il y donna.

Wormius dit à la page 336. de son Cabinet, qu'il n'y a pas lieu de s'étonner
de ce que plusieurs Auteurs parlent si differemment de cet animal, la plûpart n'en ayant point vû. Il nous cite ensuite l'autorité de Jacobus Bontius qui
en avoit vû un plus de cent fois, qu'on avoit enfermé dans une fosse, & tres-
souvent plusieurs autres dans les bois. Voicy ce qu'il en rapporte : Le Rhinoceros
a la peau de couleur de cendre & noirâtre, à peu prés comme les Elephans, je
veux dire, pleine de rides qui font par endroits quelques plis assez profonds ;
elle est si épaisse au flanc, & sur le dos, qu'un coup de sabre n'y feroit pas grand
mal. Il n'est point couvert d'une espéce de bouclier, ainsi qu'on nous le dépeint,
mais les plis dont je viens de parler font le même effet ; sa peau est également
dure par tout le corps. Le museau ressemble assez à celuy d'un porc, sinon qu'il
est

est moins pointu par le bout ; c'est à ce bout de museau où est la corne , qui
luy a fait donner le nom de Rhinoceros ; elle est petite ou grande selon l'âge
de l'animal ; elle change pareillement de couleur : car quelquefois on en voit
de couleur de cendre , d'autres qui tirent sur le rouge , & enfin quelques-unes
qui sont blanches. Cet animal n'est guére plus gros qu'un médiocre Elephant ;
il n'est pas si haut monté, c'est pourquoy il ne plaît pas tant à la vûe : au reste
il n'est pas méchant à moins qu'on ne l'agace ; sa nourriture est de l'herbe ou
des ronces ; il a la langue tres-rude ; si on venoit à l'irriter, il terrasse sans aucune peine un Cavalier sur son cheval ; il le tuë en le léchant , & ne l'abandonne
point qu'il ne l'ait entiérement décharné jusques aux os , par la rudesse de sa
langue. Quoyque sa chair soit tres-dure , & difficile à cuire , les Mores né laissent pas d'en manger. Il auroit été à souhaiter qu'aprés ce rapport de Bontius ,
Wormius nous eût fait dessiner le Rhinoceros, on l'auroit comparé à celuy que
Jonston nous a donné à la page 66. de son Histoire naturelle ; il y a de l'apparence qu'il l'avoit pris de l'histoire des Animaux de Gesnerus , pag. 843, ou
d'Aldrovandus, 884, mais je doute que ces Auteurs en ayent jamais vû ; car les
estampes que nous en avons dans leurs ouvrages, sont bien différentes d'une que
Philippe Galle grava à Anvers en l'année 1586. C'étoit un nommé Jean Mossinius
Chapelain de Philippe II. Roy d'Espagne , qui en apporta le dessein en Fandres.
Il l'avoit fait tirer au naturel sur un de ces Animaux qu'on avoit amené des Indes à Lisbone , & ensuite à la Cour de Madrid. Ce Rhinoceros avoit environ
treize ans ; sa longueur étoit de douze pieds depuis le bout de son museau jusques à la queüe ; il n'a point de petite corne sur le dos, ni d'écailles sur les pieds,
non plus que les côtes si distinguées qu'elles le sont chez les Auteurs que je
viens de citer ; il ne porte qu'une corne sur le museau ; celle de nôtre Cabinet
est d'une couleur rougeâtre tirant sur le noir ; elle a un pied & demy de long, &
autant de circuit proche la tête ; par le milieu elle courbe en dedans. On ne peut
guére voir rien de plus solide & de plus pesant que cette corne ; on en fait des
tasses, & j'en ay une ; on les dit être bonnes à guérir quelques maladies ; j'ay aussi
un des ongles de cet animal qui en a cinq à chaque pied ; cet ongle est fort rude
en dedans. Nous avons encore un assez grand morceau de sa peau qui est épaisse
de plus de quatre lignes ; & sa queüe qui est courte, & dont le poil noir qui en
sort est si gros & si ferme qu'il ressemble à du fil d'archal. Le Rhinoceros a pour
ennemy capital l'Elephant ; lors qu'ils se battent ensemble, il se renverse sous le
ventre de l'Elephant pour le percer avec cette corne qu'il porte au dessus du museau.

I V.

Une Corne de Licorne.

IL y a presentement fort peu de Curieux qui assûrent que cette Corne que l'on
nomme de Licorne, vient d'un animal terrestre, & on peut dire qu'aujourd'hy la
question est décidée, & qu'il n'est plus permis, pour ainsi parler, de nier que c'est
la corne d'un poisson. A la vérité quelques Historiens disent qu'on a vû des animaux
environ de la grandeur & de la forme d'un âne , qui avoient une corne au front,
& qu'on en nourrissoit deux à la Méque , où est le sepulcre de Mahomet ; mais depuis environ un siécle il est tant venu de ces cornes du Roiaume de Dannemarc ,

C c c

qu'on ne révoque plus en doute, que celles que nous ayons en France, au Trefor de S. Denys, & plus d'une vingtaine d'autres qui sont à Paris dans les cabinets des Curieux, n'ayent été pefchées dans la Groelande, & autour des Isles du Septentrion. Le poiffon qui porte cette corne, ou pour mieux dire, cette dent, au bout de la machoire fupérieure, est nommé ordinairement par les habitans de l'Iflande *Narhval*, à caufe qu'il se nourrit de cadavres. Thomas Bartholin a fait un Livre exprés de la Licorne, dans lequel il donne la figure du poiffon, qui la porte & il y décrit affez au long les vertus de cette corne, particuliérement contre les venins ; il a pris une bonne partie de ce qu'il en rapporte, d'Olaüs Wormius qui en traite depuis la page 282. jufqu'à la page 288. de son *Mufæum Wormianum* ; il y fait mention d'une expérience que firent les Médecins d'Aufbourg en l'année 1593. fur un chien auquel ils donnérent de l'arfenic, & qu'ils guérirent lors qu'il étoit prêt de mourir, en luy faifant prendre des raclures d'une dent de Licorne, qu'on avoit fait infufer : & je diray à ce propos, qu'un tres-honnête homme de mes amis, & digne de foy, m'a affûré avoir fauvé un de fes enfans, qui avoit été défefpéré par les Médecins, en luy donnant dans un boüillon trente-fix grains de la raclure d'un bois de Licorne qu'il avoit, que l'effet de ce reméde fut de procurer à son fils une fueur prodigieufe qui le tira d'affaire en peu de jours. J'ay vû ce bois qui a plus de fept pieds de long ; celuy de nôtre Cabinet n'en a que fix & deux poulces ; celuy de S. Denys excéde le nôtre de quelques poulces ; & fi ce dernier n'eft pas fi blanc que plufieurs que j'ay vûs, il n'eft pas pour cela d'une autre efpéce ; car il eft facile de le blanchir en le mettant à la rofée ; & il ne faut pas s'étonner s'il n'a pas tant de cannelures que plufieurs autres que l'on voit en différens Cabinets ; parce qu'il fuffit de dire que j'en ay bien vû au moins une vingtaine fans en trouver deux entiérement femblables ; il eft pourtant facile de remarquer qu'ils font tous de la même matiére. Je n'ay jamais vû de tête où foit attachée cette corne, ou, pour parler plus correctement avec Wormius, la dent de ce poiffon *Narhval*, mais feulement les figures que cet Auteur a fait deffiner aux pages que j'ay ci-deffus citées, & Willughbeius à la deuxiéme planche de son Hiftoire des Poiffons, imprimée *in fol.* à Oxfort en 1686. Ces deux Auteurs en citent plufieurs autres qui ont parlé de ce poiffon, on peut y avoir recours. Je finiray cet article, en difant qu'il y a bien de l'apparence que la Licorne, dont parle le Prophéte David en quatre endroits de fes Pfeaumes, & Ifaïe au verfet 7. du trente-quatriéme chapitre de fa Prophétie, n'eft autre chofe que l'animal Rhinoceros ; c'eft le fentiment de S. Jerôme, & de plufieurs autres Interprétes de l'Ecriture-fainte, dont quelques-uns le nomment *Naricornium*, à caufe qu'il porte la corne au deffus des narines.

V.

Un Rat Mufqué.

Vormius parlant du Rat mufqué, l'appelle, aprés Clufius, *Mus aquaticus* ; il eft bien plus gros qu'une Taupe ; le poil qui eft fur le dos eft fort épais, doux, & d'une couleur qui tire fur le noir ; lors qu'il approche de la peau, il tire fur le bleu ; il y a des poils mêlez qui furpaffent les autres en longueur ; le ventre eft auffi mêlé de poils blancs, & d'autres qui font de couleur de cen-

dre ; la tête de cet animal est petite & pointuë ; il a le bout de la partie supérieure du museau qui avance, à la manière des cochons ou des taupes, afin de
remuer plus facilement la terre. On voit deux dents à chaque machoire ; celles
d'en-haut sont plus longues, plus larges & plus fortes que celles d'en bas ; les
yeux sont si petits qu'à peine on les peut voir ; la queuë qui est platte, a plus d'un
demy pied de longueur ; elle est couverte & semée de petits poils fort courts ;
qui ressemblent aux petites écailles que portent les serpens ; les deux pieds de
devant, qui sont armez d'ongles, ont chacun cinq doigts ; ceux de derriére
sont plus longs & plus plats ; il y a de la peau entre chaque doigt, comme en
ont les canards, pour leur servir à nager. Les Moscovites en apportent quand
ils viennent en France, & ils les vendent le plus qu'ils peuvent. Il est bon de
sçavoir que les plus gros ne sont pas les meilleurs, c'est à dire qu'ils ne sentent
pas tant le musc ; nous en avons de ces deux sortes. Le Pére du Tertre Domini-
cain parle des Rats musquez au second volume de son Histoire des Antilles. Voicy
ce qu'il en dit à la page 302. Il se trouve dans quelques-unes de ces Isles grand
nombre de Piloris ou Rats musquez, de même forme que les Rats de l'Europe,
mais d'une si prodigieuse grandeur, que quatre de nos Rats ne pésent pas un
Piloris. Ils ont le poil du ventre blanc, & le dos noir, & sentent si fort le musc,
qu'ils embaûment tout l'air voisin des lieux où ils repairent ; ils nichent même
jusques dans les cases, mais ne peuplent pas tant que les autres Rats communs.
Les habitans de la Martinique les mangent, mais ils sont contraints, aprés les
avoir écorchez, de les laisser exposez à l'air une nuit entiére, & même d'en jetter le premier boüillon pour en ôter la trop grande senteur du musc.

VI.
Une Corne de Giraffe.

CEtte corne qui est toute licée, est à pans ; elle a environ quinze pouces
de haut, & elle ressemble assez à un cornet-à-bouquin. On croit qu'elle
vient d'un animal, que les Naturalistes modernes ont nommé Giraffe, & les Anciens, Camelopardalis. Jonston en a fait dessiner la figure à la Table 29. de son
Histoire naturelle des Animaux à quatre pieds, & à la page 69. de la même Histoire il en fait la description, & il y rapporte les différens sentimens des Auteurs
qui sont tellement partagez touchant la forme de cet animal, qu'on ne sçait auquel s'arrêter ; néanmoins ils conviennent tous qu'on luy a donné le nom de Camelopardalis, à cause qu'il a un grand col comme le chameau, & qu'il est ta-
cheté de marques comme le Léopard. Je croy que l'on peut s'arrêter à ce qu'en
rapporte Bellonius, qui dit avoir vû trois Giraffes au grand Caire, dont le col
avoit sept pieds de hauteur ; les deux cornes, qui n'étoient longues que de six
pouces, leur sortoient du front ; & au milieu il y avoit une espéce de crescence
qui avançoit de deux doigts, & qui faisoit paroître comme une troisiéme corne.
Quand cet animal léve la tête, il y a bien seize pieds depuis le sommet jusqu'à la
terre ; il est aussi fort long. Les cuisses de derriére sont plus courtes que les jambes
de devant. Sur le corps sont des taches qui tirent sur le rouge, & qui ne sont pas à
beaucoup prés si rondes que celles des Léopards. Leur queuë est petite ; on y voit
au bout un peu de poil, aussi-bien qu'une espéce de crin depuis le haut de la tête
jusqu'au milieu du dos, &c. Ce fut du temps de Jules Cesar, que cet animal parut à

Rome pour la prémiére fois, ensuite Gordien y en fit venir dix, pour les faire voir
dans les Jeux publics, & Aurelien, un dans un triomphe qu'on luy décerna. Les
Ethiopiens en firent present d'un à l'Empereur Leon ; le Sultan de Babylone à l'Empereur Frederic ; & un autre Sultan en envoya aussi un à Laurent de Medicis.
Heliodorus rapporte de la Giraffe , qu'elle est d'une docilité merveilleuse, que
son maître la conduit où bon luy semble , avec une petite corde qu'il luy met
autour de la tête en forme de licol.

VII.

Un Scinck.

DE toutes les espéces de petits Lézards, il n'y en a pas de plus agréable &
de plus joly que celuy qu'on nomme en latin *Scincus* ; il n'a qu'un demy
pied de longueur, & de large un pouce ; la peau en est dure , fort luisante , &
tachetée de marques presque de la couleur du brochet, aussi quelques-uns luy
donnent le nom de brochet de terre ; il a quatre pieds , & cinq doigts à chacun,
qui sont armez de griffes. L'Arabie les produit , & on en trouve beaucoup autour
de la Méque : quelques Auteurs disent qu'il y en a le long du Nil. Le Scinck est
tres-bon à bien des choses, si nous en croyons Wormius. Voicy ses propres termes qui sont à la page 315. de son *Musæum*.   *Locum obtinuit in variis antidotis ;
ex carne antidotus præparatur quem contra ictus Scorpionum , & ad Elephantiasim
commendat Aëtius. Cor lanæ ovis nigræ involutum quartanas tollit ; fel suffusionibus
medetur ; de pelle scribit Plinius , quod in cineres redacta , & ex aceto super partes
secandas posita , impediat ne ferrum sentiatur. Cauda Diasatyrium ingreditur ; fimus
oculorum detergit vitia.*

VIII.

Une Défense de Sanglier.

MOn dessein n'étoit pas de mettre cette défense de Sanglier au rang des
piéces singuliéres , si un sçavant Professeur Royal en Anatomie , & d'ailleurs tres-curieux des choses naturelles, l'ayant apperçûë un jour dans nôtre Cabinet, ne m'eût assûré qu'elle méritoit d'y avoir place, & qu'il n'étoit pas ordinaire
d'en voir qui eussent commencé un second cercle. Il est vray qu'on dit du Sanglier, que les défenses leur croissent, *donec totum impleant orbem.* Cela posé , on
peut conclure que l'animal qui portoit celle-cy, étoit d'un grand âge, & qu'il n'y
avoit pas beaucoup de sujet de craindre d'en être blessé en le chassant.

IX.

Un Cameleon.

NE pouvant trouver rien de mieux ni de plus exact touchant la nature & la
figure du Cameleon , que ce qu'en a remarqué le célébre Mr. de Peiresc. On
ne doit point trouver mauvais si je le rapporte presque tout au long, je l'ay tiré de
M. Gassendi

Mr. Gaſſendi au cinquiéme Livre de la vie qu'il a faite de ce grand homme. Au «
milieu du mois de Février de l'année 1637. le dernier Cameleon, des huit que «
j'avois nourris & conſervez depuis l'Eté, mourut. Les années précédentes on m'en «
avoit envoyé tantôt un, tantôt deux à la fois, qui moururent au prémier froid «
qu'il fit : ce fut ce qui m'obligea d'en demander un plus grand nombre, afin de «
tâcher par mes ſoins d'en ſauver quelqu'un de l'hiver ; car ayant remarqué que «
les fémelles avoient beaucoup d'œufs, j'attendois le Printemps où je croyois «
que ces fémelles les feroient, pour en remarquer la formation, & les voir enſuite «
ſortir de leurs cocques. Je renfermay, à ce ſujet, les derniers qui me reſtérent, «
dans une cage que je couvris d'étoffe, & je la fis mettre dans un lieu chaud ; je «
les expoſay quelquefois au ſoleil ; mais toutes mes précautions ne me ſervirent de «
rien, aucun ne put aller juſqu'au Printemps ; le prémier froid qu'il fit les emporta, «
peut-être moururent-ils de ce qu'ils avoient été renfermez dans un lieu trop pe- «
tit & trop chaud, peut-être à cauſe qu'ils n'avoient pris aucune nourriture depuis «
le mois de Novembre. Je ne laiſſay pas de les faire deſſiner en différentes poſ- «
tures ; j'en fis ſuſpendre quelques-uns par les pieds & le bout de la queuë, à «
la maniére qu'ils dorment, & qu'ils demeurent, lors qu'ils veulent attraper de pe- «
tits vers, ou des mouches.

J'ay reconnu qu'il n'étoit pas vray que les Cameleons vécuſſent d'air, ainſi "
qu'on le dit ordinairement ; mais aprés pluſieurs expériences, je remarquay qu'ils "
n'aimoient rien tant, que de certains vers qui ſe forment dans les coffres où l'on "
paîtrit la farine. Ils ſe ſervent de leur langue, comme les Elephans de leur trom- "
pe ; elle eſt fort longue, & ils la dardent avec tant de viteſſe, qu'on ne peut "
preſque s'en appercevoir. Il n'eſt pas vray non plus, que ces animaux prennent "
la couleur des objets qui ſont devant eux ; car ſoit que ces objets ſoient verts, ſoit "
qu'ils tirent ſur la couleur de cendre, ils prennent ſeulement une couleur noirâtre "
du côté qu'ils ſont expoſez au ſoleil, ou au feu. M. de Peireſc fait ſur le Cameleon
pluſicurs obſervations que je ne rapporte pas icy, parce qu'on les peut lire à l'endroit que j'ay cité ; il dit, par exemple, que ces animaux ne remuënt pas en
même tems les deux prunelles de leurs yeux, mais qu'il y en a toûjours une qui
eſt immobile, ou qui eſt tournée d'un autre côté que l'autre ; qu'ils ont de fort
belles dents & bien arrangécs, non pas pour broyer de l'air, mais bien pour
mâcher la nourriture qu'ils peuvent attraper ; qu'il n'y a point remarqué de rate,
de reins, ni de veſſie ; qu'il avoit trouvé dans le corps d'une fémelle plus d'une
centaine d'œufs qui étoient renfermez dans une membrane, dont quelques-uns
n'étoient guére moins gros que des petits noyaux d'olives ; on y voyoit dans
ceux-là une matiére rougeâtre, & rien de blanc ; au lieu que dans les petits
c'étoit une eſpéce de matiére ſemblable à du lait. Vormius dit, en parlant du
Cameleon, qu'à la place des dents & des genſives, il y a un os le long des deux
machoires & des deux côtez, qui a des dents comme une ſcie ; que celle d'en-
haut eſt un peu plus courte, que celle d'en-bas. Je ſuis obligé de dire icy, que
j'ay vû ſur le Cameleon de nôtre Cabinet le contraire de ce que cet Auteur a
obſervé touchant les pieds de cet animal ; car les doigts de ceux du devant ſont
entiérement ſemblables à ceux qui ſont aux pieds de derriére, il met pourtant :
Pedes anteriores, à poſterioribus valdè diſcrepant, ut enim priores pedes ternos di-
gitos intra, binos extra ; ita poſteriores ternos extra, & binos intra poſſident. Le nôtre étoit tout jeune quand il eſt mort, n'ayant pas cinq pouces de longueur, &

D d d

trois de haut. Le même Vormius, *pag. 316. Musæi Vorm.* cite un Auteur qui a fait depuis peu un petit Traité du Cameleon ; il avoüe qu'il a pris de luy la meilleure partie de ce qu'il en dit. La description qu'il en fait, me paroît avoir assez de rapport à ce que M. de Peiresc a écrit de cet animal.

X.

Une petite Tortuë.

ÆLien nous apprend que dans l'isle nommée Taprobana, qui est dans la mer des Indes, les habitans du païs couvrent leurs maisons des écailles de tortües, il faut sans doute qu'elles soient d'une autre espéce que celle que j'ay fait dessiner ; car cette petite est ronde ; & si elle tient quelque place, avec trois ou quatre autres de son espéce dans nôtre Cabinet, ce n'est pas que j'estime que les Tortües soient quelque chose de rare, puis qu'il n'y a rien de si commun ; mais je l'ay fait dessiner, & je les garde pour faire observer comme la nature s'est joüée sur l'écaille de celle-cy, comme elle y a tracé des compartimens si réguliers, avec des couleurs si bien assorties pour cet ouvrage, qu'il y a sujet d'en admirer & d'en loüer l'Ouvrier. Elle est, je croy de terre, car les grandes Tortües se prennent dans la mer.

X I.

Une Dent de l'Hippopotame.

L'Hippopotame est un animal à quatre pieds, & amphibie, qui sort du Nil & des autres riviéres où il se rencontre, pour aller chercher dequoy se nourrir. On ne peut pas dire icy en exposant cette dent, *ex dente leonem*, qu'on peut conjecturer de la grandeur de l'animal par cette piéce ; car l'Hippopotame n'est pas plus haut qu'un cheval ; il n'est pas toutefois si haut monté, & sa tête approche plus de celle d'un bœuf ; il a six grandes dents à la machoire supérieure, & autant en bas qui sont aussi longues, que celle-cy qui a plus d'un pied de long. Elles sont à moitié creuses en dedans, & le reste solide, le bout en est aigu, un peu courbé, de la maniére que les ont les Sangliers, & elles sont disposées de telle sorte, que celles de dessus entrent en celles de dessous. La tête de cet animal est si grosse, qu'un Chirurgien Italien qui en avoit une, a laissé par écrit, qu'elle avoit deux pieds & demy de largeur ; il dit aussi qu'on a appris de l'Hippopotame l'usage de la saignée ; car quand il se trouve mal, il se perce avec un roseau pour se tirer du sang, puis il jette de la boüe sur sa plaïe pour l'étancher, quand il sent qu'il a assez saigné. Cette observation est prise du vingt-sixiéme chapitre du huitiéme Livre de l'Histoire Naturelle de Pline, qui rapporte que M. Scaurus fut le prémier qui fit paroître à Rome un Hippopotame, & cinq Crocodiles. Voicy ses termes : *Primus eum & quinque Crocodilos Romæ ædilitatis suæ ludis M. Scaurus temporario euripo ostendit. Hippopotamus in quadam medendi parte etiam magister extitit ; assidua namque satietate obesus, exit in litus, recentes Arundinum cæsuras speculatus*, & selon l'Edition du P. Hardoüin, *speculatum ; atque ubi acutissimum videt stirpem, imprimens corpus, venam quandam in crure vulnerat, atque ita profluvio sanguinis morbidum aliàs corpus exonerat, & plagam limo rursùs obducit.* On voit la figure de l'Hippopotame sur différentes Médailles , pour ré-présenter le Nil , ou l'Egypte ; on a pour cela qu'à consulter le Livre de M. Pa-tin , intitulé *Numismata Romanorum Imperatorum.* Il y en a une de Claude. On en voit un autre au revers d'une Médaille du jeune Philippe , &c.

XII.

Une Tête du Rosmarus.

Voicy la tête d'un autre animal aussi amphibie, qui est bien plus gros & bien plus puissant que l'Hippopotame. Les Danois & les naturels de l'Is-lande , où il se trouve , le nomment *Rosmarus* ; les Anglois l'appellent *Walrus* ; quelques-uns luy donnent le nom d'Elephant de mer , mais avec cette différence que l'Elephant de terre pousse en haut ses yvoires , & celui-cy les jette en bas. Il est si gros & si pesant , qu'il ne peut presque marcher sur la terre , & qu'il ne fait que se traîner. On voit la figure entiére de l'animal chez Vormius , qui dit que les Anciens n'ont eu aucune connoissance du Rosmarus ; il en fait ensuite la description , & il nous apprend que quand cet animal a pris sa croissance , il est plus gros que nos bœufs , que la peau , pour être hérissée , est semblable à celle d'un chien de mer ; il a la bouche d'une vache ; d'où vient que quelques peuples luy donnent le nom de vache de mer. En effet , je voy par la tête de cet animal que nous avons , qu'il y a beaucoup de rapport , à l'exception toutefois des yvoi-res qui courbent en dedans. Ces yvoires ont plus d'un pied & demy de longueur ; on ne les estime pas moins pour faire des ouvrages , que les plus beaux yvoires des Elephans. Le Rosmarus est robuste & farouche ; pour l'ordinaire il n'a qu'un petit d'une ventrée ; il faloit assûrément que le nôtre fût puissant , puisque sa tête entiérement décharnée ne laisse pas de peser vingt-sept livres du poids de Paris. J'ay remarqué qu'il n'y avoit à la machoire inférieure que quatre dents d'un côté , & trois de l'autre , qui sont hautes & larges de huit lignes ; à la machoire supérieu-re il y en a quatre de chaque côté qui sont concaves & plus larges que celles d'en-bas , parce que ces dernires y entrent. Les narines sont fort larges , & tres-cour-tes. Si on veut en sçavoir davantage de la figure , des proprietez , & de la nature du Rosmarus , il faut consulter la page 290. du Cabinet de Vormius.

XIII.

Un petit Crocodile.

Le Crocodile est présentement si connu en France , par la quantité qu'on en a apporté de l'Egypte & d'autres endroits , que ce seroit perdre le tems de s'arrêter à décrire sa figure , & à dire qu'il est le seul de tous les animaux , qui remüe , & qui mange avec la machoire d'en haut , que sa tête est extrémement plate , en sorte qu'il semble qu'il n'ait point de cervelle. Je passeray donc à dire , aprés avoir fait remarquer qu'il vient du Nil , quoy qu'il s'en rencontre aussi ailleurs , que cet animal est mis au nombre des animaux amphibies ; qu'il fait des œufs qui ne sont pas moins gros que ceux des Oyes ; qu'il y a de certains peuples dans l'Amérique qui en mangent ; on dit pourtant qu'ils ne sont pas agréables au goût. Je n'ajoûte point foy à ceux qui veulent que le Crocodile contrefait la voix d'un petit enfant. On en a vû un à Versailles les derniéres années, qui y a vécu six mois, sans qu'on ait fait cette observation. Il s'est trouvé de si prodigieux Crocodiles pour la longueur, qu'il s'en est vû de trente pieds de long. C'est un animal si paresseux de sa nature, qu'il demeure quatre mois de l'hyver sans manger, plûtôt que de sortir de quelque caverne où il se retire ; d'ailleurs il est méchant ; il tüe avec ses ongles, & il broye avec ses dents tout ce qu'il peut attraper. Un Médecin veut que la chair cuite du Crocodile soit bonne contre les morsures & les picqures des guespes & des araignées. Les Egyptiens prétendent faire passer le frisson aux malades, en les frottant de la graisse de cet animal. On dit aussi que cette graisse est souveraine pour guérir les ulcéres, & les morsures du même Crocodile. Les cendres de son cuir brûlé, mêlées avec de la lie d'huile d'olive, engourdissent tellement les chairs, en les frottant de cet espéce d'onguent, lors qu'on en veut couper, qu'on ne sent presque point l'opération. Je finiray cet article & cette planche, en disant que le Crocodile a été autrefois en grande vénération en Egypte. Juvenal le marque, Satyre 15.

Quis nescit, Volusi Bithynice, qualia demens
Ægyptus portenta colat ? Crocodilon adorat
Pars hæc.

Les Romains s'en sont servis pour désigner cette grande Province, & ce beau fleuve du Nil qui l'arrose. C'est pour cette raison qu'on en voit si souvent sur leurs anciennes Médailles ; il y en a une d'Auguste, qui est tres-commune, où se lit autour, COL. NEM. *Colonia Nemausus*, pour donner à connoître que cet Empereur avoit subjugué l'Egypte, &c. J'ay en nôtre Cabinet deux petits Crocodiles entiers, qui n'ont chacun que quatre pieds de long, & la tête d'un autre qui, à proportion, en devoit bien avoir vingt ; elle est plus grosse & plus longue que celle d'un cheval.

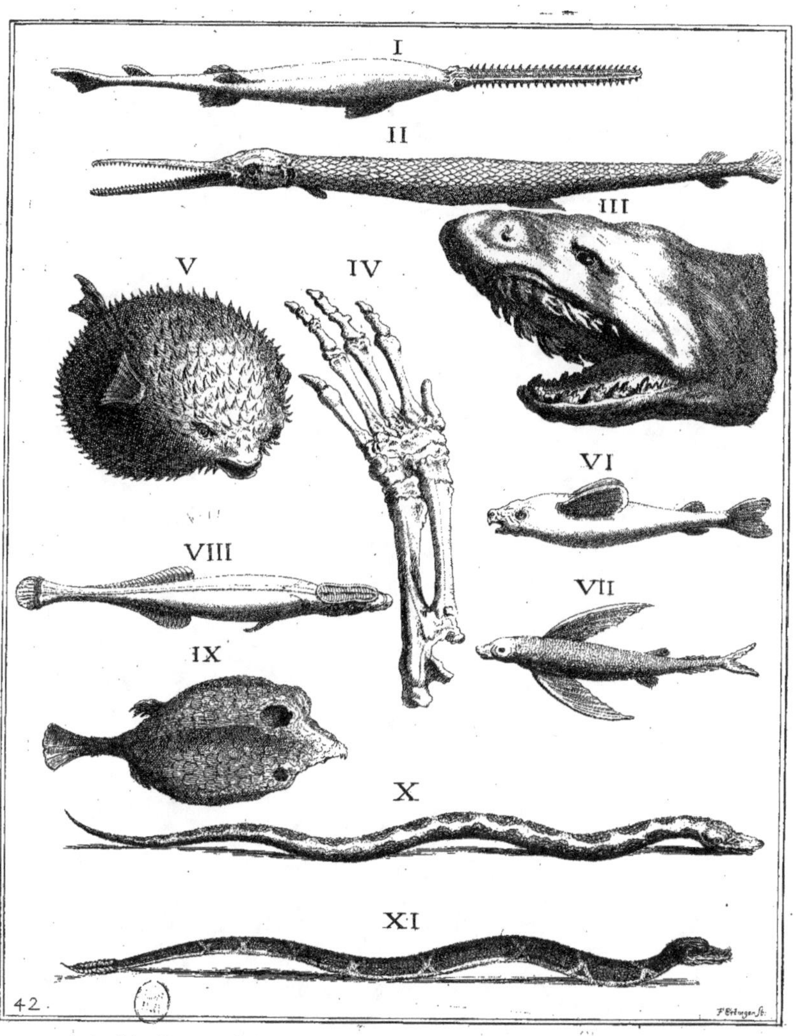

I
II
III
V
IV
VI
VIII
VII
IX
X
XI
42
F. Erlinger St.

LES POISSONS
ET
LES SERPENS

LES PLUS CURIEUX.

I.

Un Priſtis ou Serra.

JE ne trouve point d'Auteurs qui ayent décrit plus exactement le Poiſſon nommé *Priſtis*, ou *Serra*, que Cluſius, Rondelet, & Marcgravius. Je tenois en main, en liſant ces Auteurs, un petit de ces Poiſſons, que nous avons dans nôtre Cabinet ; & j'ay remarqué qu'à la réſerve de quelque petite choſe, ce qu'ils en ont dit, eſt tres-juſte, & je ne le répéterois pas icy, ſi je n'étois perſuadé, que tous les particuliers ne peuvent pas avoir leurs ouvrages. Je diray donc avec eux, que le *Priſtis* ou *Serra* eſt beaucoup plus épais à l'endroit des prémiéres nageoires qui ſont les plus proches de la tête, qu'en aucun autre endroit de ſon corps ; que cette même tête eſt en forme de cœur ; elle eſt plate par deſſus, & porte environ deux bons pouces de long, au moins celle du Poiſſon entier que nous avons, qui a quelques pouces de plus en longueur, que celuy du Cabinet de Marcgravius. Les deux yeux ſont quaſi au milieu de cette tête, toutefois un peu plus proche le bout où eſt attachée une ſcie ; demy pouce au deſſus de ces yeux, en tirant vers le corps, ſont deux ouvertures, une de chaque côté, par leſquelles ce Poiſſon jette de l'eau ; elles répondent dans la gueule qui eſt par deſſous. Elle eſt aſſez grande ; on n'y voit point de dents, mais à la place, & pour ainſi parler, ſur les lévres il y a une certaine peau qui n'eſt pas moins rude que nos limes, & qui leur reſſemble parfaitement bien ; on voit encore par deſſous, & à l'extrémité de la tête, proche cette épée ou ſcie qu'il porte au bout, deux trous qui ſont, à ce qu'on prétend, ſes narines. Cette ſcie a neuf pouces de longueur, & un de large, il y a des dents des deux côtez ; elle va inſenſiblement en diminuant juſqu'au bout, où elle ne laiſſe pas d'avoir au moins ſept lignes. Je ne trouve que vingt-quatre dents d'un côté, & vingt-trois de l'autre, dont les plus longues ne portent pas plus de trois lignes en longueur ; elles ſont fort pointuës ; il eſt vray qu'il y a ſept nageoires, y compris la queuë, ſçavoir deux à cette partie du corps la plus large, dont j'ay parlé ; deux autres, quatre pouces plus bas, & une au milieu ſur le dos ; la ſixiéme eſt auſſi ſur le dos proche la queuë, laquelle a trois pouces de long, & qui n'eſt point fourchuë, à la maniére des queües des autres Poiſſons. Ce *Priſtis* n'a pas un pouce de circonférence proche la queüe, bien qu'il ait un pied de tour à l'endroit le plus large de ſon corps. Sa peau qui eſt un peu blanche ſous le ventre, paroît rougeâtre ſur le dos ; elle n'eſt pas moins

Eee

rude que la peau de chagrin. J'aurois crû qu'on auroit fait à plaiſir dix petites
ouvertures qui ſont ſous ſon ventre, cinq de chaque côté, ſi Willughbeius, aprés
Rondelet, ne les avoit remarquées. Elles prennent au commencement des prémiéres nageoires, & reviennent vers le milieu du ventre ; leur figure eſt longue
de trois lignes, il y a entr'elles autant d'eſpace.

Il eſt tres-facile de conjecturer qu'il y a de ces Poiſſons qui ſont d'une prodi-
gieuſe groſſeur, & longs à proportion ; car outre que j'ay une de leur ſcie qui
a plus de trois pieds & demy de longueur, & prés d'un demy pied de large
proche la tête ; j'en ay encore vû qui avoient cinq pieds de long, & larges
à proportion. Les dents de la nôtre ont en long plus d'un pouce & demy ſur
quatre lignes de large proche leur racine. J'en compte, ainſi qu'à nôtre petite,
vingt-quatre d'un côté, & vingt-trois de l'autre ; Wormius en compte autant ſur
celle qu'il a dans ſon Cabinet. Ce Poiſſon n'eſt pas mauvais à manger, quand il
eſt jeune, il eſt même de meilleur goût que la Raye. Un Auteur remarque, qu'il
ſe peſche dans la mer du Couchant.

II.

Une Aiguille à écailles.

CE Poiſſon eſt décrit à la page 22. de l'*Appendix* à l'Hiſtoire naturelle des
Poiſſons de Willughbeius, il le nomme *Acus Squamoſa*, & il dit que cette
Aiguille à écailles, dont il va parler, eſt de la moyenne grandeur, parce qu'il en
a vû une plus grande, & une autre auſſi plus petite ; elle ne laiſſe pas d'avoir,
ainſi que la nôtre, deux pieds & demy de longueur depuis la queüe juſques au
commencement de la tête ; la largeur de ſon dos proche ſa tête eſt de trois
pouces, & la circonférence de ſon corps au plus gros, porte preſque un pied de
circuit. Je ne ſçay à quoy attribuer, que Willughbeius ne donne que ſix doigts
de longueur au long bec ou machoires de ce Poiſſon, & qu'il diſe que la machoire d'en-haut ſoit plus courte que celle d'en bas ; puis qu'il eſt certain que ſi
l'inférieure a bien ſept pouces & demy, la ſupérieure, au bout & par deſſus laquelle ſont deux petits trous, qui ſont ſes narines, en a prés de huit ; & tout cela
ſans y comprendre la tête qui a cinq pouces de longueur.

On ne voit point d'écailles ſur cette tête ; elle eſt d'une matiére d'os, de couleur
cendrée, & le deſſus n'eſt pas moins rude que les nageoires du Poiſſon, dont
ſe ſervent les Ebéniſtes pour polir leur bois. Ce long muſeau eſt auſſi de la même matiére ; aux bords & tout autour des deux machoires par dedans, ſont des
dents tres-aiguës & inégales en longueur ; elles ſont fort petites en approchant
de la tête du Poiſſon ; au reſte, tout le dedans du muſeau eſt auſſi rude, que le
ſeroient de groſſes limes à limer du fer. Il y a ſix nageoires, dont cinq ſont ſous
le ventre, ſçavoir deux proche la tête, deux au milieu du corps, & une qui eſt
au milieu à quatre pouces prés de la queüe ; la ſixiéme eſt ſur le dos, répondant
preſque à cette derniére du deſſous ; la nageoire de la queüe eſt carrée, & de
couleur jaunâtre, auſſi-bien que les écailles qui ſont ſous le ventre ; car pour les
écailles qui ſont ſur le dos, leur blancheur & leur dureté approche aſſez de l'y-
voire ; elles ſont ſi bien arrangées, ſans anticiper les unes ſur les autres, qu'on
ne peut rien voir de plus propre ; on diroit même voir autant de vis, qu'il y a

de rangs d'écailles à ce Poiſſon , qui prendroient leur naiſſance au milieu de ſon dos, pour finir ſous le ventre.

I I I.

Une Tête de Lamie.

NOus avons la tête d'un jeune Poiſſon nommé *Canis Carcharias* , à cauſe que ſes dents ſont ſemblables à des ſcies ; car ſi nous en croyons Rondelet, il s'en trouve de ſi prodigieux dans l'Océan, & encore une bien plus grande quantité dans la Mer Méditerranée, qu'il dit en avoir vû un qui peſoit un millier ; & un autre Auteur rapporte que ceux de Nice l'ont aſſûré en avoir pris un qui peſoit prés de quatre mille ; de ces côtez-là on l'appelle *Lamie*, & ſur l'Océan un *Requien*. Ce Poiſſon qui a une grande gueule , a quatre rangs de dents à chaque machoire, & on en compte juſques à ſoixante-douze à chacune de ces machoires. Je n'en ay pas remarqué un ſi grand nombre à cette petite tête qui eſt dans nôtre Cabinet ; mais il n'y a pas lieu de s'en étonner, s'il eſt vray qu'il leur en pouſſe à meſure que ces Poiſſons vieilliſſent ; cela rend les *Lamies* ſi dangereuſes, que ſi elles attrappent le pied d'un homme, ſoit qu'il tombe par hazard dans la mer, ſoit qu'il ſe baigne, il eſt perdu, ce monſtre l'engloutit auſſi-tôt, il eſt friand de chair humaine ; c'eſt pour cette raiſon que quelques-uns l'ont appellé Antropophage. Quoique ce ne ſoit pas icy le lieu d'examiner ſi ce fut dans le ventre d'une Lamie que demeura le Prophéte Jonas, ainſi que des Auteurs l'aſſûrent, je ne laiſſeray pas de dire qu'en regardant les choſes naturellement, il y a bien plus d'apparence que ce ſoit dans le ventre de ce Poiſſon , que dans celuy d'une baleine. Scaliger & Bochard en rapportent des raiſons qui ne paroiſſent pas mauvaiſes, on les peut conſulter. La machoire d'en bas eſt plus longue d'un pouce, que celle d'en-haut ; les dents en ſont tres-pointuës, & larges par la racine. On croit même, que ces pierres que le vulgaire nomme Langues de Serpent, & les Curieux Gloſſopetres, viennent des dents de ces Poiſſons. Il s'en trouve beaucoup en l'iſle de Malthe, en foüillant la terre, & preſque toutes celles que nous avons en France en ont été tirées.

I V.

Une Main de Sirenne.

C'Eſt le ſquelet d'une main de Sirenne , qui a beaucoup de reſſemblance à celle de l'homme. On rapporte pluſieurs choſes de ce Poiſſon , que j'eſtime fabuleuſes, comme de dire qu'il eſt ſemblable à l'homme juſques à la moitié du corps ; qu'il y a différence de ſexes ; que les fémelles ont les cheveux fort longs, des mamelles & du lait, & qu'elles chantent fort agréablement ; ce que j'en eſtime plus véritable, aprés la plus curieuſe recherche que j'en ay pû faire dans les Livres, c'eſt qu'il y a des Poiſſons en la mer avec des nageoires, qui ont quelque reſſemblance à la main d'un homme, avec leſquelles ils peuvent prendre ce qui ſe rencontre, mais les trois doigts du milieu ſont joints enſemble, afin de pouvoir nager plus facilement, ainſi que je l'ay vû en celle-cy.

Je croy toutefois que la tête n'eſt pas autrement que c'elle d'un gros Poiſſon, comme ſeroit l'Ange de mer ; ce qui me confirme dans cette penſée, c'eſt que ſi la tête de cette prétenduë Sirenne avoit autant de rapport à celle d'un homme, que la main, ſans doute on auroit été curieux d'en garder, & d'en montrer quelqu'une, comme on a fait des mains ; or on ne voit point dans les Cabinets des Curieux de ſquelets de la tête de ce Poiſſon, mais ſeulement de la main, ce qui marque qu'il n'y a rien d'extraordinaire en tout le reſte du corps, & qu'en ſeconde conséquence, tout ce qu'on dit des Sirennes, eſt fabuleux.

V.

Un Heriſſon de mer, ou un Porc-Eſpic.

IL y a pluſieurs eſpéces de ce Poiſſon de mer nommé *Hiſtrix piſcis*, ou *Orbis Muricatus*. J'ay lû la deſcription que les Auteurs Naturaliſtes en ont faite, quelques-uns dans leurs propres Ouvrages, & les autres aux pages 143. & aux ſuivantes du quatriéme Livre de l'Hiſtoire des Poiſſons de Willughbeius. Je m'arrête pour expliquer la figure de l'Hériſſon de mer que nous avons dans nôtre Cabinet, à celuy que décrit Cluſius, *Exot. lib. 6. cap. 23.* & je dis avec luy que la peau en eſt dure, & tellement couverte de pointes ou d'épines, qu'on ne peut le prendre ſans ſe mettre en danger d'en être bleſſé ; celles qui ſont ſur le dos & aux côtez ſont plus longues ; & même je puis ajoûter plus clair ſemées que celles qui ſont ſous le ventre. La tête de ce Poiſſon eſt large & courte ; le dos eſt auſſi fort large, les yeux gros, & des ſourcils élevez qui ſont auſſi munis de ces pointes ; l'ouverture de la gueule en eſt petite ; on y voit à la place des dents deux os blancs, épais & durs, qui leur ſervent de lévres, & deux autres en dedans, l'un en haut, & le ſecond en la machoire inférieure, qui ſont plats, & qui approchent pour la forme, des dents molaires de l'homme. Cet *Orbis Muricatus* différe de celuy dont parle Rondelet, en ce que celui-cy a quatre nageoires, & l'autre n'en a qu'une qui eſt ſa queuë ; ſçavoir une de chaque côté à un bon pouce de diſtance de ſes yeux ; une au bout du dos un peu au deſſus de la queuë ; & la quatriéme ſous le ventre immédiatement oppoſée à celle-cy ; la queuë en fait une cinquiéme, elle n'eſt point garnie de ces épines, & c'eſt le ſeul endroit par où l'on peut, ſans crainte, prendre ce Poiſſon. Je ne ſçay ſi de cette eſpéce il s'en trouve de plus gros que le nôtre ; il a neuf pouces de long depuis le bout de la bouche juſques à la nageoire de la queuë, & un pied & demy de circuit au plus gros de ſon corps. Cluſius dit qu'on ne ſçait pas au vray en quelle mer on le peſche.

VI.

Un Chien Marin.

QUoique ce Chien marin ſoit aſſez petit, il ne laiſſe pas d'être de l'eſpéce de ceux dont la peau eſt ſi rude, qu'elle ſert aux Menuiſiers, aux Tourneurs & aux Ebéniſtes, pour polir leurs ouvrages ; il a la gueule petite, & au dedans quatre dents plates ; deux en haut & deux en bas, comme celles d'un Lapin, & deux doigts proche de la queuë, la peau eſt douce, auſſi-bien que ſur la tête & autour des nageoires.   VII.

VII.

Un Poisson volant.

CE Poisson qui a des aîles, est le Poisson volant, ou l'Hirondelle de mer, à qui la nature a donné ce secours pour se garentir de l'insulte des autres Poissons; il n'est pas plus grand qu'un Harang, & je crois qu'il y en a de deux especes; car j'en ay un second qui est plus petit, mais qui a les aîles plus longues que le corps, & qui sont plus fortes & plus rudes que celles qui sont à ce premier que l'on voit icy dessiné: on dit que le Poisson volant ne vole pas plus loin, qu'un jet de pierre, & qu'il est le plus malheureux de tous les Poissons; car quand il sort de la Mer pour s'envoler, & pour éviter d'être mangé par quelque Poisson qui le poursuit, il est assez souvent surpris en l'air par des Oyseaux qui en font leur proye.

VIII.

Un Remora.

ON n'a pas de peine à dire qu'il y ait un Poisson du nom de *Remora*, aprés qu'Imperatus & Aldrovandus l'ont donné dans leurs Ouvrages, à un qui ne differe en rien pour la figure, de celuy que j'ay fait icy dessiner; mais il n'en va pas de même de la vertu qu'on luy attribuë; car quelle apparence qu'un petit Poisson qui n'a pas plus d'un pied & demy de longueur, ait arrêté un Vaisseau, & qu'il ait encore tous les jours la force & la vertu de le faire; c'est ce que j'estime une fable; je ne crois pas non plus qu'il ait fait un pacte avec la Baleine, de l'avertir lors qu'elle sera proche quelque banc de sable où elle pouroit échoüer; à condition qu'elle luy permettra de dormir dans sa gueule, d'aller se promener dans son estomac, & d'y manger à loisir, sans qu'elle lui fasse aucun mal; sans m'arrêter à tous ces contes, je diray que ceux du Bresil appellent en leur langue ce petit Poisson *Iperuquiba*; il a sur la tête une peau faite comme une semelle de soulier, & pas moins rude qu'une râpe, avec laquelle on dit qu'il s'attache si fortement aux vaisseaux, qu'il n'est pas possible de l'en retirer; aussi a-t'il sous cette peau de petits ressors que la nature luy a donnez par le moyen desquels il fait lever de certaines rides qui sont par le dessus. Margravius parlant de ce Poisson ne dit pas qu'il s'attache aux Vaisseaux, mais à un autre Poisson qu'il croit la Lamie. Voicy la description qu'il en fait à la page 180. du quatriéme Livre de son Histoire naturelle du Bresil. *Octodecim digitos longus, ferè teres, quatuor digitos crassus, ubi crassissimus, in postica parte attenuatur, os habet triangulare, cujus pars superior brevior inferiori: etiam linguam. Caput superius ad dorsum usque duos digitos longum, circiter planum & figuratum ut palatum alicujus piscis striis transversis; hac parte Tiburoni firmiter adhæret in ventre, & capto illo simul capitur. Oculi parvi, flavi, pupilla nigra, semicirculo flavo. Dentes nulli, sed eorum loco minutissimæ prominentiæ. Post branchias utrobique pinnam obtinet triangulatam, duos & semis digitos longam; subter in ventre duas junctas; à medietate corporis tam superius quam inferius, etiam pinna extenditur angusta usque ad caudam, quæ pinna constat sesqui digitum longa. Cute tegitur per totum corpus cinerei coloris.*

IX.

Un Poisson triangulaire:

LEs Naturalistes ne donnent point d'autre nom à ce Poisson que celui de sa figure, c'est à dire qu'ils l'appellent le Poisson triangulaire & sans corne ; nous n'en avons qu'un fort petit, puisqu'il n'a pas trois pouces de long depuis le bout de la tête jusques au commencement de la queuë, il est toutefois de la même espéce, que celle que Willughbeius a fait dessiner dans son Livre des Poissons. On voit à ses machoires de petites dents longues & pointuës ; sa queuë n'est point revêtuë de ces maniéres d'écailles de figure exagone qui sont semées sur les trois angles de son corps. On croit voir en chacune autant de petits soleils qui jettent leurs rayons de tous côtez. Les yeux de ce poisson qui sont extraordinaires pour la grosseur sont proche son dos, au plus haut de sa tête.

X.

Un tres-grand Serpent.

POur une peau de Serpent on n'en peut guere voir de plus grande que celle qui est suspenduë à la voute de nôtre Cabinet ; puis qu'elle a au moins douze pieds de longueur ; ce serpent est admirable pour sa beauté, & surtout quand il est jeune, car les écailles qui couvrent sa peau sont si luisantes, & la varieté des couleurs est si agréable, qu'il semble que ce soit un satin de la Chine ; je croy que c'est un semblable Serpent que Jacques de Vitry appelle *Scytalis* à la page 188. de son Livre intitulé, *Historia Orientalis, sive Hierosolymitana*, il est imprimé à Doüay *in 8.* en 1597. *Scytalis*, dit-il, *tanta præfulget tergi varietate, ut notarum genera videntes retardet.* Il est en effet jusques au bout de la queuë tout couvert de miroirs, qui ont à l'entour des couleurs si différentes & si réguliéres, qu'on les prendroit pour de tres-riches bordures. Il y en a une quantité dans l'isle de la Cayenne, où les habitans les mangent, aprés en avoir coupé la tête.

XI.

Un Serpent à sonnettes.

C'Est une autre espéce de Serpent des Indes qu'on appelle communément le Serpent à sonnettes, à cause qu'étant tres-dangereux, & du nombre de ces Serpens maudits qui sont ennemis de l'homme. La nature a mis au bout de sa queuë cinq ou six petites vessies enclavées les unes dans les autres de telle maniére, que ces Serpens, d'ailleurs tres-veneneux & tres-méchans, ne sçauroient se traîner sur l'herbe ni autre part, sans faire le même bruit que feroient des pois dans une vessie, & ainsi donner lieu aux passans de s'en donner de garde. Marcgravius parlant de ce Serpent, dit qu'il vient du Bresil ; qu'il a quatre pieds de long ; qu'on connoît ses années par le nombre de ces vessies qui composent ces sonnettes ; que quand il a dix ans, toutes ces sonnettes ensemble font un peu plus de deux

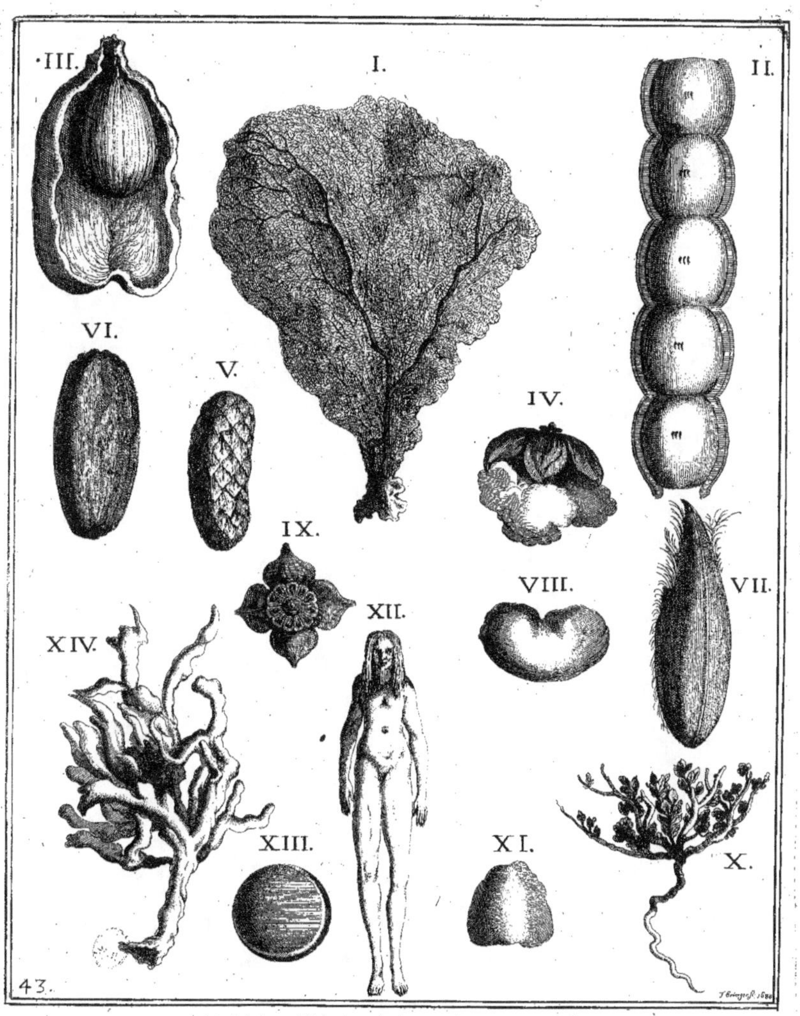

III.
I.
II.
VI.
V.
IV.
IX.
VIII.
VII.
XIV.
XII.
XIII.
XI.
X.
43.

doigts de longueur, sur plus d'un demy doigt de large. Voicy ses termes : *Caudæ autem in extremitate adnatum est corpus parallelogrammum, paululum compressum, constans quasi hamulis catenariis singulari modo invicem aptatis, ut cymbali modo Serpens sonum eo edat, & è longinquo audiri possit. Quot annorum Serpens, tot partes habet crepitaculum hoc. Serpens decem annorum habet crepitaculum longum duos digitos aut paulò plus, latum quoque plusquam semidigitum. Substantia constat lævi, glabra, pellucida, sicca, coloris ex albo & cinereo subfuscescentis. Serpens est apprimè venenatus, nec antidotum cognitum contra illud virus.* Nous n'avons de ce Serpent que les sonnettes, il y en a six.

LES PLANTES

ET

LES FRUITS

ETRANGERS

I.

La Plante Arbor Coralloïdes.

JE ne parleray point icy du Corail, parce que c'est une chose trop connuë & trop commune en France. Nous en avons pourtant d'assez beaux morceaux, du rouge, du noir, & du blanc, mais je les laisse pour passer à une Plante singuliére qui tient beaucoup de la nature du Corail, & qui s'appelle pour cela *Arbor Coralloïdes*; elle est gravée à la page 16. du *Musæum Franc. Calceolarii*, & André Chioccus à qui nous avons l'obligation de la description de ce curieux Cabinet, dit que cette feüille vient de l'Océan aux costes de l'Amérique. Celle que nous avons a deux pieds de long, & un pied & demy de large en sa plus grande largeur; elle est toute percée, comme le seroit un filet à prendre des oyseaux, ou à pescher du poisson; c'est ce qui luy a fait donner le nom de *Planta Retiformis*, par Clusius, *Exotic. lib. 6. cap. 3.* On dit que les Dames de l'Amérique s'en servent pour Eventails, je ne sçay si cela est vray, mais il est toûjours constant, qu'elles s'en pouroient servir à cet usage. Cette Plante qui est plate par dessus, croist sur des espéces de rochers. Le bas du tronc & la racine tirent sur le rouge; le dessus ou la peau qui est plus rouge que le dedans, se peut enlever; il sort de ce pied plusieurs rameaux, dont quelques-uns se vont aussi-tôt réünir au principal, & les autres qui s'en étoient séparez dés la racine, ne laissent pas de tenir à cette maîtresse branche par une infinité d'autres petits rameaux, &

pour le mieux faire concevoir ; par une infinité de filamens qui approcheroient assez des mailles des filets, si les trous n'en étoient pas si inégaux & si petits. Cette grande feüille est fort agréable à la vûë.

I I.

Une Gousse de Chataignes.

ON nomme mal à propos Chataignes de mer, les fruits qui viennent dans ces Gousses, parce qu'il est certain que c'est une espéce de pois qui croist sur la terre, & qui a assez de rapport à nos Chataignes de France, sinon qu'ils sont plus plats. La Gousse qui renferme sept ou huit de ces pois, est aussi longue que le bras, elle est bordée des deux côtez d'un morceau de bois qui a la forme d'un nerf, lequel empêche ces gousses de s'ouvrir. Le fruit est d'une couleur rougeâtre qui tire sur le noir ; la figure en est ronde ; il a environ deux pouces de diamétre sur un demy pouce d'épaisseur dans le milieu, où il est plus épais que par les bords. On creuse ces Chataignes, & aprés en avoir ôté ce qui est dedans, elles servent à faire des Tabatieres que l'on garnit d'argent.

III.

Un Coco.

LE Coco est le fruit le plus utile qui soit dans les Indes ; il y croist d'une figure un peu longue, & qui est plus grosse que la tête ; en dedans il y vient une écorse filasseuse, dont le plus délié sert à faire des habits, & le plus gros est bon pour faire des cordages ; au milieu de cette écorce on y voit une noix qui n'est pas moins grosse que le poing ; elle est dure à casser ; il s'y trouve dedans à boire & à manger, car il y a au moins un verre d'une eau douce, rafraichissante, laquelle fortifie l'estomac ; & une noix fort bonne à manger, de laquelle on fait aussi de l'huile quand elle est vieille ; c'est pourquoy ce fruit seul du Coco peut servir à toutes les nécessitez & commoditez de la vie de l'homme.

I V.

Une Pomme de Coton.

LE Coton vient d'Egypte, de Chypre, de Candie, de Sicile, de la Poüille, & sur tout des Indes où l'on en fait un grand trafic ; on appelle en latin la plante qui le porte, *Xylon*, ou *Gossipium*, d'où vient que Pline nomme le fil de coton *Xylinum* ; cette plante provient d'une graine noire en dehors, & blanche en dedans, qui est en forme de poire, & qui n'est pas plus grosse qu'un pois ; on la séme au mois de Juin, & on la cueille en Septembre ; elle vient par buissons, ainsi que nos rosiers de France ; ses feüilles approchent de celles des Sicomores ; les fleurs sont d'un jaune doré, assez grandes, avec un fond de pourpre, au milieu duquel il y a un bouton, qui croissant petit à petit devient enfin aussi gros qu'un œuf, puis se séchant s'ouvre en trois, & fait paroître le

Coton

Coton blanc comme la neige, dont il étoit gonflé. C'eft parmy ce Coton qu'on trouve fept grains de cette graine, dont je viens de parler. On dit que les Perroquets font friands de cette graine, & qu'ils s'enyvrent, quand ils en mangent.

V.

Un Fruit du Palma montenfis.

C'Eſt un petit fruit qui vient des Indes, lequel n'eft pas plus gros que le pouce ; fa figure reſſemble à une pomme de Pin ; elle eft couverte d'une efpéce d'écailles qui font plus petites & extrémement preſſées par le deſſous. La couleur tire un peu fur le noir ; ce fruit eft leger, & il n'a point en dedans de noix, ainfi qu'on l'a remarqué en tous ceux qui font venus de la nouvelle Efpagne, où croît l'arbre qui le porte. Les Efpagnols nomment en latin cet arbre *Palma montenfis* ; les Indiens luy donnent un autre nom ; un feul pied jette deux ou trois troncs qui donnent des fleurs blanches qui ont de l'odeur ; elles pendent en grappes, & elles ont fix feüilles defquelles naiſſent ces fruits, que Wormius, pag. 204. appelle Yecotl, c'eft peut-être le nom vulgaire que luy donnent les habitans de la nouvelle Efpagne.

VI.

Un Noyau de Datte.

L Es Palmiers ne font pas bien communs en France ; car excepté quelques-uns qui font en Provence & en Languedoc, il eft tres-rare d'y en voir. Les Droguiftes vendent les fruits de ces arbres qu'on appelle Dattes ; mais je ne croy pas qu'ils en ayent de fi groſſes que celle dont on voit icy le noyau, il faloit aſſûrément qu'elle fût plus groſſe que le poing. On fe fert quelquefois de ces noyaux de Dattes, pour faire au tour, de petits ouvrages qui font garnis d'yvoire.

VII.

Une Gouſſe d'Hoüatte.

L 'Ufage de l'Hoüatte eft une chofe auſſi commode qu'elle eft nouvelle ; elle a été apportée des Indes pour doubler des habits & des couvertures, afin de fe prémunir contre le froid. On a crû aſſez long-temps, que c'étoit de la bourre de foye, tant elle y a de reſſemblance, mais elle vient dans une gouſſe jaunâtre qui a bien quatre pouces de longueur, & un bon pouce de diamétre, dans fon milieu, & au plus large ; elle eft quafi ronde, allant toûjours en diminuant jufques dans les deux extrémitez. Cette gouſſe qui eft fort mince, & remplie en dedans d'une certaine mouſſe, ou pour mieux le concevoir, d'une certaine moüelle qui tient de la couleur de tartre de vin blanc ; elle a une ligne d'épaiſſeur ; par deſſus cette moüelle eft une petite peau délicate d'un tres-beau jaune, qui renferme cette Hoüatte qui eft blanche. Je croy qu'on la féme ; car j'y trouve au milieu de certaines graines de couleur noirâtre, qui font tres-plates,

Ggg

& de figure d'une petite feüille de buys. Pour la Hoüatte on ne peut mieux la répréfenter, à mon avis, que par cette éfpéce de coton qui vient dans les pommes de chardons, lors qu'elles font mûres, finon que ce dernier coton n'eft pas mi fi long, ni fi fin que celuy de la Hoüatte.

VIII.

Une Noix d'Acajou.

IL n'y a rien de plus connu dans le Brefil que la Noix d'Acajou ; elle eft d'un gris cendré ; fa figure reffemble à un roignon de mouton ; elle n'eft pas plus groffe qu'une de nos groffes féves. Marcgravius pretend qu'elle fuccéde à la fleur, & que la pomme qui eft entr'elle & la queüe, & qui la tient attachée à la branche, ne vient que dans la fuite : *Poft florem primò prodit caftanea renis figura, quâ incrementum capiente inter illam & pediculum paulatim excrefcit pomum oblongum ovale, aut etiam rotundum, quod maturum conftat carne fpongiufa, fibrofa ac lenta, & abundat fucco dulci acido & adftringente* ; l'écorce de la Noix d'Acajou eft épaiffe, fpongieufe en dedans, & remplie d'une huile fi acre, & fi mordante, que fi quelqu'un par mégarde avoit mordu dans cette Noix, les lévres & la langue ne luy cuiroient pas moins, que s'il s'étoit brûlé. L'amande qui eft dedans, a la même figure que la Noix ; elle eft blanche & revêtuë d'une petite peau qui tire fur le jaune, & qu'il faut ôter à caufe de fon amertume, avant que de manger cette amande qui a un fort bon goût ; on met ces Noix dans le feu pour ôter cette huile qui eft dans l'écorce ; on les caffe enfuite avec un marteau pour en tirer l'amande. Ceux du Brefil font bien plus de cas de cette amande pour manger, que de la pomme, laquelle ils pilent dans un mortier de bois, & en retirent une liqueur qui leur fert de vin ; cette liqueur eft blanche comme du lait, quand elle eft nouvelle, quelques jours aprés elle jaunit ; on s'en enyvre auffi-bien que de vin, au bout de fix mois elle s'aigrit, & on s'en fert au lieu de vinaigre. L'arbre qui porte ce fruit eft femblable au Platane, il commence à jetter fa fleur au commencement du mois d'Aouft, & elle dure tout le mois de Septembre, en parfumant d'une tres-bonne odeur les forêts & les champs, où font plantez les arbres qui les portent. Le jus de ces pommes d'Acajou, quand elles ne font pas mûres, ne tache pas moins le linge que la roüille de fer, mais avec cette différence, que ces taches s'en vont d'elles-mêmes, lorfque ces arbres viennent de nouveau en fleur.

IX.

SI je ne donne point de nom à ce fruit, c'eft que je ne le fçay pas ; il croît en France dans les marais & dans les bois ; fa figure en eft réguliére, & elle paroît extraordinaire ; il renferme une certaine moüelle au dedans qui eft bonne à manger, & a le goût de noifette.

X.

Une Rose de Jerico.

BEllonius parlant de la Rose de Jerico , dit qu'elle est mal nommée , & que c'est un Moine ignorant qui luy a donné ce nom ; puis qu'il est certain qu'il n'en croist point aux environs de Jerico , ni dans la Judée , mais bien dans l'Arabie & sur les rivages de la mer ; toutefois ce nom luy est demeuré en Italie & en France , où plusieurs l'appellent aussi la Rose de la Vierge Marie ; il y en a même quelques-uns qui se sont imaginez , qu'il étoit fait mention de cette Rose par ce passage de l'Ecriture sainte mal entendu , *quasi plantatio Rosæ in Jerico* , en disant que c'est à ces Roses que la Sainte Vierge est comparée , & que de là leur est venu ce nom de Roses de la Vierge Marie ; d'autres vont bien plus avant lors qu'ils ajoûtent que la Rose de Jerico s'ouvre de soy-même la nuit de Noël , & en tout autre temps quand une femme qui en porte une , est en travail d'enfant , qu'elle la soulage en cet état , & qu'elle ne se referme point qu'elle n'ait donné son fruit , mais je croy tout cela fabuleux ; & ce qui est vray , c'est que pour faire ouvrir cette Rose qui seroit aussi séche que le bois , il en faut mettre la queuë dans de l'eau tiéde , & alors elle s'ouvrira , & on aura le plaisir de la voir refermer aussi-tôt qu'on l'aura retirée de l'eau.

X I.

Du Fruit Araca.

GUillaume Pison parle de ce fruit à la page 74. de son quatriéme Livre *De Facultatibus simplicium* , il dit que ceux du Bresil , d'où il vient , l'appellent *Araca Miri* , qu'ils en mangent souvent , & qu'ils l'aiment bien mieux crud que non pas cuit ; parce qu'il leur laisse une meilleure odeur dans la bouche , & qu'il est de meilleur goût. Ce fruit sert aussi à fortifier l'estomac ; il a encore d'autres vertus qu'on peut voir à l'endroit que je viens de citer , où on trouvera la description de ce fruit , & de l'arbre qu'il porte ; il est bien plus rond que celuy qui est icy réprésenté , mais il y a eu un peu de ma faute d'avoir oublié de le faire corriger avant de faire tirer cette Planche.

XII.

Une Mandragore.

VOicy une racine assez fameuse & assez singuliére , appellée Mandragore , qui a plus d'imposture que de vérité. On en fait voir des deux sexes , & peu s'en faut qu'on ne leur donne des enfans ; mais tout cela est controuvé & fait à plaisir. Il est vray seulement qu'il y a des racines que les Naturalistes appellent Mandragores , qu'ils en mettent de deux espéces , de mâles & de femelles ; mais de croire qu'elles ayent la figure d'un homme , qu'elles se forment sous les gibets de l'urine d'un pendu ; que celuy qui les y fouïlle & les tire de terre , en

meurt , & enfin qu'elles ayent les vertus qu'on leur attribuë , tout cela eſt fabuleux. Celle que nous avons dans nôtre Cabinet, & toutes les autres que j'aye vûês ,
ſont artificielles ; ce ſont des racines fourchuës qui ſe ſéparant en deux, donnent
lieu de faire des jambes ; on leur fait enſuite des bras tels quels avec un coûteau,
ajoûtant avec des chevilles des mains, & d'autres piéces qui y peuvent manquer,
pour faire une choſe qui ait quelque figure de l'homme ; & pour leur faire venir
du poil aux endroits où l'on veut, on y met en dedans des grains de millet, &
par aprés on enfouït cette racine en terre, où ces petits grains germent & pouſ-
ſent de grands filaments qui ſont comme des cheveux. Voilà tout l'artifice & l'im-
poſture de ces Mandragores.

XIII.

Une Féve d'Inde.

QUoique nous ayons dans nôtre Cabinet parmy nos Fruits étrangers pluſieurs
eſpéces de pois & de féves qui viennent des Indes, je me ſuis contenté de
faire icy deſſiner une ſeule eſpéce de ces féves, parce qu'elles ont preſque toutes
la même figure ronde , & qu'elles ne différent que par la couleur. Je n'ay point
de leurs gouſſes, c'eſt pourquoy je m'arrêteray à dire, que ces féves ne ſont pas
moins groſſes que le pouce ; que les unes ſont noires par deſſus , & les autres
griſes ; qu'on y voit autour les trois quarts d'un cercle d'une couleur encore plus
noire , qui eſt bordé aux deux côtez de ſemblables cercles qui tirent ſur le gris.
Je ne puis mieux répréſenter l'écorce du milieu de ces légumes, que de les comparer à du chagrin, dont le grain ſeroit tres-fin. Quelques perſonnes nomment
mal à propos ces féves, des chataignes de mer ; puis qu'il eſt certain qu'elles viennent ſur la terre.

XIV.

Spongia arboreſcens.

CEtte plante qui eſt maritime , eſt une eſpéce d'éponge qui ſe léve & croît
ſur le caillou ; elle ſe diviſe en rameaux, c'eſt ce qui luy a fait donner par
les Naturaliſtes le nom de *Spongia arboreſcens*. Je me ſuis étonné que le ſieur Boc-
con de qui la nôtre vient, n'en a rien dit dans ſon Livre ſi curieux des recherches & des obſervations naturelles touchant le Corail, la Pierre étoilée , *&c.* Ce
Livre *in* 12. eſt imprimé à Amſterdam en l'année 1674.

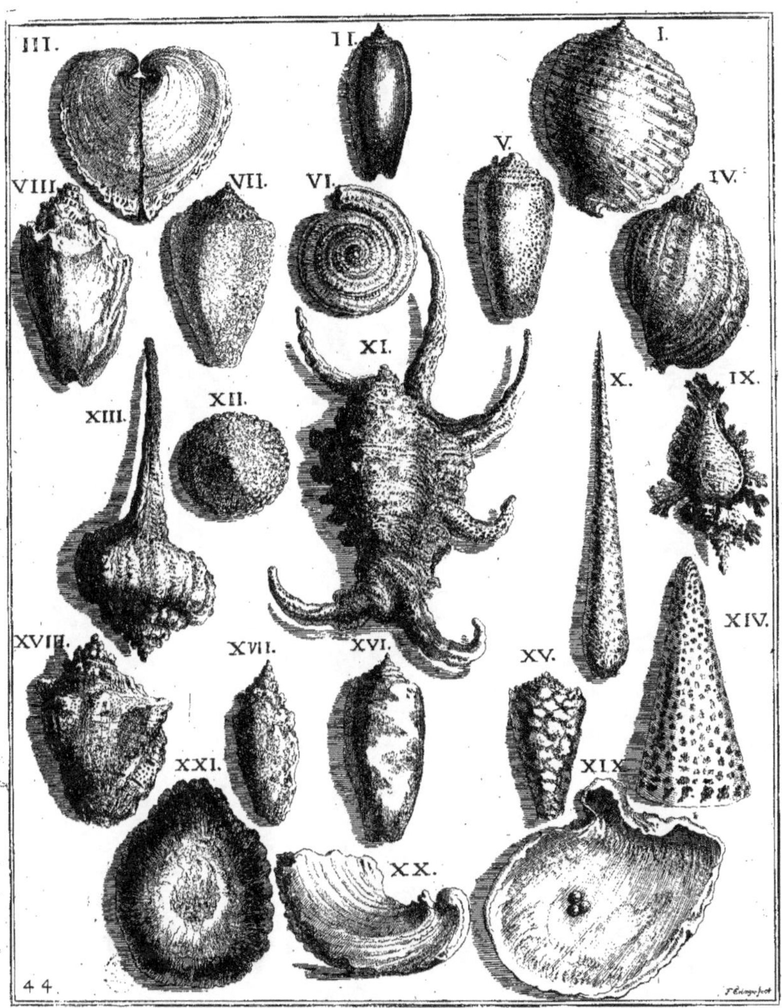

III.
II.
I.
V.
VIII.
VII.
VI.
IV.
XI.
XIII.
XII.
X.
IX.
XVIII.
XVII.
XVI.
XV.
XIV.
XXI.
XIX.
XX.
44

LES COQUILLES
LES
PLUS CONSIDERABLES.

NE des choſes les plus agréables à la vûë, & des plus divertiſſantes, c'eſt de jetter les yeux ſur des boëttes de belles & de différentes Coquilles. On a ſujet d'y admirer l'ouvrage de l'Auteur de la nature, qui a donné à des vers, des inſectes, & à des méchans petits poiſſons des maiſons ſi réguliéres, & ſi bien peintes, où l'on remarque une ſi grande diverſité de figures, & une varieté de couleurs ſi bien aſſorties. C'eſt ce que Pline décrit admirablement bien au chap. 33. de ſon neuviéme Livre. En voicy les termes qui méritent d'être mis icy tout au long : *Concharum genera, in quibus mira ludentis naturæ varietas, tot colorum differentiæ, tot figuræ, planis, concavis, longis, lunatis in orbem circumactis, dimidio orbe cæſis, in dorſum elatis, lævibus, rugatis, denticulatis, ſtriatis, vertice muricatim intorto, margine in mucronem emiſſo, foris effuſo, intus replicato, jam diſtinctione virgulatâ, crinitâ, criſpâ ; cuniculatim, pectinatim diviſa : imbricatim undata, cancellatim reticulata : in obliquum, in rectum expanſa : denſata, porrecta, ſinuata : brevi nodo ligatis, toto latere connexis, ad plauſum apertis ; ad buccinum recurvis. Navigant ex eis Veneriæ, præbenteſque concavam ſui partem & auræ opponentes, per ſumma æquorum velificant. Saliunt pectines, & extra volitant, ſéque & ipſi carinant.* Il eſt facile aprés cela de donner des noms particuliers aux Coquilles, & de les diſtinguer par leur figure. Que ſi on dit, qu'on auroit trop de peine à les arranger, & qu'il en faudroit faire trop de claſſes, je répons qu'on y peut rémédier en réduiſant toutes les Coquilles à quatre claſſes.

La prémiére contiendroit les Coquilles appellées en latin *Oſtreæ*, Huitres, qui ont un poiſſon plat renfermé entre deux coquilles, que ce poiſſon a la faculté d'ouvrir & de fermer. On nommeroit celles de la ſeconde claſſe *Cochleæ* ; elles ſont enroullées en rond à la maniére d'une vis, & il y en a de pluſieurs ſortes qui ont toutes des poiſſons longs, ſemblables à nos limaçons. En la troiſiéme claſſe ſeroient les Coquilles nommées *Buccina*, à cauſe qu'on en ſonne ainſi que des trompétes, quand le bout eſt percé ; elles ſont entortillées en long. Enfin celles de la derniére & quatriéme claſſe porteroient le nom de *Patella* ; elles n'ont qu'une écaille qui renferme un poiſſon plat, lequel s'attache ſi fortement aux rochers, qu'on a de la peine à l'en ſéparer quand il reſiſte.

On ajoûteroit enſuite des noms particuliers aux Coquilles qui ſeroient dans une même claſſe, & cela par rapport ou à leur figure, ou à leur couleur. On ne peut rien dire de certain ſur ces noms particuliers ; car je diray en paſſant, que les Auteurs ne s'accordent point ſur ce ſujet. Je ne ſçay ſi cela ne viendroit pas de ce qu'il eſt aſſez rare de trouver des Coquilles qui ſoient entiérement ſemblables, au moins quant aux couleurs. Mais comme je ne prétens point faire icy un Traité de Coquilles, on ne doit point s'étonner fi je ne fais quafi que rapporter les noms d'une vingtaine, que j'ay choifies parmy quatre boëttes que nous en avons dans nôtre Cabinet; & encore ce font des noms que leur donnent ordinairement les Curieux de France. Ceux qui voudront en dire davantage, n'ont qu'à confulter les fçavans Rondeletus & Aldrovandus qui en ont compofez des Traitez entiers. Les Cabinets de Wormius & de Franc. Calceolarius en parlent auffi affez au long; mais fur tout il ne faut pas oublier de voir & de lire ce qu'en a écrit le Reverend Pere Philippe Buonanni Jefuite. Il en fit imprimer à Rome un gros volume *in* 4° fous ce titre, *Ricreatione dell' occhio, e della mente, nell obfervation delle Chiocciole in Roma* 1681. Il y a aprés le difcours au moins quatre cens cinquante figures de Coquilles qui font parfaitement bien deffinées, & très-bien gravées. Ce même Livre fut quatre ans aprés mis en latin, & imprimé à Rome; & on m'a dit qu'on en alloit donner au public une Edition françoife qui feroit fort augmentée.

I.

La Tonne.

ON nomme cette Coquille, par rapport à fa figure, la Tonne cannelée & pointillée.

II.

La Morefque.

CEtte feconde Coquille qui eft toute noire s'apelle, à caufe de fa couleur, la Morefque.

III.

Le Cœur.

LA figure de celle-cy en fait affez connoître le nom, il n'y a perfonne qui ne dife que c'eft un cœur; elle eft mince, de couleur blanche, & toute ridée en fa fuperficie; elle s'ouvre par le milieu en travers, ce qui eft affez fingulier.

IV.

La Caffandre.

JE ne voy pas pourquoy on a donné à cette Coquille le nom de Caffandre; ce qui eft vray, c'eft qu'elle eft fort agréable en fa figure, & par fes différentes couleurs.

V.

Le Drap d'argent.

LE fond blanc qui eft fur cette Coquille, fémé de taches qui font d'autres couleurs, luy a fait donner le nom de Drap d'argent.

VI.

Le Cadran.

Rien n'eft plus joly que ce Cadran, il y a par deffus deux doubles volutes, dont l'une eft blanche, & l'autre tire fur le jaune. L'on voit auffi par le dedans une forme d'efcallier à vis qui defcend jufques au centre de cette Coquille, qui paffe parmy les Curieux pour une des plus rares & des plus finguliéres.

VII.

Le Drap d'or.

A La différence du drap d'argent, le fond de celle-cy eft jaune, & les autres couleurs qui font deffus, fçavoir rouges, blanches & tannées, font enfemble des compartimens qui font affez réguliers.

VIII.

L'Hermite.

On a donné à celle-cy le nom d'Hermite, à caufe que fa couleur tire fur le tanné, & qu'elle a de grandes taches plus brunes, qui ne répréfentent pas mal les piéces que les Hermites & les Capucins portent à leurs habits.

IX.

La Bruflée.

C'Eft icy la Brûlée ; elle mérite bien avoir ce nom, car fa couleur tire fur le grillé, & toutes les éminences qui font en fa fuperficie ne font pas moins noires, que fi elles avoient été brûlées.

X.

La Plume.

J'Appelleray avec les Curieux modernes cette Coquille, la Plume, à caufe que fa figure y a quelque rapport ; elle eft en pointe, & longue de trois pouces ; pour la couleur elle eft blanche & tachetée de jaune.

XI.

L'Araignée.

Nous n'avons pas, à mon avis, de plus belles Coquilles dans nôtre Cabinet que celle-cy ; on l'appelle l'Araignée, par la reffemblance de la figure qu'elle a avec cet infécte. J'en ay vû plufieurs de cette efpéce chez les Curieux, mais je n'en ay point trouvé de mieux bigarrée pour les couleurs , & fur tout en dedans où l'on voit quantité de lignes noires , rouges , & blanches qui fe fuccédent les unes aux autres.

XII.

Le Bouton de la Chine.

CEtte petite Coquille fe nomme le Bouton de la Chine , auffi a-t'elle par fes différentes couleurs quelque rapport aux étoffes qu'on nous apporte en France de ce païs-là , & par fa figure a un bouton de cafaque.

XIII.

La Bécaffe.

CE n'eft pas fans raifon qu'on a donné à celle-cy le nom de Bécaffe , car elle reffemble fort bien à la tête & au long bec de cet oyfeau.

XIV.

Le Cilindre.

QUoy qu'on appelle d'ordinaire cette Coquille le Cilindre , & que Rondelet , pag. 99. & Aldrovandus , pag. 399. luy donnent ce nom, je croy qu'on pourroit encore luy donner celuy de Sabot , ou de Toupie ; parce qu'elle approche beaucoup de la figure de ces Toupies avec lefquelles les enfans fe divertiffent.

XV.

Le Léopard.

LEs taches noires fur du blanc qui fe voyent fur cette Coquille , luy ont fait donner le nom de Léopard ; parce qu'elles imitent la peau de cet animal qui eft marqueté de femblables taches.

XVI.

L'Ecorchée.

ON avoüera qu'on a dû nommer celle-cy l'Ecorchée ; puis qu'elle eft blanche en de certains endroits , & rouge en d'autres , ainfi que le feroit une chair de laquelle on auroit ôté nouvellement la peau.

XVII.

Une Thiare.

IL fuffit d'avoir vû une Thiare , ou ce qui eft la même chofe , la Mitre d'un Pape , ornée de trois couronnes , pour donner un pareil nom à cet Coquille , car elle eft de même furmontée de trois couronnes.

XVIII.

XVIII.

La Mufique.

UNe des plus agréables Coquilles eft celle qu'on appelle la Mufique ; on y voit deffus quatre lignes rouges, fur lefquelles font des Nottes noires, comme dans les Livres du plein chant.

XIX.

La Mere Perle.

C'Eft icy la Précieufe ; puis qu'elle engendre la Perle. Rondelet & Aldrovandus nomment pour ce fujet cette Coquille *Concha Margaritifera.* Les Anciens, comme Pline, Albert le Grand, & d'autres ont crû que c'étoit de la rofée du matin qu'elle la concevoit, mais à préfent l'on a d'autres penfées, & l'on croit que la Perle vient de la même humeur, dont le poiffon forme fa nacre, quand il ne peut jetter au dehors cette humeur, & qu'il eft obligé de la retenir au dedans. Il ne faut pas aller aux Indes pour trouver des Perles, puifque la petite riviére qui paffe à Buillon prés la ville de Sedan, fournit des huitres qui en produifent, defquelles on fait des colliers affez paffables.

XX.

La Nautile.

ON a de l'obligation à ce Poiffon, s'il eft vray que ce foit luy qui ait appris à l'homme l'Art de naviger ; il eft vray qu'on dit qu'il prend plaifir à fe promener fur la mer dans fa coquille, comme dans une gondole naturelle, & que c'eft de là, qu'on luy donne le nom de Nautille. Aldrovandus en parle bien au long aux pages 257. & 260. *De Teftaceis.*

XXI.

Le Lepas.

CEtte derniére Coquille eft tres-agréable à la vûë ; elle eft de la derniére claffe, fçavoir de celles qui n'ont qu'une écaille, & qui s'attachent aux rochers. On les nomme toutes en latin *Patella*, & le nom particulier de celle-cy eft *Lepas*. Pour en voir la beauté, il faut la regarder au foleil, ou à la chandelle ; car j'en ay de tranfparentes ; & on y verra un tres-beau rouge de grenat foncé, qui ne paroît pas moins éclatant, que cette Pierre précieufe.

LES PIERRES

ET

LES MINERAUX.

I.

Une Pierre d'Hammon.

ETTE Pierre se peut dire à bon droit un Jeu de la nature, & par sa figure, & par ses ornemens ; elle a environ un pied de longueur, & cinq pouces de diamétre ; elle est composée de cinq piéces enclavées ensemble, presque en la manière des vertebres de l'épine du dos. La plûpart de ceux qui l'ont vûë, l'ont cruë artificielle, mais les plus habiles Sculpteurs de Paris l'ont jugée naturelle. Pour moy, j'ay toûjours balancé jusques à ce que j'en ay trouvé deux pareilles dépeintes dans des Livres ; l'une à la page 86. du Cabinet de Wormius, & l'autre dans le Livre de Frideric Lachmund, intitulé *Admirandorum fossilium quæ in tractu Hildesheimensi reperiuntur* ; ce Livre est *in 4°* imprimé à Hildesheim en 1669. Ces Auteurs mettent cette Pierre au rang de celles qu'on appelle Cornes d'Hammon. Wormius qui la nomme *Lapis Sceleton Serpentis referens*, dit que Christianus Fabricius en avoit une qui alloit en volute jusqu'au centre, laquelle avoit prés de quatre pieds de tour, & un pied quatre pouces de diamétre ; il y avoit un trou au milieu, *perpetuis*, dit-il, *& continuis constat articulationibus, vertebras spinæ Serpentis, aut anguillæ referentibus, nisi quòd à cauda, in caput usque, crassitie & magnitudine sensim crescunt. Ita verò constitutæ sunt articulationes hæ, ut divelli & separari possint, si violenter res geratur.* On ne sçauroit mieux, ce me semble, décrire celle de nôtre Cabinet, que par ces termes, qui nous font connoître qu'elle n'est pas entiére ; quoy qu'il en soit, il est certain que c'est une Pierre naturelle, & de celles qui se trouvent dans le territoire d'Hildesheim, & encore en d'autres lieux. Celle-cy est de couleur de cendres ; on voit sur sa superficie extérieure des figures de feüilles d'arbres, qui ne sont pourtant autres choses que des veines ou des jointures, par lesquelles cette pierre se pouroit déboëter en cas qu'elle vint à tomber, ainsi qu'il est arrivé à la nôtre.

II.

Une Corne d'Hammon:

CEtte pierre faite en limaçon a environ six pouces de diamétre ; on l'appelle en latin *Cornu Hammonis*, à cause que Jupiter Hammon étoit dépeint avec des Cornes de Bélier ; c'est pourquoy, au rapport de Pline, ces Pierres étoient sacrées parmy les Ethiopiens ; & les Magiciens prétendoient qu'elle étoit utile pour procurer durant la nuit des songes tout divins. *Hammonis cornu inter sacra-*

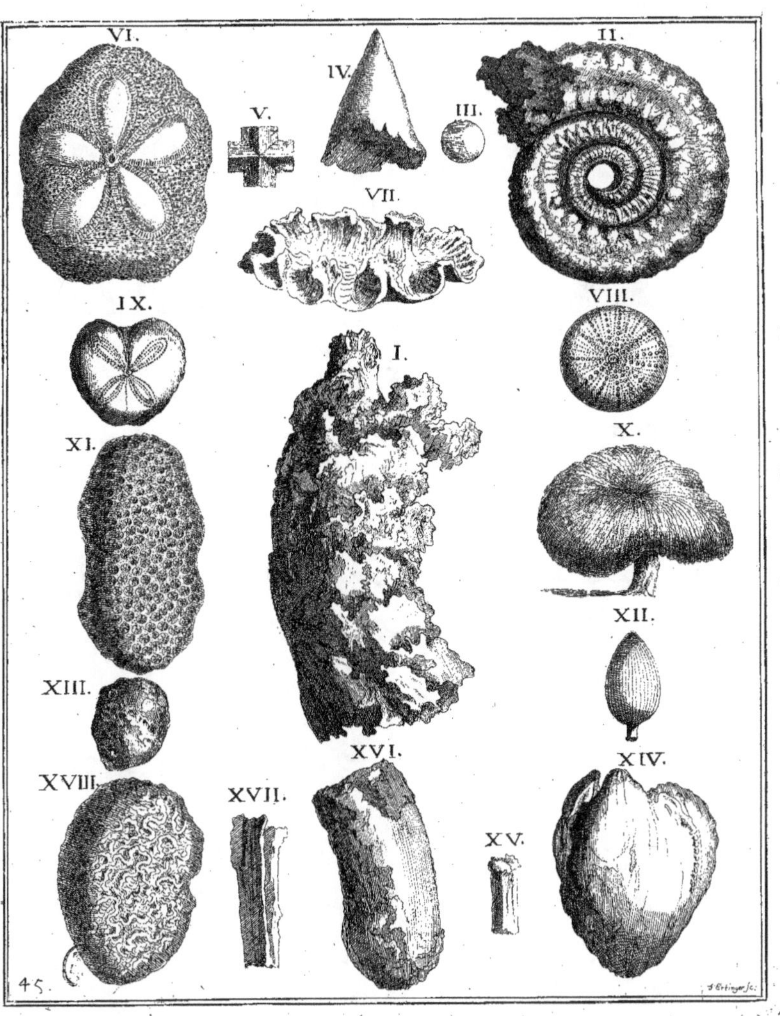

VI.
V.
IV.
III.
II.
VII.
IX.
VIII.
I.
X.
XI.
XII.
XIII.
XVI.
XIV.
XVIII.
XVII.
XV.
45.

tiſſimas Æthiopiæ gemmas , aureo colore arietini cornu effigiem reddens , promittitur prædivina ſomnia repræſentare. Cette Pierre pouroit bien avoir été tirée de quelque mine de cuivre , puis qu'elle en a des marques , & qu'elle en eſt comme revêtuë ; quand il s'en trouve de la ſorte , on les appelle des Cornes d'Hammon armées.

III.

Une Crapaudine.

LA Crapaudine eſt une petite pierre de couleur griſe , qui pour l'ordinaire eſt ronde & concave en dedans. On a expérimenté qu'il n'eſt pas vray qu'elle ſe trouve dans la tête des gros crapaux , mais qu'elle naît , à la maniére d'un champignon , parmy les rochers & les pierres. Cette pierre a la vertu de diſſiper les tumeurs cauſées par les morſures ou les picqures des bêtes veneneuſes , & cela en les frottant avec cette pierre de crapaudine. Quelques-uns prétendent qu'elle change de couleur , & qu'elle ſuë quand on l'approche du poiſon ; on dit encore qu'elle empêche que la pierre ne s'engendre dans le corps de celuy qui la porte.

IV.

Une Langue de Serpent , ou Gloſſopetre.

J'Entre volontiers dans la penſée de ceux qui croyent que ces langues que l'on nomme mal à propos Langues de Serpent , viennent des dents de ce poiſſon appellé *Carcharias* , duquel j'ay cy-devant parlé ; & pour dire la vérité , elles y ont bien de la reſſemblance , car elles ſont comme elles , dentelées & aſſez épaiſſes dans leur racine ; pour la couleur de ces Gloſſopetres , ou langues de pierre, quelquefois on en voit de jaunes qui ſont ſpongieuſes par le bout le plus large, ainſi que des os qui ſe pourriſſent ; d'autres ſont de couleur griſe , mais noires par la racine ; elles ſont plus dures & plus épaiſſes que ces prémiéres. C'eſt ce qui me donne lieu de dire avec Wormius , qu'il y a deux eſpéces de Gloſſopetres ; que l'une vient de ces dents de Lamie , ou Requien ; & que l'autre eſt un Foſſile qui croiſt dans la terre en l'iſle de Malthe , & en pluſieurs autres endroits. On croit que ces pierres ont de la vertu contre les venins. Ceux qui en voudront ſçavoir davantage , peuvent conſulter ce qu'en a écrit le ſçavant Thomas Bartholin.

V.

Une Pierre de Croix.

CEtte pierre qui porte des deux côtez la figure d'une Croix bien répréſentée ſe trouve en pluſieurs endroits de la France. On m'en a donné qui venoient de Normandie , & d'autres qui venoient de Bretagne. J'en ay donné pluſieurs de ces derniéres à mes amis ; leur figure eſt quarrée , & leur matiére ſemble être de la mine de fer ; elles ſont rougeâtres en tirant ſur le noir. J'ay encore une autre eſpéce de cette pierre appellée en latin , *Lapillus Crucis* , qui pouroit bien venir du Royaume de Galice en Espagne ; c'est une Croix noire & pattée qui est sur un fond gris. Loüis Septalius en parle dans une Lettre qu'il écrit à Calceolarius, lequel l'a tournée en latin dans son *Musæum* ; il dit qu'on la trouve à vingt mille de Saint Jacques en Galice ; qu'on luy attribuë la vertu d'arrêter le sang, aussi-bien que de faire perdre les fiévres, Le P. Kirker fait mention de ces pierres dans un petit Livre qu'il a compsé, *De prodigiosis Crucibus.*

VI.

Une Quinte-feüille.

C'Est une espéce de *Fungus*, ou de champignon qui croist dans la mer au pied des rochers ; il est marqué naturellement d'une Quinte-feüille fort réguliére & tres-bien faite ; la figure de ce Fungus est ovale ; il est leger, dautant qu'il est creux en dedans ; sa couleur est grise, & on ne peut rien voir de mieux compassé que les lignes qui sont autour de ses feüilles, & les petits ronds sans nombre qui sont sémez sur tout le corps de ce Champignon. Aldrovandus le nomme *Pentaphillites*, ou bien, *Lapis Echinites*.

VII.

Une Morille.

VOicy une seconde espéce de Champignon qu'on appelle Morille. Il n'est pas facile de décider s'il a été ainsi pétrifié, ou si la nature l'a produit de la sorte sur les rochers ausquels il a été autrefois attaché ; la racine qu'on y voit encore le marque assez. C'est ce Champignon qu'Aldrovandus, à la page 492. de son *Musæum Metallicum*, nomme *Spongiolites*, Pierre d'éponge.

VIII.

Un Echinus Marinus.

J'Ay dans nôtre Cabinet plusieurs de ces Pierres, qu'Aldrovandus & les autres Naturalistes nomment *Echinus Marinus*. J'en ay de différente grosseur ; on ne peut rien voir de plus agréable que ces espéces de Champignons, ils sont ronds & creux en dedans, ce qui les rend tres-legers ; ils ne ressemblent pas mal à des boutons de casaques. Il y a bien des Sçavans qui croyent que c'est plûtôt une espéce de fruit de la mer, que non pas une coquille où un poisson s'engendre. On remarque, en le regardant au travers d'une chandelle, qu'il est divisé par des côtes inégales, dont quelques-unes sont toutes percées de petits trous, comme l'herbe de Milpertuis.

IX.

La Pierre de Cœur.

ON a donné à cette Pierre le nom grec de καρδία, à cause que par sa figure elle ressemble à un cœur. On voit dessus la forme d'une fleur à

quatre

quatre feüilles qui approche beaucoup de celle du jafmin d'Efpagne. Quelques-uns croyent que cette Pierre, à caufe de fa figure de cœur, a quelque fimpathie avec cette partie la plus noble de l'homme ; elle eft pefante, & d'une couleur rougeâtre. Aldrovandus en fon Cabinet Métallique, en décrit quelques-unes de cette efpéce.

X.

Un Champignon pétrifié.

C'Eft un Champignon petrifié, fort bien fait, & prefque femblable à ceux qui croiffent fur la terre, finon qu'il porte en fa fuperficie extérieure ce qui fe voit au deffous du champignon de terre ; il paroît avoir été attaché fur les rochers. Nous en avons plufieurs grands & petits dans nôtre Cabinet. Il y en a un qui a plus d'un demy pied de diamétre, & un autre qui eft plus petit, a une queuë fur le dos, au contraire de nos champignons qui l'ont par deffous. Plufieurs tiennent que ces champignons viennent de la mer rouge.

XI.

Une Pierre étoilée.

LE nom qu'on donne à cette pierre eft *Aftroites*, ou, ce qui eft la même chofe, *Lapis ftellatus*, à caufe qu'elle eft toute femée de petites étoiles qui pénétrent jufqu'au cœur de la pierre. Il s'en trouve quantité dans le Tyrol, dans la Gotlande, & autre part ; celle-cy eft plus groffe que le poing ; on luy attri-buë la vertu de faire mourir les vers qui font dans le corps de ceux qui la portent, comme auffi de les préferver d'apopléxie ; mais il me femble qu'on la pouffe trop loin, lors qu'on veut même qu'elle leur faffe remporter la victoire fur leurs ennemis. Quand on met une petite de ces pierres fur une affiette avec du vinaigre ou du verjus, on la voit aller & venir d'un côté & d'autre, & fe remuer d'elle-même ; j'en ay fait l'expérience. Nous en avons qui font tres-blanches, fi propres, & où les étoiles font fi bien compaffées, qu'il ne fe peut rien voir de plus jufte & de plus agréable.

XII.

La Pierre de Judée.

CEs pierres qui reffemblent par leur figure à des olives, s'appellent les Pierres de Judée, dautant que pour l'ordinaire elles fe forment dans cette Province. Quelques-uns luy donnent le nom de *Syriacus lapis* ; Pline celuy de *Tecolithos* ; parce qu'il prétend que cette pierre réduite en poudre & buë dans de l'eau chaude, à la vertu de réfoudre les pierres qui font dans la veffie, ou qui font attachées aux reins. La plûpart de ces pierres font d'une couleur cendrée ; j'en ay quelques-unes qui ont des queuës, & on peut remarquer par la figure que j'en donne, qu'il y a par deffus des cannelures affez réguliéres, qui prennent depuis le gros de cette pierre jufqu'à la pointe.

Kᴋᴋ

XIII.

La Pierre de Vérole.

C'Est une pierre apportée des Indes Orientales, dont ceux du païs se servent pour se préserver de la petite vérole, ou pour en être soulagez quand ils en sont attaquez, en la pendant au col, & la faisant tomber sur le cœur ; elle s'appelle pour cet effet la Pierre de Vérole, & c'est une chose admirable que la nature luy en ait imprimé des marques, pour faire connoître sa vertu. Elle est plate d'une figure ovale, n'ayant pas plus d'un pouce de longueur ; le fond tire sur le noir, & les taches inégales qui paroissent dessus, sont d'une couleur blanche & verdâtre tout ensemble.

XIV.

La Pierre Bucardia.

ON nomme communément cette pierre *Bucardia*, à cause qu'elle a la figure d'un cœur de bœuf. Il y a de l'apparence qu'il y en a de différentes espéces ; car Pline parlant du *Bucardia* au chap. 10. de son trente-septiéme Livre, dit que ces pierres se trouvent dans le territoire de Babylone : *Bucardia bubuli cordi similis in Babylone tantùm nascitur.* Celle-cy néanmoins n'est pas venuë de si loin ; elle a été trouvée à Angers en l'Abbaye de Toussaints, environ à deux toises de profondeur en la terre. J'estime que c'est une huître qui s'est petrifiée ; elle est tresdure, & d'une couleur grise. Aldrovandus, *lib.* 4. *Musei Metallici*, *pag.* 279. parlant du Bucardia de Pline, prétend qu'il le faut entendre d'une coquille qui croist autour de Babylone ; mais pour le Bucardia en pierre, le même Aldrovandus dit qu'on en trouve dans les montagnes de Verone, & dans celles qui sont autour de Boulogne.

XV.

La Pierre Amiantus.

C'Est un morceau de la pierre d'Amiante ou d'Asbeste, qui se tire par filets, pour être en effet filée & employée à faire de la toile qui ne peut être consumée par le feu. Cette pierre a été connuë dans l'antiquité ; puis qu'Homére en parle, & Pline qui la nomme *Linum vivum* au chap. 10. de son Livre XIX. dit qu'il en a vû dans des festins, des napes que l'on jettoit dans les flammes pour les blanchir, & qu'on les en retiroit plus blanches que si on les avoit lavées dans l'eau : *Inventum jam est etiam quod ignibus non absumeretur, vivum id vocant, ardentesque in focis conviviorum ex eo vidimus mappas, sordibus exustis splendescentes igni magis quàm possent aquis.* On voit par la suite qu'il croyoit que ce lin vif croissoit dans les deserts & les lieux les plus chauds de l'Inde, dans lesquels il ne tombe point d'eau. Saint Basile en sa prémiére homélie du Jeûne, fait aussi mention de cette pierre, sans dire le lieu d'où elle vient ; il reconnoît qu'elle blanchit dans le feu sans se consumer.

Quelques Auteurs veulent que ce nom d'Amiantus luy a été donné à cause qu'on la trouve dans une montagne de ce nom qui est dans l'isle de Chypre. Dioscoride assûre qu'elle vient du mot grec ἀμίαντος, qui veut dire sans tache, ou, ce qui est la même chose, du verbe μιαίνω, *polluo*, & d'un *a* privatif ; d'autres la nomment la laine de Salamandre ; parce qu'on s'est laissé faussement persuader, & que cet animal avoit du poil, & qu'il n'étoit point endommagé par l'ardeur des flammes. Saint Augustin appelle cette pierre *Asbestus*, du mot grec ἄσβεστος, qui ne s'éteint point. Les Auteurs ne sont pas moins partagez touchant le lieu d'où elle vient. La meilleure partie soûtiennent qu'elle vient de Chypre ; cela n'empêche pas, qu'il ne soit certain qu'on en trouve aussi autre part ; car j'en ay des morceaux qui sont d'une nature différente ; l'un est en pierre, d'une couleur verdâtre, qui ressemble à du bois petrifié ; celui-cy qui vient d'Allemagne s'appelle Alun de plume ; le coton en est si court, qu'il est difficile de le filer ; j'en ay un autre morceau assez dure, qui est long de trois pouces ; je croy qu'il a été tiré de cette mine d'Amiante qui est au Royaume de Chypre ; car on dit que si on ne la file aussi-tôt qu'elle en sort, elle durcit à l'air ; le troisiéme morceau que j'ay, est reluisant comme de l'argent. Aldrovandus parle de cette espéce de lin vif à la page 660. *Erat hic lapis coloris argentei in splendore radians, & fibris instar ligni densis constabat, ita ut lignum lapideum videretur.*

Enfin nous avons encore du coton de l'Asbeste fort blanc, & qui n'est point filé. J'en ay mis dans une lampe un morceau de la grosseur d'une épingle, & long de quatre lignes, qui a duré deux jours de suite allumé jusqu'à ce que l'huile ait été entiérement consumée ; je retiray la moitié du morceau que j'y avois mis, lequel étoit encore blanc, & le reste étoit en charbon, & s'en alla en poudre. Je n'ay jamais vû de la toile d'*Amiantus*, quoy qu'il soit vray qu'il y en a eu, & qu'on s'en servoit autrefois dans les Pompes funebres des Rois, selon Pline : *Regum inde funebres tunicæ, corporis favillam ab reliquo separant cinere.* Aldrovandus fait méntion de plusieurs personnes qui en ont eu, & il dit qu'il y en a encore une serviette à Louvain.

Je croy que ce n'est pas une témérité de dire, qu'on a perdu le secret de filer cette pierre, car il n'en faut point d'autre marque, que la difficulté de trouver des morceaux de toile faits de cette pierre d'Asbeste. Jean Baptiste Porta en son Traité de la Magie Naturelle, semble avoir sçû le secret de la filer ; mais il est si obscur dans la maniére de s'exprimer, que personne ne l'entend. Wormius, *pag. 55. Musæi*, rapporte une maniére de la filer, qu'un de ses amis luy avoit communiquée. Voicy ses termes : *Amianthi fibris longioribus præditi (quod reliquis præfertur) infunde in lixivio præparato ex cineribus quercus putridæ, & manipulis duobus cinerum clavellatorum, bulliat in eo per quadrantem horæ, auferatur ab igne, & maceretur in eo, mensis unius spatio, sic lanæ carptæ modo mollis evadit ; aqua dulci aliquoties materiam hanc ablue, & exsicca, sic modo lini communis, pecti, neri & præparari pro lubitu potest.*

XVI.

La Pierre d'Aigle.

ON appelle en latin cette pierre *Ætites*, ou *Aquilinus lapis*, & en françois la Pierre d'Aigle, à cause qu'elle se trouve dans les nids de ces oyseaux qui les y apportent ; car, à ce que l'on dit, elles ne pourroient pondre leurs œufs, ou les faire éclorre sans le secours de cette pierre, la nature leur ayant donné l'instinct de la connoître, de la chercher & de la trouver. Ces pierres d'aigle sont de différentes figures, & même de couleurs. J'en ay deux, dont l'une est longue de trois bons pouces sur un pouce & demy de diamétre ; l'autre qui est de figure ovale ne porte en sa longueur qu'un pouce & demy sur un demy pouce d'épaisseur ; elles sont toutes deux d'une couleur rougeâtre, creuses en dedans, où sont enfermées d'autres petites pierres qui sonnent quand on remuë ces pierres d'aigles ; il y a par dessus nos deux *Ætites* plusieurs lits ou croûtes l'une sur l'autre. On attribuë à ces pierres la vertu d'aider aux femmes à se décharger de leur fruit, quand elles sont en travail. Wormius prétend en avoir fait plusieurs expériences que les Curieux pourront voir à la page 78. de son Cabinet, où il rapporte encore d'autres vertus de cette pierre d'aigle.

XVII.

Un Morceau de Bois mineral.

C'Est un fossile fort singulier, sçavoir un morceau de bois transformé non en pierre, mais en minéral ; & pour vérifier que c'est une vraye transmutation d'un bois, c'est que j'en ay eu un morceau où l'on appercevoit encore la moëlle. J'ay fait voir celuicy à un sçavant Chimiste Polonois, qui a crû qu'il étoit converty en antimoine, s'étant trouvé dans quelque mine d'antimoine.

XVIII.

La Pierre Astroites undulatus.

L Es Naturalistes appellent cette pierre *Astroites undulatus major* ; c'est d'elle dont le sieur Boccone fait mention en son Livre des Observations naturelles ; il dit que quand elle est polie, on y voit dessus des marques fort agréables qui ressemblent à des flots ondoyans ; en effet nous en avons, sur lesquelles sont en relief des plis & des figures de gros vers blancs, aussi durs que le marbre, qui sont entortillez les uns dans les autres. Quelques-uns, pour cette raison, ont nommé cette pierre *Lapis lumbricatus*. Il y en a de fort grosses, & parmy celles de nôtre Cabinet, nous en avons une qui a été sciée en deux, laquelle avoit plus de huit pouces de diamétre.

F I N.

TABLE

TABLE
DES MATIERES

TABLE DES MATIERES.

TABLE DES MATIERE.

M m m

TABLE DES MATIERES.

Fautes à corriger.

Page 32. lig. 10. Metamorphose, *lisez* Metaphore. Page 70. à TRAJAN TR. P. VIII. *lisez* VII. Page 79. ligne 13, 5. *mettez* 51. Page 86. lig. 21. la vie, *lisez* la mort. Page 87. lig. 13. portée, *lisez* porté. Page 100. Article XVIII. *mettez* XVII. Page 145. *mettez* Philippe I. devant Louis le Jeune. Page 181. lig. 8 Amnon, *lisez* Ammon. Page 211. lig. 23. qu'il porte, *lisez* qui le porte. Page 216. lig. 21. à cet, *lisez* à cette.

Fin de la Table des Matiéres.

ORDRE
POUR
PLACER LES ESTAMPES.